Les bijoux de Mme Vanderstein

Mme Charles Bryce

Writat

Cette édition parue en 2024

ISBN : 9789359949185

Publié par
Writat
email : info@writat.com

Contenu

CHAPITRE I

LA pièce avait l'air très fraîche dans la lumière de l'après-midi. Quelques bols de roses blanches disposés autour semblaient lui donner un aspect plus moucheté que d'habitude.

Pour Mme Querterot, personne de mauvais goût, qui ne prétendait pas être exigeante, et qui avait d'ailleurs peu de sympathie pour la passion de la propreté quand celle-ci était poussée à l'exagération, la légèreté aérienne des lieux suggérait l'école conventuelle de son école. jours de jeunesse; et, ramenant devant elle la figure d'une sœur supérieure sévère qui avait été habituée en ces temps révolus à infliger de sévères sanctions à la jeune Justine mais constamment en erreur, la faisait invariablement entrer dans la chambre de Mme Vanderstein après une rapide inspiration. sur le seuil, comme si elle allait se plonger dans un bain glacé.

Mme Vanderstein, toujours à l'essence même de la ponctualité, était prête à l'accueillir ce soir-là, comme elle l'était toujours.

Enveloppée dans quelque vêtement blanc diaphane, qu'elle eût peut-être appelé robe de chambre, elle s'étendait sur un canapé recouvert de soie et regardait paresseusement Mme Querterot déballer le petit sac dans lequel elle transportait les accessoires de son métier, celui de coiffeuse et d'esthétique. spécialiste.

« Il faut me rendre très belle ce soir, madame Justine, dit-elle en souriant. « Nous allons entendre *La Bohème* , et la Reine sera là. Ma loge est presque en face de la loge royale, et au cas où les yeux de Sa Majesté tomberaient dans ma direction, je souhaite être à mon meilleur.

- Tous les regards ne manqueront pas de se tourner vers votre côté du théâtre, madame, répondit madame Querterot en sortant sa collection de pots de pommade, de poudrières et de lavis, et en les disposant en demi-cercle sur une table Louis XVI. « Les redevances connaissent l'usage des jumelles aussi bien que n'importe quel citoyen. Quant à vous rendre belle, le bon Dieu s'en est occupé ! Je ne peux conserver que ce que je trouve. Je peux faire durer votre beauté, madame. Il ne faut pas me demander plus. Je ne suis pas le bon Dieu, moi ! et les épaules rebondies de Mme Querterot tremblaient de gaieté facile.

Mme Vanderstein sourit également. Elle ne souffrait d'aucune affectation de pudeur en ce qui concerne sa beauté évidente. Mais elle fut obligée d'admettre avec regret – mais seulement envers elle-même – qu'elle n'était plus aussi jeune qu'elle l'était ; et les assurances de la masseuse selon lesquelles sa jeunesse d'apparence pourrait être préservée indéfiniment tombèrent à ses oreilles aussi mélodieusement que si elles étaient effectivement un prélude aux notes magiques qui s'élèveraient bientôt pour la charmer à travers l'atmosphère enviée, quoique étouffante, de Covent Garden.

« Vous êtes flatteuse, madame Justine, murmura-t-elle. Puis, avant de reposer sa tête contre les coussins et de s'abandonner aux soins de madame Querterot, elle appela une silhouette assise près de la fenêtre, à moitié cachée parmi les rideaux de mousseline qui flottaient devant elle : « Barbara, sois sûre et dis-le. moi si tu vois quelque chose d'intéressant.

Barbara Turner répondit sans se retourner :

"Rien n'est encore arrivé, mais je reste vigilant."

Mme Vanderstein ferma les yeux, et Mme Querterot, après avoir retroussé ses manches et s'être revêtue d'un tablier, commença à passer ses doigts courts sur les traits placides et la peau lisse du visage de la dame. Pendant un moment, rien d'autre ne bougea dans la grande salle.

Un rayon de soleil traversait très lentement une partie des murs lambrissés gris et, arrivant sur un miroir doré, grimpait avec précaution sur le cadre sculpté, pour ensuite être attrapé et retenu un moment sur la surface scintillante du miroir.

De tous côtés, l'or tamisé des anciens cadres entourant des tableaux inestimables acquis grâce à l'excellent jugement et à la longue bourse de feu M. Vanderstein, brillait doucement et agréablement.

Les meubles, de la meilleure époque du règne de Louis XVI — comme partout dans la maison — avaient été collectionnés par le même connaisseur infaillible, et chaque pièce aurait été accueillie avec des larmes de joie par bien des directeurs de musée enthousiastes. .

L'épais tapis qui recouvrait le sol s'accordait parfaitement avec le ton gris pâle des murs et des tissus d'ameublement, et l'extrême légèreté de ceux-ci donnait cet air de grand luxe que l'usage somptueux de couleurs fragiles, dans une ville aussi sale que Londres, fait davantage. transmettre que tout signe d'extravagance plus ostentatoire.

À travers les battants ouverts, de nombreux bruits montaient de la rue, car la chambre était située devant la maison, qui se trouvait dans une rue de Mayfair, juste en face d'un grand hôtel où le trop-plein de la royauté étrangère est fréquemment abrité lors des fêtes de la cour. quand les murs hospitaliers du Palais sont remplis à craquer.

Les allées et venues de ces invités distingués étaient toujours une source d'intérêt inextinguible pour Mme Vanderstein, pour qui chaque action insignifiante, si elle était accomplie par une sorte d'Altesse, était pleine de suggestions passionnantes.

A l'époque dont je parle, Londres était en effervescence avec les préparatifs d'une grande cérémonie, et des représentants des cours d'Europe arrivaient par tous les trains du continent.

Mme Vanderstein pouvait entendre le bruit d'un flux constant de voitures et de moteurs s'arrêtant ou démarrant sous sa fenêtre, et savait que ce n'était pas devant sa porte qu'ils se pressaient, mais de l'autre côté de la route, sous le magnifique portique en stuc de l'hôtel Fianti.

"Barbara, personne d'intéressant n'est apparu?" elle a rappelé après quelques minutes.

"Pas encore", fut la réponse. « Mais il y a une Victoria qui circule dans la rue en ce moment, qui ressemble à une voiture royale. C'est plutôt une jolie paire.

"Est-ce une paire de messieurs d'apparence étrangère?" » demanda Mme Vanderstein avec enthousiasme.

« Non, une paire de baies de Cleveland. En règle générale, je les déteste, mais vu de là, ils n'ont pas l'air mal. Mais tout le monde est de retour, bien sûr.

« Ma chère fille, parlez-moi des gens. Je ne veux pas entendre parler de vos horribles chevaux. Je crois que toutes sortes de célébrités entrent et sortent de chez Fianti pendant que je suis allongé ici, et on ne les remarque même pas.

"Oui, oui, je le fais", a déclaré Barbara. "Je vous appellerai directement quiconque passera qui aura l'air d'être habitué à manier le sceptre, ou qui portera une couronne sur son haut-de-forme."

Mme Vanderstein fit un petit mouvement d'impatience. Cela l'ennuyait que son compagnon ne prenne pas ses devoirs plus au sérieux – en fait, il ne semblait pas comprendre à quel point cette tâche de surveillance dans le large arc de la fenêtre était bien plus importante que toutes les autres. elle avait tendance à aborder la question avec un esprit de minutie tout à fait admirable. Pourquoi, se demandait Mme Vanderstein, la jeune fille ne pouvait-elle pas faire ce qu'on lui demandait dans cette affaire, sans faire ces tentatives de facétie qui semblaient si peu judicieuses et qui tombaient si à plat, comme une observation d'un instant l'aurait fait comprendre à son? Elle ne plaisantait pas sur les fleurs pendant qu'elle les disposait, ni sur la correspondance de Mme Vanderstein, à laquelle il lui appartenait de s'occuper. Elle était capable de répondre au téléphone ou de commander la voiture sans se livrer à des rires inconvenants. Pourquoi donc, au nom du ciel, ne pouvait-elle pas prendre son poste d'observation à la fenêtre sans y trouver un prétexte à des plaisanteries aussi ennuyeuses qu'inutiles ?

Mme Vanderstein soupira profondément et enfonça la tête plus profondément dans les coussins.

Madame Querterot voyait le nuage et devinait très facilement ce qui en était la cause : elle avait souvent remarqué des perturbations similaires dans l'humeur par ailleurs bon enfant de son client. Sachant avec une précision remarquable de quel côté de son pain était appliqué le beurre, elle entreprit aussitôt de calmer les eaux troubles.

« Vous ne m'avez pas vue aujourd'hui, madame, commença-t-elle, mais moi, je vous ai déjà vue. Je suis passé à Piccadilly où votre voiture a été arrêtée à un pâté de maisons avant le Ritz.

"Oui, nous sommes restés là assez longtemps, mais je ne vous ai pas vue, Madame Justine", dit Mme Vanderstein avec indifférence.

« Comment aurais-tu dû me voir ? J'étais dans un bus. Ce n'est pas là que vous chercheriez vos connaissances. Cela se comprend ! Mais je n'étais pas le seul à vous voir, et ce que j'ai entendu dire alors de vous vous fera sourire. Je me suis dit à ce moment-là : "C'est tout à fait naturel, Justine, mais ça va la faire rire quand même."

"Qu'est-ce que c'était? Qui a pu dire quelque chose de moi dans un omnibus ?

« Ah ! madame ! Même dans les bus, les gens ne cessent de parler. On entend des choses à faire rire ! Mais on entend aussi la vérité, parfois, et ce jeune homme, même s'il s'est trompé, on ne peut pas s'en étonner !

"Mais vous ne me dites pas ce que vous avez entendu", s'écria Mme Vanderstein.

« C'est de ce jeune homme dont je vous parle. C'était un gentil jeune homme élégant, et il avait avec lui une dame bien habillée et très chic. Ce qu'ils ont fait dans cette *galère,* je l'ignore, mais alors que nous passions devant le Ritz, il toucha le bras de son compagnon et lui montra la fenêtre. « Écoute, Alice, dit-il, tu vois la dame noire dans ce moteur ? C'est de la princesse russe dont on parle tant, la princesse Sonia. Elle n'est pas belle ? On me l'a montré hier soir à la réception du ministère des Affaires étrangères. La dame qu'il appelait Alice a regardé là où il montrait et tout le monde dans le bus a regardé aussi. Moi aussi, je me suis retourné et j'ai suivi le regard des autres. Et qui ai-je vu, madame ? Tu ne peux pas deviner ? C'est vers vous qu'ils se tournaient, alors que vous étiez assis là dans votre belle voiture avec Mademoiselle Turner à vos côtés. Toi, avec tes fleurs et ton joli chapeau à la longue plume blanche, et tes merveilleuses perles. Et votre visage, madame ! Mais je ne dois pas me permettre de parler de cela !

« Vous dites de grandes bêtises, et je ne crois pas un mot de ce que vous dites », dit gaiement Mme Vanderstein, sa bonne humeur plus que restaurée. "Personne ne pourrait me confondre un seul instant avec la belle princesse Sonia."

« Pourtant, madame, cela s'est passé comme je vous le dis. Et je n'y vois rien d'étrange. C'était une erreur très naturelle, comme tous ceux qui vous ont vu, vous et la princesse, en conviendront volontiers.

Madame Querterot n'avait pas vu la princesse elle-même, mais elle avait étudié sa photographie dans les journaux illustrés et espérait sincèrement que Mme Vanderstein n'avait pas elle-même rencontré la dame de plus près.

« Le pauvre jeune homme n'était pas assez près pour observer mes rides et mon double menton, madame Justine !

« Bah ! Vous aurez oublié le mot ride, qui n'est *d'ailleurs pas* joli, le temps que j'aie fini de vous donner ma cure. Et quant au double menton, regardez-moi, madame ! Je vous assure qu'au cours de ma vie, j'ai développé pas moins de cinq doubles menton. Et je les ai tous effacés. Pensez-vous donc que je vous permettrai d'en avoir un ?

Mme Vanderstein regarda comme on lui avait demandé. En effet, elle ne perdait pas une occasion d'étudier le visage de la petite Française, qui, de son propre aveu, avait au moins dix ans de plus qu'elle, mais dont le visage était aussi lisse et sans rides que celui d'une jeune fille, bien qu'il y ait quelque chose d'indéfinissable. dans l'expression, une lueur expérimentée, peut-être, dans les yeux, qui empêchait son apparence d'être tout à fait jeune.

Pourtant, elle aurait très bien pu être prise pour la cadette de Mme Vanderstein, voire pour sa sœur cadette, peut-être, si elle avait été aussi bien habillée, car il y avait une certaine ressemblance entre les deux femmes. Tous deux étaient petits et potelés, tous deux avaient de longs visages ovales et des yeux bruns assez rapprochés sous des sourcils arqués et bien marqués, et, bien que Madame Querterot n'eût pas une goutte de sang juif dans les veines et que son nez ne prenât pas l'affaissement hébraïque cela chez Mme Vanderstein trahissait sa race, mais il était distinctement de la variété crochue et lui donnait un air de famille avec les enfants d'Israël, fait sur lequel ses parents et amis avaient souvent jugé amusant de s'attarder. Ses cheveux, cependant, étaient dorés et duveteux, s'enroulant autour de sa tête avec un abandon juvénile ; tandis que les cheveux sombres et droits de Mme Vanderstein étaient simplement et sévèrement coiffés dans le dos et dissimulés sur son front par une large frange plate et bouclée, à la manière des dames royales anglaises.

Mme Vanderstein était en tout cas sincère dans ses admirations.

« Si vous pouvez me faire paraître aussi jeune que vous, dit-elle maintenant, je ne demande rien de mieux. Mais effectivement Londres, par cette chaleur, est très fatiguante, et je me vois vieillir chaque matin. Aujourd'hui, il était pénible de conduire même avec un moteur ouvert.

Conduire? Ah ! Madame Querterot n'avait pas d'imagination, mais une vision de l'autocar bondé dans lequel elle vaquait à ses affaires flottait devant elle, à côté de celle d'une automobile qui courait à toute allure ; et elle s'arrêta une minute dans son travail et regarda autour d'elle.

Un ventilateur électrique tournait inlassablement au-dessus de la fenêtre, et sur une table au pied du lit était posé un gros bloc de glace, à moitié caché dans des fleurs et des fougères. Elle se releva, inspirant l'air frais par de longues et profondes inspirations.

« Il a fait chaud, très chaud, ces derniers jours », a-t-elle reconnu. "Cela me rappelle notre beau Paris et beaucoup de choses de ma jeunesse que je me contenterais d'oublier", a-t-elle ajouté en riant. « Ah, la pièce de cette ville dans laquelle je travaillais quand j'étais petite ; la petite pièce sombre où j'ai appris mon métier ! Il faisait chaud dans cette pièce en été. Mais, madame, je ne pourrais pas vous dire à quel point il faisait chaud. Je me souviens d'une de ces filles qui priaient très sérieusement pour mourir, car, nous expliquait-elle, partout où elle allait dans un autre monde, cela ne pouvait que être plus cool. Elle était au-dessus d'une cuisine de boulanger et n'avait aucune fenêtre, sauf une qui donnait sur une sorte de puits qui courait au milieu de la maison, de sorte que nous avions toujours le gaz allumé. Oh la la!"

« Comme c'est affreux ! » » murmura confortablement Mme Vanderstein. "Je me demande si c'était autorisé."

"Autorisé? Ah ! madame, il y a bien des ateliers pires que celui-là à Paris. Je me demande ce que vous diriez si vous pouviez voir vos robes confectionnées ! Nous l'aimions beaucoup en hiver, car il n'y avait pas d'escalier, et il était alors agréable de fermer la fenêtre et de profiter de la chaleur de la cuisine. C'était il y a bien longtemps, avant que j'épouse ce pauvre Eugène et que je vienne vivre à Londres. Ils n'étaient quand même pas si mal à l'époque. Ah, la jeunesse, la belle jeunesse, dont on ne sait pas jouir quand on l'a.

Madame Querterot s'approcha de la table et posa les mains sur le bloc de glace, jetant un coup d'œil par-dessus son épaule vers la fenêtre où Barbara était assise à son poste de garde. Cette silhouette immobile et silencieuse agaçait Mme Querterot. Être consciente que tous ses bavardages étaient entendus par cet auditeur silencieux l'énervait et lui donnait parfois, comme elle le disait, l'impression que ses propres mots allaient l'étouffer. Il y avait tellement de choses qu'elle aurait pu dire à Mme Vanderstein de temps en temps s'ils avaient été seuls — beaucoup de choses qui, instinctivement, auraient été très acceptables pour cette dame — mais en présence de Miss Turner, même si rien d'elle n'était visible. visibles sauf la nuque, il y avait, semblait-il, des longueurs de flatterie auxquelles Mme Querterot se trouvait incapable de procéder. Ainsi un sentiment de gêne, une certaine retenue jetait une certaine tristesse sur des heures qui auraient dû être les plus lumineuses de la journée.

« Ces roses, madame, comme elles sont belles », murmura-t-elle en se penchant vers un bol posé sur la table, et inconsciemment sa voix prit une note de défi en se tournant vers la fenêtre. « Ils sont aussi beaux que s'ils étaient artificiels. On dirait qu'ils sont en soie !

Mme Vanderstein rit avec tolérance, mais Barbara, le visage tourné vers la rue, fit une grimace coquine.

Madame Querterot, les mains glacées, se remit à son massage, et pendant un petit moment encore personne ne parla.

Soudain, Barbara se retourna.

«Voici une voiture royale», dit-elle. "Je pense que c'est le prince Felipe de Targona et sa mère."

« Oh, il faut que je les voie », s'écria Mme Vanderstein en se levant d'un bond et en écartant sans ménagement Mme Querterot. "Où sont-elles?" Elle courut vers la fenêtre.

La masseuse le suivit plus lentement, et trois têtes furent avancées dans la rue.

CHAPITRE II

UNE VOITURE arrivait jusqu'au perron de chez Fianti.

Pour lui permettre de s'approcher, un moteur en attente fut obligé de s'éloigner, et dans le court intervalle qui s'écoula pendant que celui-ci était remonté et démarré, la voiture s'arrêta presque immédiatement en face de la fenêtre de la chambre de Mme Vanderstein ; elle avait ainsi une meilleure vue de ses occupants que jamais elle n'avait eu la chance d'obtenir auparavant.

À droite de la calèche était assise une dame âgée, aux cheveux gris entassés sous un très petit chapeau noir. Elle était assise très droite et raide, faisant un petit sursaut nerveux lorsque les chevaux s'avançaient avec impatience et étaient arrêtés d'un coup par le cocher.

"C'est la princesse", dit Barbara, dont la tête touchait celle de Mme Vanderstein.

Le prince Felipe était assis à côté de sa mère, un jeune homme d'une quarantaine d'années, avec une moustache noire relevée et des lunettes. Il avait une cigarette à la main et, tandis qu'ils le regardaient, il se retourna et regarda une femme élégamment habillée qui passait par là.

Sur la banquette arrière de la voiture étaient assis deux autres hommes – des messieurs en attente, sans aucun doute.

Les yeux de Mme Vanderstein étaient cependant entièrement occupés par la princesse et son fils.

"N'est-il pas beau ?" murmura-t-elle à Barbara, comme s'il y avait un danger d'être entendue au-dessus du vacarme et du vacarme de la route très fréquentée.

Mais il semblait presque que ces mots parvenaient aux oreilles de l'homme qu'elle observait, car, le moteur du portique ayant enfin démarré et laissé la route libre à Leurs Altesses, le prince rejeta la tête en arrière tandis que la voiture avançait. et levant les yeux, elle rencontra les yeux de Mme Vanderstein fixés avec admiration sur lui.

Elle recula la tête avec confusion, mais le prince levait toujours les yeux lorsque la calèche disparut dans l'ombre du portique.

"Madame! Son Altesse vous a reconnu ! s'écria Mme Querterot, le visage enveloppé de sourires.

"Il ne m'a jamais vu auparavant", répondit Mme Vanderstein en se retirant dans la pièce. « Comme c'est étrange qu'il ait levé les yeux à ce moment-là !

Quel visage charmant il a. Et elle s'apaisa une fois de plus sur le canapé, son propre visage rayonnant d'excitation et de plaisir.

« Ne bouge pas de la fenêtre, Barbara, quoi que tu fasses », dit-elle. « Pensez simplement si nous les avions manqués ! »

Alors que Madame Querterot reprenait ses frottements, on frappa à la porte et la femme de chambre de Mme Vanderstein entra avec les bijoux que sa maîtresse avait l'intention de porter ce soir-là à l'opéra. Tandis qu'elle déposait les affaires sur la coiffeuse et s'occupait à ranger les divers vêtements de toilette du soir de sa maîtresse, elle jetait de temps en temps des regards désapprobateurs en direction de Mme Querterot, qu'elle n'aimait pas, quoique compatriote. très cordialement, estimant que dans l'intimité de la chambre de Mme Vanderstein, aucun autre ministère que le sien n'était nécessaire, et ayant dans l'ensemble une forte tendance à considérer sa compatriote comme une intruse, qui avait peut-être en vue une part de divers avantages pour lesquels Amélie préféré ne voir aucun autre candidat sur le terrain.

Elle sortit une robe élaborée de l'armoire et l'étala sur le lit avec divers autres vêtements. Elle plaça une cruche d'eau chaude dans la bassine et un pot de sels aromatiques à côté.

Elle redressa plusieurs objets sur la coiffeuse, qui n'avaient pas besoin d'être redressés ; j'ai incliné le miroir vers l'avant et l'ai incliné de nouveau vers l'arrière ; il souleva une chaise et la posa avec un bruit sourd ; et enfin, désespérante d'assister un jour au départ de sa redoutable rivale, elle s'apprêtait à quitter la pièce lorsque la voix de sa maîtresse la rappela.

« Amélie, dit-elle, montre-moi juste quel collier tu m'as apporté ce soir. Est-ce celui avec les pendentifs en fleurs ou les gouttes de pierre ?

Amélie porta toutes les valises sur le canapé ; et Mme Querterot cessa de frotter pendant que Mme Vanderstein se redressait et les ouvrait un à un.

Dans la plus grande, un magnifique collier de diamants, imitant une guirlande d'églantines et leurs feuilles, brillait sur son fond de velours bleu. Les autres écrins, une fois ouverts, présentaient des bracelets et un diadème de diamants, ainsi que des bagues et une paire de boucles d'oreilles formées d'immenses pierres uniques.

Mme Vanderstein les fit de nouveau taire et les rendit à Amélie.

« Rapportez-les à Blake, dit-elle, et dites-lui que j'ai changé d'avis et que je porterai les émeraudes à la place. Elles vont mieux avec cette robe.

« Ah ! madame, soupira Mme Querterot tandis qu'Amélie partait avec les bijoux, quels merveilleux diamants ! Partout où l'on va, on entend parler des bijoux de Mme Vanderstein.

« Il est vrai, dit Mme Vanderstein, que mes bijoux sont très bons. Mon cher mari en avait une passion et collectionnait les pierres comme un autre homme collectionne le bric-à-brac. Il ne s'est jamais trompé, dit-on, et mes ornements sont donc un peu déplacés. Pour ma part, je trouve extravagant d'enfermer une telle somme de capital dans de simples bibelots.»

« Mon pauvre Eugène, dit madame Querterot, avait aussi ce même enthousiasme pour les pierres précieuses. Il aimait tant à parer sa femme de diamants, cette chère âme ! Mais chez lui, c'était, hélas, plus qu'une extravagance. C'était notre ruine ; car il n'était pas un connaisseur, comme monsieur votre mari, et quand la crise est arrivée et que nous aurions transformé mes bijoux en argent, voici, on nous a dit que nous avions été trompés dans nos achats, et que, pour la plupart, les pierres étaient sans valeur. Ah, triste journée ! Comme vous le savez, madame, la faillite a suivi et nous avons dû abandonner notre bel *établissement* de Bond Street. Cela a brisé le cœur de ce pauvre Eugène. Il ne s'est jamais remis du coup et m'a bientôt quitté, j'espère pour un monde plus heureux, en passant, bien sûr, par le purgatoire", a ajouté la masseuse en se signant comme une bonne catholique. "Depuis ce jour, j'ai affronté les ennuis de cette vie seul, sans amitié, sans sympathie."

Ici, son émotion envahit Mme Querterot, et elle se détourna un instant en montrant son mouchoir. Elle avait omis dans son récit touchant que « ce pauvre Eugène » avait péri de sa propre main, en apprenant l'état de ses affaires ; et elle plaisantait un peu avec la vérité lorsqu'elle affirmait que c'était sa fâcheuse manie de couvrir sa femme de bijoux qui avait amené un état de choses si désastreux. C'était la passion même de madame Querterot pour la parure de sa personne qui avait eu pour résultat la dissipation des économies d'Eugène, et qui l'avait amené, à la fin, à voir avec désespoir la disparition totale de l'affaire qu'elle avait négligée et ruinée.

Le bon cœur de Mme Vanderstein a été touché.

Elle avait vaguement entendu la raison du renvoi des Querterots de leurs magnifiques chambres de Bond Street après la mort d'Eugène, l'incomparable coiffeur, et c'est par un désir honorable de ne pas abandonner les malheureux qu'elle continua à employer la petite Française depuis le jour. de la catastrophe. Mais aucun détail de l'affaire ne lui était parvenu, et elle entendit pour la première fois, non sans être sincèrement ému, la triste histoire d'un homme qui, après avoir tout dépensé en marques d'affection pour sa femme, avait dans le la fin la réduisit à un état de pauvreté proche du besoin, et la laissa même affronter cette terreur dans la solitude, à cause de sa tendresse mal orientée.

Considérablement touchée, elle essaya d'adresser des paroles de réconfort à la pauvre femme.

«C'est terriblement triste», murmura-t-elle. « Pauvre Madame Justine, comme je suis désolé. Votre pauvre mari, je vois bien combien il a dû vous adorer et que ce qu'il a fait était pour le mieux. Mais vous n'êtes pas absolument seul au monde, n'est-ce pas ? N'as-tu pas une fille ?

- Oui, c'est vrai, madame, que j'ai une fille, répondit madame Querterot en s'essuyant les yeux et en reprenant son travail.

– Et elle vous apporte sans doute un grand réconfort ?

- Les enfants, madame, sont à la fois une joie et un ennui, répondit évasivement la masseuse.

"J'espère que votre fille ne vous a pas causé beaucoup de problèmes."

« Elle ne m'a donné que du souci depuis le jour de sa naissance. Son enfance, son éducation, ses maladies ! Rougeole, varicelle, coqueluche, oreillons, scarlatine ; elle les a tous eus les uns après les autres.

"Mais pas pendant que tu es venu me voir !" s'écria Mme Vanderstein, alarmée.

- Ah non, madame, tout cela est fini depuis longtemps, répondit madame Querterot, mais depuis, j'ai été obligée de pourvoir à son éducation, et chaque année elle est devenue plus chère. Elle a maintenant dix-huit ans, et on la croirait soucieuse de rembourser une partie des dépenses et *des ennuis* qu'elle m'a causés pendant toutes ces années.

"Oui, sans aucun doute," acquiesça Mme Vanderstein, "elle vous sera d'une grande aide maintenant."

« C'est ce qu'on pourrait penser. Mais imaginez-vous, madame, ce que cette jeune fille me propose de faire de sa vie. Elle désire entrer dans un couvent et passer ses journées dans de bonnes œuvres plutôt que d'aider sa mère ! et Mme Querterot rit amèrement.

« Je pense qu'elle ne devrait pas prendre une mesure aussi décisive à l'heure actuelle », a déclaré Mme Vanderstein ; « à dix-huit ans, elle peut à peine savoir si la vie religieuse est réellement sa vocation. »

– Elle est têtue comme un âne, madame. Pensez-y, une jeune fille, en bonne santé, pas laide ; elle a déjà reçu des offres de mariage. Il y a un jeune homme très *bien* , très *comme il faut* , qui réclame sa main et qui ne pense qu'à elle. Mais va-t-elle le prendre ? Non pas du tout. Nous préférons être religieux ; et *voilà* !"

Madame Querterot, ayant fini son massage, remballait le sac marron dans lequel elle avait apporté son appareil.

« J'espère que vous vous amuserez à l'opéra, madame », continua-t-elle en pliant son tablier et en le posant sur les autres affaires du sac dont la serrure claqua lorsqu'elle le ferma avec un claquement d'impatience.

"A demain, mesdames", conclut-elle en prenant le sac par la poignée et en le secouant comme si elle souhaitait seulement pouvoir secouer ainsi son enfant insatisfaisant. « A cette heure-ci, n'est-ce pas ?

Et sur ce, elle s'inclina hors de la pièce.

CHAPITRE III

MME VANDERSTEIN et Barbara préparèrent leur dîner en toute hâte et arrivèrent tôt à leur place à Covent Garden. Mme Vanderstein arrivait toujours avant que l'orchestre ne soit prêt. Elle avait, comme beaucoup de gens de sa race, une grande appréciation de la musique et n'aimait pas manquer une mesure de l'ouverture, même si elle avait déjà entendu l'opéra si souvent donné qu'elle le connaissait par cœur.

Elle se sentait très d'humeur à s'amuser ce soir-là, et jusqu'à la fin du premier acte, elle s'appuya en arrière sur sa chaise, les yeux mi-clos, ne bougeant presque pas, et absolument absorbée par l'écoute des merveilleux chanteurs qui interprétaient ce soir-là. L'œuvre mélodieuse de Puccini. Même la loge royale d'en face détourna à peine son attention pendant plus de quelques instants.

Barbara Turner n'était pas musicienne, mais elle aussi était toujours heureuse d'aller à l'opéra. Elle aimait la sensation de luxe qui l'enveloppait là encore plus qu'ailleurs ; elle aimait le sentiment que le divertissement qui leur était proposé coûtait énormément d'argent et ne pouvait donc être vu que par quelques privilégiés. Même si elle riait de la passion de Mme Vanderstein pour la royauté, elle partageait sa simple satisfaction de savoir que la loge dans laquelle ils étaient maintenant assis était prise en sandwich entre celle occupée par le duc de Mellinborough à leur gauche et celle occupée par Sir Ian Fyves. , le millionnaire sportif écossais.

Barbara se réjouissait de l'exclusivité que pouvaient obtenir les riches, se distinguant en cela de certaines autres personnes qui déprécient les avantages de la richesse sous le prétexte que les plus grandes fortunes peuvent être constituées et gérées par les plus vulgaires, et que les comptes bancaires ne sont plus de nos jours l'exclusivité. propriété des raffinés, voire des intellectuels.

Mme Vanderstein ne cachait pas les bienfaits pour sa santé des heures passées au plus près de l'aristocratie, l'air inhalé par une duchesse n'étant séparé de celui qui remplissait ses propres poumons que par la plus fine des cloisons. Elle occupait invariablement la chaise du côté gauche de la loge, afin que l'espace entre elle et ses voisins invisibles puisse être calculé en termes de pouces ; et on ne peut nier que Barbara elle-même savourait la pensée de la compagnie des grands qui l'entouraient, si insouciants qu'ils fussent du plaisir qu'ils lui procuraient. Il ne fallait d'ailleurs pas vraiment s'attendre à ce que la proximité de Sir Ian Fyves, dont le cheval avait déjà si facilement remporté le Derby l'année précédente, et qui était encore une fois l'heureux propriétaire du favori pour le concours à venir, laisserait indifférent le fille de Bill Turner, l'entraîneur.

Toute l'enfance de Barbara s'était déroulée à Newmarket, et les propos des coureurs avec lesquels son père était associé avaient été les premiers à tomber dans ses oreilles d'enfant. Les chevaux dont il avait la garde étaient devenus son principal intérêt dans la vie, comme ils étaient celui de tous ceux avec qui elle était en contact ; et à l'âge de dix ans, elle en savait autant sur eux – leurs points, leurs prouesses, leur valeur et leurs chances – que n'importe quel garçon d'écurie du lieu. Sur un poney petit mais truculent, elle suivait son père et ses amis dans la bruyère au petit matin et surveillait les galops matinaux d'un œil critique ; avec les mêmes compagnons édifiants, elle se promenait dans la cour de l'écurie pendant la majeure partie du reste de la journée, et ce n'est que lorsque l'heure du coucher arrivait - et il arrivait à huit heures, car sur ce point son père était ferme - qu'elle fut déchirée à contrecœur. loin.

Tous les chevaux de M. Vanderstein étaient entraînés par son père et, à maintes reprises, les yeux enfantins les suivirent jusqu'à la victoire.

Autrefois, avant que Barbara ne fasse sa révérence, Turner avait été associé dans diverses affaires commerciales avec M. Vanderstein, puis tout simplement avec M. Moses Stein, familièrement connu de ses intimes de l'époque sous le surnom attachant de Nosy Stein. ; Parfois, dans des moments de rare affection, lorsqu'un *coup d'État particulièrement brillant* venait d'être réalisé, on faisait allusion à lui sous le nom de Nosy Posey.

Mme Vanderstein, puis Miss Ruth Hengersohn, avaient changé tout cela. Le nom de Stein lui répugnait, bien qu'il semble être une appellation assez bonne à sa manière ; Nosy ou Nosy Posey, elle ne pouvait y penser qu'avec un frisson ; tandis que l'idée d'être elle-même connue sous le nom de Mme Nosy la remplissait d'une détermination brûlante qui, en se refroidissant, se durcissait jusqu'à la consistance inflexible de l'acier refroidi.

Avant que leur mariage ait eu lieu, M. Stein, qui reconnaissait toujours avec admiration, lorsqu'il le rencontrait, une volonté plus inflexible que la sienne, avait, à grand peine, à grand inconvénient et à grands frais, changé son nom pour celui de Vanderstein, par lequel il fut ensuite nommé connu.

Les entreprises, principalement liées à la promotion d'entreprises, dans lesquelles ce monsieur avait, dans sa jeunesse, oubliée - et mieux oubliée -, l'assistance et la coopération de M. William Turner, étaient par nature précaires et ne constituaient pas une source d'intérêt. , malheureusement, du profit prévu par ceux qui s'y sont lancés.

A la fin de l'une d'elles, en effet, les choses prirent une tournure très inattendue, prenant en un clin d'œil une teinte si désagréable, que les dirigeants de la société, dont la direction était soudain le centre d'attraction et qui était en danger de recevoir une attention des plus importunes, bien que flatteuses, de la part du ministère public, pensèrent qu'il valait mieux disparaître avec une rapidité et une discrétion hautement honorables à un modeste désir d'effacement de soi à un moment où la publicité gratuite était à la portée de chacun d'eux.

Heureusement pour M. Stein, son nom ne figurait pas parmi ceux qui siégeaient au conseil d'administration de cette entreprise particulière et il a pu poursuivre son chemin de manière retirée et rentable ; mais il en était autrement de son ami moins chanceux, Bill Turner.

C'était à la recherche de ce digne personnage, quoique trop imprudent, que se tournaient principalement les efforts des autorités ; et ce n'est qu'en retournant, sous un faux nom, dans les cercles de courses qu'il avait un court intervalle abandonnés pour la ville, et encore plus en raison de l'absence du principal témoin à charge, dont on ne savait où se trouvait On sait depuis longtemps que Turner a pu échapper au sort qui aurait dû assurément être le sien.

Il s'installa finalement à Newmarket et épousa la fille d'un châtelain voisin, qui ne parla plus jamais à une enfant qui pouvait tellement oublier la position de son père et ignorer ses ordres qu'elle s'unissait au plus que discutable William.

La pauvre dame se vengea pourtant de ses parents et de son départ d'un monde où elle avait trouvé le temps de subir quelques désillusions, le jour qui vit Barbara introduire dans la lumière ; de sorte que la petite fille fut laissée grandir toute entière dans cette odeur d'écurie que son père préférait, dans son cœur, à tout parfum plus délicat.

Ce n'est qu'à l'âge de dix ans que Turner commença à souffrir des attentions des maîtres chanteurs, mais ceux-ci, l'ayant découvert, virent en lui une mine d'or qu'ils espéraient tendrement se révéler inépuisable. Or, tel n'était pas le cas. Après un an de persécution, le misérable se retrouva sans le sou et, sur les conseils de Vanderstein, le seul de ses anciens amis qui ne l'ignora pas dans ses ennuis, il quitta le pays avec précipitation et en secret.

Son intention était si peu soupçonnée qu'il a échappé à toute détection ultérieure et s'est enfui avec succès en Amérique du Sud, où il est resté introuvable par des connaissances indésirables et s'est finalement saoulé à mort après plusieurs années de l'obscurité la plus gratifiante.

Le seul regret de Turner en quittant l'Angleterre était de ne pas pouvoir emmener sa petite fille avec lui ; mais gêné par la compagnie d'un enfant, l'évasion aurait été impossible, et il céda avec tristesse aux représentations de Vanderstein sur ce point.

Le Juif promit de prendre en charge Barbara à l'avenir et assura Turner avec toute la solennité que tant que lui ou sa femme vivrait, la jeune fille ne manquerait pas de foyer. Turner, qui savait que Vanderstein ne cessait jamais de s'irriter du sentiment d'obligations contractées au début de leurs luttes, avait toute confiance dans ces paroles et ne doutait pas que son ami tiendrait ses promesses.

Et Vanderstein n'a pas manqué de le faire.

Barbara, dont le chagrin de se séparer de son père était intense et pathétique, fut réconfortée du mieux qu'elle pouvait et envoyée à l'école à l'académie choisie des Misses Yorke Brown à Brighton. Elle y reçut la meilleure des éducations en compagnie d'une trentaine d'autres jeunes filles, filles de bourgeois aisés. Dans leur société, elle a acquis une connaissance approfondie de l'algèbre, de l'histoire, des sciences et de la littérature ; avec eux, elle suit des cours de danse, apprend un peu de français et d'allemand et s'amuse sur le court de tennis et le terrain de hockey. Elle a fait du patin à roulettes et joué au golf, est devenue compétente dans l'art de la natation et, avec quelques élus et chanceux, elle a roulé quotidiennement dans les descentes.

Au bout de six ou sept ans, elle était devenue une jeune femme calme et capable, un peu vieille pour son âge peut-être, comme cela était évident pour ceux qui la connaissaient bien, mais en apparence encore une simple enfant, facilement amusée. aux bagatelles, et avec une capacité rare à profiter de la vie, qui en faisait une charmante compagne.

Son visage avait une expression innocente et impuissante en contradiction avec sa véritable nature, éminemment autonome et indépendante. Elle ne pardonnerait jamais aux parents de sa mère qui avaient méprisé son père, et à chaque fois qu'on en parlait, ses grands yeux bleus brillaient toujours de ressentiment.

Ses proches, de leur côté, ne faisaient aucun effort pour la retrouver et se contentaient de la laisser à la tendre merci des Vanderstein.

Avant que Barbara ne quitte l'école, M. Vanderstein est décédé, laissant dans son testament une disposition selon laquelle sa veuve devait continuer à prendre soin de la fille de son ami, soit en lui versant une allocation annuelle de 500 £ par an, soit en l'emmenant vivre avec elle. ami et compagnon. Il y avait un legs supplémentaire de 30 000 £ à Barbara, qui devait devenir la sienne à la mort de Mme Vanderstein.

Ce n'était pas la seule chose dans le testament qui indignait Mme Vanderstein.

Elle constata avec dégoût que la moitié de la fortune, qu'elle avait pris l'habitude de considérer comme sienne, était laissée au jeune Joe Sidney, fils de la sœur de son mari. Cette dame avait commis l'horrible délit d'épouser un chrétien, et à elle, de son vivant, Moïse orthodoxe et scandalisé n'a jamais fait allusion. Sa mort est survenue un an ou deux avant la sienne, et après cela, M. Vanderstein avait manifesté un certain intérêt pour son neveu, mais pas assez pour préparer sa femme à son action absurde concernant le partage de son argent. En effet, il a exprimé dans son testament son souhait qu'après sa mort, tout revienne à Joe, tout en laissant la décision finale sur ce point à son jugement.

Le vieux Vanderstein avait amassé considérablement plus d'un demi-million de livres sterling au cours de la dernière et la plus prospère partie de sa carrière, de sorte que sa veuve n'était pas tout à fait la pauvre qu'elle aimait à se déclarer ; mais au premier choc de voir ses revenus se diviser par deux, elle décida d'économiser les 500 £ prévues pour Barbara et de se soumettre à la place de sa présence.

Elle n'avait jamais vu la jeune fille, qui avait en effet été un sujet de désaccord entre son mari et elle, mais elle était si facile à vivre et si bon enfant qu'une très courte période de compagnie de Barbara avait suffi pour changer ses préjugés. et sa méfiance se transformèrent en une affection chaleureuse, et elle la regarda bientôt comme elle eût pu regarder une sœur cadette.

Il y avait certainement des occasions où, si quelque chose l'ennuyait, elle ne s'empêchait pas de faire remarquer à Barbara tout ce qui avait été fait pour elle et combien les opinions de M. Vanderstein avaient été exagérées dans ce sens.

« Mon cher mari, s'écria-t-elle, se serait ruiné, s'il avait vécu plus longtemps, par sa propre philanthropie sans bornes. Il était constitutionnellement incapable de dire « non » à qui que ce soit, et Dieu sait dans quelles difficultés il se serait retrouvé si seulement on lui avait laissé le temps. Combien de fois m'a-t-il avoué que certaines personnes avaient essayé de lui emprunter et qu'il leur avait laissé ce qu'elles voulaient. En vain je le suppliais d'être plus ferme. Il me faisait des promesses, mais je découvrais bientôt qu'il avait recommencé la même chose. « Ma chère, répondait-il à mes reproches, je n'ai vraiment pas le cœur de refuser d'aider ces pauvres jeunes gens. »

M. Vanderstein ne dérangeait pas sa femme avec les détails de ses affaires privées, estimant que les femmes ne se souciaient pas des affaires ; et il n'avait décidément jamais jugé nécessaire de mentionner qu'il faisait preuve d'une certaine discrétion dans sa bienveillance, se défendant contre plus de supplications qu'elle ne le soupçonnait.

Il était vrai, cependant, qu'il ne refusait jamais de prêter de l'argent aux jeunes gens pauvres qui étaient héritiers de successions ou qui pouvaient offrir d'autres garanties satisfaisantes pour le remboursement de sa bonté, et c'était grâce à ces œuvres de charité discrètes que sa fortune était rassemblée.

Les préjugés de Mme Vanderstein contre Joe Sidney avaient également diminué très rapidement lorsqu'elle avait fait la connaissance de ce jeune homme, comme elle l'avait fait peu après la mort de sa mère, et au moment où cette histoire commence, c'est-à-dire trois ans après qu'elle-même ait été laissée veuve — il était devenu un de ses grands favoris, même s'il y avait encore des moments où elle pensait un peu amèrement aux grosses sommes qu'il lui avait privées du fait de son existence. Cependant, elle l'aimait suffisamment pour lui faire savoir qu'elle avait l'intention de se conformer aux souhaits de M. Vanderstein en ce qui concerne la disposition finale de sa fortune et que son testament constituait Sidney son unique légataire.

Comme elle n'avait que quelques années de plus que lui et qu'elle était d'une santé robuste, il y avait toutes chances que cette disposition n'affecterait pas sa fortune pendant de nombreuses années encore, ou même qu'elle lui survivrait.

CHAPITRE IV

LORSQUE cette nuit-là, entre le premier et le deuxième acte de l'opéra, la porte de la loge s'ouvrit et que Sidney fit son apparition, Mme Vanderstein l'accueillit avec un sourire radieux et le plaisir le plus sincère.

"Comme c'est agréable de te voir, cher Joe", dit-elle. "Je ne savais pas que tu étais à Londres."

« Je ne suis venu d'York qu'hier soir, dit son neveu, sinon j'aurais dû venir vous voir plus tôt. Les Garringdon m'ont invité à leur loge, qui se trouve plus ou moins en dessous, donc je ne pouvais pas voir si tu étais là, mais je pensais que tu le serais.

Il s'assit et commença à parler de ses actions et à poser des questions sur les leurs, Mme Vanderstein le regardant pendant ce temps avec un sentiment de satisfaction devant l'effet décoratif sur sa boîte de ce beau jeune homme. Elle espérait que le public, ou du moins certains membres du public, avaient remarqué son entrée, et elle pensait que même les neveux gênants avaient leur utilité.

Joe Sidney avait vingt-cinq ans et était le fils de son père. Feu M. Sidney était un individu très grand et blond, et Joe lui ressemblait, montrant la moindre trace de Juif dans la chute de son nez, qui, cependant, n'était pas très marqué. Ses yeux aussi, peut-être – mais pourquoi mettre en pièces un jeune homme qui, dans son ensemble, était en réalité un très beau spécimen de son espèce ? Bien qu'il n'ait pas hérité, ou à peine, de l'apparence de la race de sa mère, il montrait une grande sympathie pour l'art et la musique ; et son intelligence était égalée par ses manières avenantes, qui en avaient fait un favori depuis son enfance auprès de presque tous ceux avec qui il était en contact, et, combinées à sa richesse, le rendaient extrêmement populaire dans le régiment de cavalerie dans lequel il était subalterne. . Il connaissait un grand nombre de gens intelligents dont Mme Vanderstein lui aurait donné les oreilles pour faire la connaissance, et de temps en temps il l'invitait à en rencontrer un ou deux lors d'un dîner au restaurant ou au théâtre, tout à fait inconscient du plaisir qu'il lui procurait. ; car l'intensité même de son désir faisait que Mme Vanderstein hésitait à le laisser deviner à ce jeune parent supérieur, et Barbara ne lui avait jamais fait allusion à la faiblesse de la veuve de son oncle.

Pauvre Mme Vanderstein ! On la plaint quand on pense que si le bon Moïse avait survécu quelques années, jusqu'à l'avènement d'un gouvernement radical qui manquait extrêmement de sympathisants à la Chambre haute, elle aurait pu vivre assez longtemps pour l'entendre appeler «Mon Seigneur» et avoir » répondit le cœur battant à la délicieuse salutation de « Ma Dame ».

Elle saisit l'opportunité que lui offrait désormais la présence de Sidney pour recueillir des informations sur les occupants des loges qui leur faisaient face. Joe a-t-il vu quelqu'un qu'il connaissait ? Bien sûr, elle connaissait de vue tout le monde dans la loge royale, à l'exception de l'homme derrière la reine. Qui était-ce? Sidney pensait que c'était l'ambassadeur d'Italie. Quel homme distingué ! Et dans la prochaine case ? Sidney ne le savait pas. Et celui au-delà ? Il ne le savait pas non plus. Mme Vanderstein était déçue par lui. Eh bien, qui connaissait-il ? Ne pouvait-il le lui dire à personne ?

« Vraiment », a déclaré Sidney, « je n'en vois pas beaucoup, mais il y en a un ou deux. Cette femme au visage rouge et à la robe violette est Lady Generflex, et l'homme à deux cases du sien à droite est Sir William Delaplage. Ensuite, cette fille en rose qui vient de prendre ses jumelles d'opéra s'appelle Lady Vivienne Shaw, et l'homme dans la même boîte est Tom Cartwright, qui était à Eton avec moi. Dans les étals, il y a un ou deux hommes que je connais, et je crois que c'est tout. Bien sûr, il y a le vieux Fyves, à côté. Vous le connaissez, n'est-ce pas ?

Mme Vanderstein regardait avec un vif intérêt les personnes qu'il désignait ; puis laissa son attention revenir vers la loge royale pendant que Sidney parlait à Barbara.

"Avez-vous couru?" lui demanda-t-elle bientôt.

"Par intermittence. Je suis allée voir mon cheval Benfar courir l'autre jour. Il est arrivé facilement dernier.

« Je ne pense pas que cet homme puisse bien le monter. C'est un bon cheval. Je l'ai vu à l'âge de deux ans.

« Il y a quelque chose qui ne va pas quelque part, c'est certain. Si je n'ai pas plus de chance cette année que l'année dernière, j'abandonnerai l'élevage de chevaux de course », a déclaré Sidney avec décision.

"Oh, tu ne dois pas faire ça", s'écria Barbara d'un ton si affligé que Sidney éclata de rire.

"Pourquoi est-ce que tu t'en préoccupes?" Il a demandé.

«Je m'en soucie beaucoup. Je ne vois jamais rien de coureurs de nos jours, ni ne rencontre quelqu'un à part vous qui connaît un cheval et un mille-pattes. Si vous abandonnez la course, j'aurai l'impression que mon dernier lien avec le gazon sera rompu.

« Pourquoi ne demandez-vous pas à ma tante de vous emmener à Epsom demain ?

"Oh, elle n'aimerait pas du tout ça", dit Barbara avec regret.

«J'ose dire qu'elle l'apprécierait énormément. Tante Ruth, pourquoi ne viens-tu pas courir avec moi de temps en temps ? Miss Turner et moi allons vous montrer les ficelles du métier et vous plongerez probablement sauvagement à cette heure la semaine prochaine.

"Je déteste passer une journée chaude à marcher du stand au paddock et vice-versa", a déclaré Mme Vanderstein. « Je déteste les chevaux et je déteste voir leurs talons s'agiter autour de ma tête de tous côtés, ce qui m'a semblé être le cas la seule fois où j'ai assisté à une réunion de courses. Des animaux vicieux et méchants. La façon dont ils sont conduits dans la foule par des gens qui ne peuvent pas les contrôler est, à mon avis, des plus dangereuses.»

"J'imagine que vous en avez vu un donner un coup de pied ou deux par pure légèreté de cœur", a déclaré Barbara. « Les chevaux sont vraiment chéris ; J'aimerais que tu les connaisses aussi bien que moi.

Mme Vanderstein non seulement n'aimait pas les chevaux elle-même, mais elle désapprouvait fortement l'affection de Barbara pour eux. La carrière de feu M. Turner avait été si peu édifiante que même M. Vanderstein avait été incapable de dissimuler entièrement à sa femme certains de ses traits les plus notoires, et Mme Vanderstein aurait été plus heureuse si elle avait pu persuader elle-même que la jeune fille avait complètement oublié les jours de sa compagnie avec un père si indésirable.

Elle n'avait, en outre, aucune sympathie pour la spéculation sous quelque forme que ce soit, et se méfiait particulièrement de celle qui prenait la forme de jeux de hasard sur le gazon. Sa plus grande amie avait épousé un homme qui s'était entièrement ruiné en soutenant les perdants ; et la vue de la misère et des privations qui avaient ainsi été infligées à une femme pour laquelle elle éprouvait une affection sincère laissa sur Mme Vanderstein une de ces impressions profondes qui déterminent nombre de nos opinions et préjugés les plus forts tout au long de la vie. Pour Mme Vanderstein, parier était l'un des péchés les plus impardonnables. Il était vrai que M. Vanderstein avait tenu une écurie de courses et elle ne lui avait jamais vraiment pardonné de ne pas y renoncer à sa demande. Mais il lui avait toujours assuré qu'il ne pariait jamais.

Elle se détourna sans répondre, et la conscience de Barbara — car elle savait à quel point son amie n'aimait pas le sujet du territoire — lui fit croire qu'elle détectait une expression impatiente derrière les épaules blanches et lui dit qu'il valait mieux changer de conversation. . Mais la tentation était trop forte, et elle continua en murmurant :

« Vous allez vous-même à Epsom demain ?

"Oui", dit Sidney, se demandant pourquoi elle se penchait de manière si confidentielle vers lui.

« Eh bien, je me demande si vous seriez très gentil et si vous mettiez un peu d'argent sur un cheval pour moi. Est-ce que ce serait trop de problèmes ?

"Pas du tout. De quel cheval s'agit-il ?

« C'est un conseil que Ned Foster m'a envoyé. C'était l'un des palefreniers de mon père, vous savez, et j'entends parler de lui parfois. Il était très gentil avec moi quand j'étais enfant. J'ai reçu aujourd'hui une lettre de lui me suppliant de soutenir Averstone. Il dit qu'il est absolument certain de se défouler mercredi.

"Combien veux-tu que je lui mette?" » demanda Sidney.

« Je n'ai pas grand-chose, j'en ai peur », dit Barbara avec regret, « mais j'ai économisé un peu avec l'argent de poche que me donne votre tante. C'est seulement 20 £. J'aurais aimé que ce soit plus.

« Allez-vous risquer toute votre fortune ? » dit Sidney. "Vous êtes une jeune femme assez téméraire, n'est-ce pas ?"

« Oh, je dois avoir un battement de cœur. En plus, c'est une certitude absolue. J'en mettrais mille si je l'avais.

« Quel joueur craintif ! Quand tu auras perdu autant que moi, tu avanceras un peu plus lentement.

"Avez-vous beaucoup perdu?" » demanda Barbara avec sympathie. "Je suis vraiment désolé. Juste récemment ?

« Eh bien oui, puisque vous me le demandez, cela ne me dérange pas de vous dire que j'ai reçu des coups assez méchants ces derniers mois. Cette brute de Benfar a beaucoup à répondre, ma parole !

« Il s'avérera encore un gagnant », dit Barbara avec espoir.

« Il pourrait arriver premier si tous les autres partants s'effondraient », dit Sidney, en s'efforçant de traiter le sujet avec légèreté, « mais j'ai peur qu'avant que cela n'arrive, je doive fermer boutique. Les choses ne peuvent pas continuer ainsi. J'ai perdu 10 000 £ lors de la réunion du Lincolnshire, et ce n'est qu'une goutte d'eau dans l'océan. Mais je ne sais pas pourquoi je te dérange avec mes ennuis, conclut-il en se relevant brusquement.

"Je suis heureuse que tu me le dises," répondit-elle simplement. « Je suis vraiment désolé que vous ayez eu une telle malchance. Vous feriez mieux de le changer en soutenant mon conseil. Ned Foster ne m'aurait jamais conseillé de tout miser sur Averstone s'il n'avait pas su que c'était une valeur sûre. Il a vraiment de l'estime pour moi, je crois, et il disait souvent que le jour viendrait où il ferait ma fortune et la sienne. Il n'approuve pas les paris en général. C'est un individu très stable et prudent.

"Je me demande", a déclaré Sidney. «Je pense que je vais peut-être avoir une dernière aventure. Quelles sont les chances?"

« Ils sont longs. Averstone n'est pas censé avoir la moindre chance. Je pense que c'est environ 40 contre 1 contre lui.

"Ma parole, imaginez que si quelqu'un en avait quelques milliers sur lui et que ça s'envolait !" » dit Sidney. "Les bookmakers mourraient tous sur le coup."

"Ce serait plutôt ennuyeux pour quelqu'un", s'est moqué Barbara. "J'espère que ça va s'enlever."

« J'ai bien peur que ce soit trop beau pour être vrai », dit Sidney d'un air sombre, « mais cela sauverait certainement la situation si c'était le cas. Si je perdais un peu plus, je devrais quitter l'armée.»

"Est-ce si grave que ça?" » demanda Barbara, réalisant pour la première fois la gravité de la situation pour Sidney. « Comme c'est épouvantable. Je *suis* désolé!"

Le jeune homme rit maladroitement.

« C'est vraiment gentil de votre part, dit-il. « J'ai été un connard parfait, bien sûr. Si je pouvais récupérer la moitié de ce que j'ai perdu, je jure que je ne soutiendrais plus jamais un cheval !

"J'espère que votre chance tournera", répéta Barbara avec espoir. Elle avait tout l'instinct d'optimisme d'un joueur.

Mais Sidney se contenta de rire à nouveau de manière plutôt imprudente alors qu'il se levait pour partir. L'entracte était terminé et les gens se hâtaient de regagner leur place.

« Comme l'orchestre semble vouloir faire un nouvel effort, dit-il, je dois retourner à la loge des Garringdon. Bonne nuit, Mlle Turner ; bonne nuit, tante Ruth; Je viendrai vous chercher dans un jour ou deux, si j'arrive demain sans être obligé de mettre un terme brusque à ma carrière.

« Que voulait dire Joe par sa dernière remarque ? » demanda Mme Vanderstein alors que la porte se refermait derrière la forme disparue du jeune homme. "Je ne comprends pas ce qu'il voulait dire en mettant un terme à sa carrière."

"Il me disait qu'il avait perdu beaucoup d'argent ces derniers temps en course", murmura Barbara à contrecœur, car elle n'était pas sûre que Sidney aimerait qu'elle répète ce qu'il avait dit. Pourtant, pensa-t-elle, il était sûrement absurde pour elle d'imaginer qu'il lui confierait tout ce qu'il hésiterait à dire à une relation. "Je suppose qu'il essayait de plaisanter à ce sujet."

"Il n'y a pas de quoi plaisanter", dit sévèrement Mme Vanderstein. « Je n'ai pas vu quoi que ce soit qui ressemble à une blague. Je trouve que c'est honteux, et je modifierai très sérieusement mon opinion sur lui s'il a réellement parié. Mais chut, la musique va commencer.

Et elle fut bientôt entièrement absorbée par son écoute.

Mais Barbara, à l'oreille de laquelle les airs, sauf les plus élémentaires, n'offraient qu'un mélange confus de bruits, se tortillait de temps en temps avec un peu d'impatience sur sa chaise, en attendant la fin de l'acte. Des souvenirs longtemps endormis, rangés sur une étagère élevée de l'armoire de la mémoire, avaient été réveillés à nouveau par sa conversation avec Sidney et la lettre qu'elle avait reçue ce jour-là du vieux palefrenier. Comme son enfance semblait heureuse, vue maintenant à travers le milieu flatteur des années intermédiaires, qui obscurcissaient tout ce qui avait été désagréable et amplifiaient les délices de ses errances effrénées et de la compagnie libre et facile de son père et des amis délicieusement plaisanteurs de son père.

Comme ils riaient des remarques spirituelles de l'autre, et comme elle aussi avait ri, se joignant à la gaieté sans comprendre le moins du monde ce qui la faisait naître, mais avec une joie qui n'en était pas moins complète. Les yeux fermés, elle s'appuya contre la paroi de la loge, les lèvres courbées en un sourire et la tête un peu de côté dans une attitude d'écoute. Mais ce n'étaient pas les voix des chanteurs qu'elle entendait. Au lieu de cela, le bruit sourd des sabots au galop résonnait dans ses oreilles, se rapprochant de plus en plus, et, mêlé au craquement du cuir, aux reniflements excités de son poney et au tintement des mors. Elle semblait voir autour d'elle les espaces nus et ouverts de la bruyère et les silhouettes des observateurs, parmi eux elle-même, accroupie sur la selle, dos aux vents amers d'est qui balayent la sombre campagne de Newmarket au printemps. Un air splendide et vivifiant, disait son père, et, de son côté, elle n'avait jamais pensé au temps. Des moments heureux et heureux ! Oh, qu'ils pourraient revenir. Pourquoi Mme Vanderstein ne pouvait-elle pas lui donner ces 500 £ par an, pensa Barbara, et lui permettre de prendre un cottage, aussi petit soit-il, à proximité d'un hippodrome et à proximité d'une écurie d'entraînement ? Si seulement elle avait un peu d'argent à elle. L'argent était tout, après tout. Cela signifiait la liberté. Si Averstone gagnait sa course, ce serait une bonne chose.

Mme Vanderstein, se tournant pour croiser son regard à un moment de la musique qui, plus encore que le reste, lui procurait un plaisir qui demandait à être partagé, ne vit que les paupières fermées et les lèvres souriantes, et avec une sensation de surprise satisfaite. se disait que Barbara développait enfin le goût de la musique.

CHAPITRE V

LORSQUE Mme Querterot quitta cette maison fraîche et aérée, qui lui rappelait si désagréablement celle qui était associée principalement dans sa conscience la plus intime à la sensation de châtiments corporels appliqués sans avare esprit, elle se dirigea vers sa propre maison, située dans la partie la plus reculée de Pimlico.

Au moment où elle descendait de son bus et se dirigeait à pied dans le labyrinthe morne des rues sombres, dans l'une desquelles elle habitait, les ombres s'allongeaient rapidement et le trottoir perdait un peu de la chaleur torride accumulée pendant la journée. Mme Querterot monta avec un peu de lassitude les marches devant sa porte. Lorsqu'elle entra dans la petite boutique où Julie cousait derrière le comptoir, elle la traversa sans dire un mot à sa fille, et entrant dans la petite pièce qui servait de salon, elle se jeta dans l'unique fauteuil avec quelque chose. comme un gémissement.

Julie, dont le sourire de bienvenue s'était effacé sur ses lèvres en voyant l'expression du visage de sa mère, se pencha de nouveau sur son travail, et pendant un moment tout fut encore dans la petite maison à deux étages.

Il n'y avait pas de place pour beaucoup de clients dans le magasin. Julie se demandait souvent ce qu'elle ferait si plus de deux personnes arrivaient en même temps, mais une éventualité aussi embarrassante ne s'était pas encore produite. Une bonne moitié de l'espace était occupée par le comptoir, sur lequel se trouvait un plateau contenant des épingles à cheveux et des filets à cheveux. Dans un coin, un espace était réservé aux clients souhaitant se faire coiffer ou laver. Personne n'avait encore demandé ce dernier service. Dans la vitrine, Mme Querterot exposait quelques articles de qualité supérieure qui avaient survécu au naufrage de l'établissement de Bond Street.

Il y avait une dame de cire, aux cheveux blonds merveilleusement bouclés et tordus, qui obscurcissait beaucoup la lumière, tandis qu'elle se tenait debout, les épaules dédaigneusement tournées vers l'intérieur de la pièce et son nez blanc comme neige appuyé contre la vitre qui la séparait de la rue. De toute évidence, elle sentait que c'était une honte de contempler cette sombre route de Pimlico. Autour d'elle étaient éparpillés des peignes et des brosses, des flacons de brillantine et des pots en porcelaine contenant des crèmes pour le teint, des boucles et des queues de faux cheveux – dans certains cas attachés à d'horribles cuirs chevelus de cire rose – et une demi-douzaine de peignes en écaille de tortue richement sculptés, qui le malheureux Eugène avait investi dans un accès d'enthousiasme erroné peu après son arrivée en Angleterre, mais qui n'avait jamais reçu le moindre commentaire ni la moindre demande de prix de la part d'aucun de ceux qui les avaient depuis regardés.

Ils étaient pourtant restés une fierté pour Mme Querterot, qui faisait souvent remarquer à Julie quel air ils donnaient.

Bientôt, après un coup d'œil à l'horloge, Julie posa son ouvrage et se dirigea vers la porte entre les deux pièces.

« Tu es de retour, maman, » dit-elle en la regardant gravement.

« Il semblerait que ce soit le cas », dit sèchement sa mère sans lever les yeux.

« J'ai peur que vous soyez fatiguée, reprit Julie calmement. « La journée a été si chaude. Ne prendriez-vous pas un verre de limonade avant le dîner ?

« Avez-vous un citron ? » demanda madame Querterot un peu moins irritable.

"Oui", dit Julie.

Elle ouvrit le placard et sortit un citron, un gobelet et un presse-citron et se mit à préparer une boisson fraîche pour son parent échauffé.

« Quelqu'un a-t-il acheté quelque chose aujourd'hui ? demanda Mme Querterot quand, au bout de quelques minutes, on lui remit le breuvage. "Mettez un peu plus de sucre dans le verre."

« Un garçon est venu chercher une bouteille d'huile pour cheveux, répondit Julie, et quelques femmes ont acheté des épingles à cheveux et des bigoudis. Cela a été une journée ennuyeuse.

– À ce rythme-là, nous serons bientôt à la rue, dit madame Querterot avec désespoir. « On ne peut pas vivre avec quelques paquets d'épingles à cheveux et une bouteille d'huile capillaire. Non. Si seulement nous pouvions déménager dans une localité à la mode. Ici, personne ne vient jamais et nous ne pouvons que mourir de faim.

« Nous ne sommes pas ici depuis très longtemps. Nous pourrions faire mieux actuellement. Ce sont les clients que vous massez qui nous empêchent de mourir de faim. Julie ouvrit la porte du magasin et, reprenant son travail, s'assit près de la table du salon.

« Bah ! Qui sait combien de temps ils continueront ? Ils ont tous une peau de crocodile. Que puis-je faire avec ? Rien. Et avec le temps, ils le découvriront et je serai mis à la porte. Que se passera-t-il alors ? Vous pensez, je suppose, que vous serez en sécurité dans votre maison religieuse. Et ta pauvre mère, tu pourras alors te moquer d'elle, *hein* !

« Mère, tu sais que je ne te quitterai pas tant que tu me voudras. Je n'ai pas parlé de devenir religieuse depuis la mort de mon père, n'est-ce pas ?

"Ton père!" s'écria Mme Querterot avec émotion. « Votre père était un poltron. A peine ai-je eu besoin de son aide qu'il m'a abandonné !

"Mère!" s'écria Julie, et il y avait dans son ton ce qui faisait s'éteindre les lamentations de madame Querterot en marmonnements inaudibles.

La jeune fille ne dit rien de plus, mais continua tranquillement à coudre, jusqu'à ce qu'au bout d'un moment sa mère se lève pour monter à l'étage.

A la porte, elle s'arrêta.

«Bert vient dîner», dit-elle par-dessus son épaule. - Tu n'as pas oublié que c'est ce soir que nous allons avec lui au théâtre ? Il sera bientôt là, je pense, » et elle monta les escaliers étroits sans attendre de réponse.

Une demi-heure plus tard, alors qu'ils se mettaient à table pour un repas froid que Julie avait soigneusement préparé — car Mme Querterot aimait particulièrement manger et avait veillé à ce que sa fille acquière de bonne heure les principes de la bonne cuisine — ils avaient été rejoints par l'invité pour à qui elle avait fait allusion.

C'était un jeune homme d'aspect anémique, aux cheveux blonds qui retombaient un peu en désordre sur un front haut et étroit. Son visage, pâle et maigre, n'était pas, à première vue, particulièrement avenant. Son contour était inhabituellement pointu, bien que le menton fût tellement reculé qu'on pouvait difficilement dire qu'il présentait une pointe. La bouche était faible et grande et toujours entrouverte, de sorte que les dents, tachées de brun par la consommation continue de cigarettes, n'étaient pas complètement cachées lorsqu'il parlait sous la petite moustache éparse dont il avait la désagréable habitude de mâcher le bout. Le nez était proéminent et paraissait trop grand pour le reste de son visage, les yeux, sombres et enfoncés, semblaient briller d'un feu insoupçonné lorsque la conversation tournait sur un sujet qui l'intéressait. Ce sont eux qui ont racheté l'homme tout entier de son insignifiance totale. C'étaient des yeux d'enthousiaste, presque de fanatique. Il ne parlait pas beaucoup, mais semblait se contenter de dévorer les plats servis devant lui et de regarder inlassablement Julie assise en face de lui à la petite table carrée.

Julie était une très jolie fille à sa manière, qui n'était pas du tout anglaise, même si la langue anglaise lui venait plus naturellement aux lèvres que sa langue maternelle. A vrai dire, elle ne maîtrisait pas très bien cela, sa mère et son père ayant tous deux trouvé plus facile, depuis qu'elle avait commencé à aller à l'école, de lui parler dans un anglais approximatif. En effet, après une vingtaine d'années de résidence à Londres, cette langue leur devint aussi naturelle que leur propre langue, et le français de Madame Querterot était désormais aussi anglicisé que celui de nombreux linguistes de son pays d'adoption. Elle a cependant constaté que beaucoup de ses clients préféraient qu'elle parle dans un anglais approximatif ; ils aimaient sentir qu'il y avait là quelqu'un venu tout droit de la ville gaie pour faire leur plaisir.

Sa fille a hérité du visage ovale et des sourcils arqués de sa mère, mais là la ressemblance a cessé. Julie était grande tandis que Mme Querterot était petite ; elle était brune, tandis que sa mère était blonde, et d'une blondeur qui ne devait rien à l'art. Julie avait un nez droit et court et une bouche en petit bouton de rose, sa peau était foncée mais éclatante de santé, et ses yeux marron, très écartés sous le sourcil bas, avaient un air grand ouvert de surprise douloureuse comme si elle trouvait elle-même dans un monde qui ne parvenait pas continuellement à répondre à ses attentes. Bert, on le voyait bien, trouvait tout cela très à son goût, et était si absorbé par sa contemplation qu'une grande partie de la conversation de Mme Querterot lui restait sans réponse, et ses réponses, lorsqu'il en faisait, étaient pour la plupart tout à fait hors de propos.

Madame Querterot avait alors complètement recouvré sa bonne humeur, ou du moins manifestait l'amabilité qui lui était habituelle dans les relations avec les étrangers. Elle bavardait sur le temps, sur la lettre qu'elle avait reçue ce jour-là de ses parents à Paris, s'informait du travail de Bert et montrait, et peut-être éprouvait, un grand intérêt pour ses maigres réponses. Bientôt, elle commença à parler de l'occupation de sa propre journée.

« Il y a une vieille dame à qui je rends visite pour le massage, dit-elle, qui vous ferait rire à voir. Elle est moche, elle est grosse, elle a le teint d'une dinde ! Pourtant, personne n'est plus désireux qu'elle de redevenir jeune. A-t-elle déjà été belle ? Je ne sais pas; mais il est certain qu'elle ne le sera plus. Chaque jour je la retrouve avec un miroir à la main et chaque jour en la quittant, elle le reprend pour voir s'il y a une amélioration. Pour autant que je sache, elle reste assise comme ça, regardant son reflet antipathique jusqu'au lendemain, quand je reviens.

Madame Querterot s'arrêta et but une gorgée de sa limonade.

"Un peu plus de sucre, Julie, ma chérie, et ce serait encore meilleur", dit-elle. « Dans ce pays, le sucre est moins cher et on y prête inutilement attention. Si nous étions en France, je ne le dirais pas ; là, il y a *les impôts* . Mais ici, il faut l'admettre, c'est l'endroit le moins cher où l'on puisse vivre. C'est pourquoi on trouve ici tant de Juifs. Bah ! les Juifs! Pourquoi les subit-on ? En Angleterre comme en France, on ne voit rien d'autre ; mais encore plus en Angleterre depuis l'affaire Dreyfus. Il y a une dame chez qui je vais quotidiennement et qui vivrait volontiers en France, je pense, si cela n'était devenu ici moins désagréable pour sa race depuis cette affaire. Mais peut-être n'est-ce pas seulement pour cela qu'elle reste ici, maintenant que je réfléchis. Elle n'est pas de celles qui s'amusent bien dans une république.

"Comment ça va, maman?" » demanda Julie sans grand intérêt, tandis que leur invité, de son côté, se contentait de grogner avec indifférence.

« Elle est plus que royaliste, dit madame Querterot ; « Elle aime voir une tête qui sait ce que ça fait de porter une couronne. Elle va tous les jours voir la reine traverser le parc. Mon Dieu ! Je pense qu'elle ne vit que pour ça. Aujourd'hui, un prince passa sous sa fenêtre et, par hasard, il la regarda en passant. Elle était folle de joie ; on eût dit que c'était l'heure la plus heureuse de son existence. Elle n'a rien dit, mais j'ai mes yeux ! Et c'est une femme qui a tout pour profiter de la vie. Elle n'est pas méchante, pas méchante du tout ; pour une juive, même belle ; elle est encore jeune et riche. Oh, mais riche !

Madame Querterot posa son couteau et sa fourchette et leva les deux mains en l'air pour exprimer l'étendue de la richesse dont jouissait l'heureuse juive.

Pour la première fois, Bert montra un certain intérêt pour la conversation, ou le monologue, comme on pourrait mieux l'appeler.

« C'est honteux, dit-il, il faudrait y mettre un terme. Ces gens! Ils sucent le sang des pauvres !

« Les Juifs, oui ; c'est leur *métier* », a convenu Mme Querterot.

« Je ne parle pas spécialement du Juif. Ce à quoi je fais allusion en ce moment, ce sont tous ces riches inutiles. Les faux-bourdons de la ruche, comme on dit. Ces capitalistes pléthoriques qui occupent des terres qui devraient en droit appartenir au peuple. Ils feraient mieux de se débrouiller seuls, je peux leur dire. Il y aura un jour où la société ne le supportera plus. En d'autres termes, nous allons les chasser. Taxez-les de leur existence même. Est-ce que je suis parfaitement clair ?

Bert jeta un regard triomphant autour de lui tandis qu'il posait sa main sur la table avec une emphase concluante qui fit sursauter nerveusement les verres sur la table.

« Cette Mme Vanderstein dont je parle, reprit calmement Mme Querterot, n'a pas de terre, à ma connaissance. Elle n'a qu'une maison à Londres. Mais elle est riche quand même. On le voit à chaque étape. Dans la maison, quel luxe ! De telles photos ! quels meubles ! quelles fleurs ! Et des automobiles, et des loges à l'Opéra ! De telles robes ! Et surtout, de tels bijoux ! Oh, elle est très riche, celle-là.

«C'est pareil», a déclaré Bert, «qu'elle dépense son argent en terrain, en vêtements, ou quoi que ce soit. Ce que je veux vous faire comprendre, c'est qu'elle dépense cet argent et que pendant qu'elle vit de la graisse de la terre, nous risquons de mourir de faim !

Il s'est servi en parlant d'une autre assiette d' *œufs à la neige* .

Julie le regardait, l'ombre d'un sourire jouant sur sa bouche.

"Avez-vous vu les bijoux de cette dame, maman?" elle a demandé. "J'adore les pierres précieuses."

«J'en ai vu quelques-uns», dit sa mère. « Ce soir, sa servante lui a apporté un collier et des bracelets de diamants, ainsi qu'une coiffure et des bagues d'une grande beauté, sans doute sans prix. Mais elle les renvoya encore, disant qu'elle en porterait d'autres. Ceux que je n'ai pas vus, mais il est certain qu'elle en a beaucoup, et tous merveilleux. Chaque jour, elle en porte des différents et, en permanence, un collier d'énormes perles. Sans ces derniers, je ne l'ai jamais vue. Ils sont gros comme des billes et, à vrai dire, pas beaucoup plus jolis, à mon goût. Quand je vous dirai qu'elle emploie un veilleur de nuit, dont le seul devoir est de patrouiller la maison toutes les nuits, vous comprendrez que la valeur de ce qu'elle contient doit être grande.

«C'est exactement ce que font ces capitalistes», s'écria Bert avec enthousiasme. « Ils bloquent ainsi des milliers de livres sterling alors que l'argent devrait être distribué dans le monde pour payer des salaires justes et égaux. J'aimerais que le port de bijoux devienne un délit."

« Mais qu'arriverait-il à ceux qui y parviendraient ? » demanda Julie. « Ils perdraient tous leurs moyens de subsistance, n'est-ce pas ? Que feraient les pêcheurs de perles, ou ceux qui extraient les pierres précieuses de la terre ? Et les polisseurs et régleurs ? Chaque industrie a un hôte qui dépend d'elle pour répondre à la demande de sa main-d'œuvre.

« Il y aurait moins de besoin de main-d'œuvre », dit Bert avec plus de douceur, comme c'était toujours le cas lorsqu'il lui parlait, « si l'argent était retiré aux capitalistes et partagé entre le peuple ».

"Toujours..." objecta à nouveau Julie.

Madame Querterot ne se proposait cependant pas d'entendre une discussion sur les bienfaits à attendre du socialisme ; elle avait souvent entendu tout ce que Bert avait à dire à ce sujet, et cela l'avait beaucoup ennuyée. Elle repoussa sa chaise et se leva.

« Il est sept heures et demie, dit-elle, il faut mettre nos chapeaux pour le théâtre. Cela commence à neuf heures, mais nous mettrons vingt minutes pour y arriver, et je veux avoir de bonnes places. Viens te préparer, Julie.

CHAPITRE VI

LES deux femmes montèrent à l'étage ; Bert alluma une cigarette et se retira pour fumer dans la petite cour derrière la maison. Bientôt, il entendit des pas descendre, et jetant précipitamment sa cigarette, il rentra dans la petite pièce au moment où Julie entrait. Elle avait été plus rapide que sa mère.

Bert n'a pas perdu de temps en préambules. Il savait qu'il ne disposait au mieux que de quelques minutes.

« Joolie, commença-t-il précipitamment, pourquoi ne me laisses-tu jamais te voir seul ? Ne seras-tu jamais plus gentil avec moi ?

« Ne suis-je pas gentil avec toi, Bertie ? Je ne veux pas ne pas l'être.

« Vous savez très bien ce que je veux dire. Je veux que tu m'aimes mieux. Oh, Joolie, tu n'imagines pas à quel point je t'aime. J'ai eu l'impression que ça m'est venu tout d'un coup ce jour où nous nous sommes promenés dans le parc, où pour une fois ta mère n'est pas venue avec nous. Et depuis, je n'ai pas eu un instant de paix. Pas un seul moment de solitude. Où que je regarde, que ce soit pour aller au bureau, au travail ou une fois que c'est fait, j'ai l'impression de ne voir que toi, Joolie, et je ne veux rien voir d'autre non plus.

Il se rapprocha d'elle et elle recula instinctivement.

« N'ayez pas peur ! Je ne te toucherai pas, dit-il avec une certaine amertume. "Je sais que tu ne peux pas me voir, mais je donnerais ma vie pour te rendre heureux."

"Oh, Bert," dit-elle d'un ton plein de contrition. « Ce n'est pas vrai que je ne peux pas supporter ta vue. Je t'aime beaucoup, c'est vrai. Nous sommes de si vieux amis. Et c'est si gentil de ta part de m'apprécier autant, mais pourquoi ne pouvons-nous pas continuer à être simplement amis ?

«Joolie, Joolie», s'écria le jeune homme. « Vous ne comprenez pas. Je t'aime, Joolie. Je t'aime tellement cher! Tu ne penses pas que tu pourrais m'épouser un jour ? Là, je ne voulais pas te demander maintenant, continua-t-il rapidement en voyant l'expression du visage de la jeune fille, ne me réponds pas maintenant. Je sais ce que tu vas dire et je ne peux pas supporter de l'entendre. Attendez un peu et peut-être pourrai-je vous faire prendre soin de moi à temps.

Avant qu'elle ait pu répondre, le pied de Mme Querterot était sur l'escalier, et l'instant d'après elle entra souriante et parée de ses plus beaux atours.

Ils partirent sans plus attendre et se dirigèrent par une succession de bus jusqu'au Strand. En descendant là-bas, ils se dirigèrent vers l'une des rues voisines et prirent place dans une file de gens qui attendaient déjà l'ouverture des portes du théâtre.

Même s'ils n'étaient pas du tout les premiers à entrer, ils se sont assurés de bonnes places dans la fosse et s'y sont installés pour attendre le début de la représentation, chacun, à sa manière, se préparant à profiter au maximum de la soirée.

Quand enfin le rideau se leva, ils suivirent la destinée des personnages avec un intérêt haletant, et la pièce elle-même fit ensuite l'objet d'une discussion animée, qui dura tout le chemin du retour, Julie soutenant qu'une conduite honnête était toujours souhaitable, quoi qu'il arrive. des excuses pourraient être invoquées pour une autre conduite.

Bert et Madame Querterot avaient, semble-t-il, des opinions plus élastiques, Bert déclarant qu'il y avait des gens que c'était un péché de laisser en possession de leurs biens mal acquis, et Madame Querterot inclinant à penser que si quelqu'un était assez stupide pour ne pas Pour pouvoir garder ce qu'ils avaient, il faut blâmer peu ceux qui ont été assez intelligents pour le leur prendre.

Elle a soutenu cette affirmation en soulignant que personne n'avait blâmé le gentleman cambrioleur qui constituait la figure centrale de la pièce ; l'héroïne elle-même, qui était assurément à un haut degré le modèle de toutes les vertus, avait facilement pardonné ses petites fautes, fautes faites tout entières pour elle.

« Pour ma part, affirmait-elle, j'admire un homme comme celui-là. Non pas qu'il soit courant d'en trouver un comme lui. La plupart des hommes accordent une trop grande importance à la sécurité de leur propre peau. Mais il faut reconnaître que la jeune fille, pour laquelle ce brave homme prenait tous ces risques, n'était pas d'une beauté ordinaire. Il est possible que s'il y avait plus de gens comme elle, il y aurait aussi plus d'amants, jeunes et ardents, prêts à risquer la prison et la potence pour conquérir la richesse qui devrait leur appartenir. Ah ! il n'y a plus de chevalerie de nos jours, » et Mme Querterot poussa un gros soupir. Peut-être pensait-elle à la bassesse avec laquelle Eugène l'avait abandonnée au moment du besoin.

« La richesse ne suffit pas toujours », dit Bert avec tristesse, « et de toute façon, la richesse est une abomination et un piège. Dans l'État socialiste idéal, cela n'existera pas. Toutes les richesses seront réparties également et chacun aura de quoi vivre, mais pas plus. Ceux qui veulent du luxe n'auront qu'à travailler pour cela.»

- Vous regardez trop loin, mon jeune ami, répondit philosophiquement Mme Querterot. Ils parcouraient les rues sombres qui menaient à sa maison, Bert ayant insisté pour les raccompagner chez eux malgré les protestations quant à l'heure tardive et à la nécessité de se lever tôt le lendemain matin.

« Vous avez un cerveau, poursuivit-elle, et vous l'utilisez, ce qui n'est pas très général. Mais dans ce monde, c'est une erreur de montrer qu'on est intelligent. Les stupides n'aiment que ceux qui diffèrent d'eux d'une manière qu'ils ne peuvent pas comprendre, et les gens intelligents détestent en réalité ceux qui osent ainsi leur ressembler. Si vous souhaitez être aimé, il vaut mieux paraître idiot. Personne ne désire un amant trop intelligent pour se soucier de ses opinions. Si vous souhaitez obtenir le respect, ne vous montrez pas exceptionnellement brillant. On ne vous prendra que pour excentrique, voire fou. Et enfin, si vous voulez gagner de l'argent, ne laissez jamais personne soupçonner que vous n'êtes pas parfaitement idiot. Les gens seront sur leurs gardes s'ils pensent avoir affaire à un homme intelligent, mais s'ils vous considèrent comme un imbécile, les précautions leur sembleront inutiles et il vous sera très facile de traiter avec eux à votre avantage.

Bert écoutait ces propos avec plus d'attention qu'il n'en montrait habituellement.

"Pensez-vous vraiment qu'un homme a plus de chances avec une fille s'il est stupide et riche ?" » demanda-t-il à voix basse. Ils marchaient derrière Julie, le trottoir s'étant rétréci au point qu'il était impossible de continuer à trois de front.

Madame Querterot ralentit le pas et recula un peu.

« Cours, Julie, mon ange, cria-t-elle, et prépare-moi une tasse de café. Je ressens une sorte de malaise et je marcherai plus lentement si Bertie me donne son bras.

Bert fit un geste contrarié et voulut la laisser à la poursuite de Julie, qui se hâta comme on le lui disait, mais Mme Querterot lui saisit le bras et le retint.

« Reste avec moi, je veux te parler », dit-elle en s'accrochant si fort à lui que sans rudesse il n'aurait pas pu la secouer.

"Qu'est-ce que c'est? Je veux parler à Joolie, dit-il avec colère.

« Vous pouvez lui parler à tout moment ; écoutez-moi maintenant. Vous m'avez demandé il y a une minute si je pensais qu'on avait plus de chances avec une fille si on était riche.

"Oui." » Il parla avec un intérêt renouvelé. "Tu le penses, je suppose?"

«Bert, laisse-moi parler. Je dois vous dire que depuis quelque temps je vois bien que vous avez de la tendresse pour ma fille. Vous souhaitez l'épouser, n'est-ce pas ?

"C'est le seul souhait de ma vie."

« C'est facile à voir. Vous le montrez dans chaque mot, dans toute votre manière envers elle. Mais laissez-moi vous dire, mon ami, que dans mon pays, ce n'est pas seulement le consentement d'une jeune fille qui est recherché par un futur mari. Il aurait été plus *convenable* que vous vous adressiez à moi, sa mère, à ce sujet.

« Madame Querterot, voulez-vous m'aider ? Joolie ne semble pas se soucier de moi. Y a-t-il un autre homme ?

« Il n'y a pas d'autre homme. Julie a l'idée absurde d'entrer dans une maison religieuse, mais c'est une fille dévouée et elle n'ira pas à l'encontre de mes souhaits dans ce domaine ni dans aucun autre domaine. En ce qui concerne cette question du mariage, elle se laissera guider, j'en suis convaincu, par moi. Ah comme elle m'aime, cette enfant ! Il n'y a rien qu'elle ne ferait pas pour me plaire. Je vous le dis, Julie n'est pas une fille. Elle est un ange!"

«Je le sais», grogna Bert; si vous voulez bien m'aider avec elle, madame Querterot, et que je puisse jamais faire quelque chose pour vous témoigner ma gratitude, eh bien, vous pouvez croire que je le ferai, c'est tout.

« Ah, Bert, il est maintenant temps de le prouver. Des mots, des mots, des mots ! Mais si cela en arrivait à ce point, que feriez-vous, non pas pour montrer votre gratitude, mais pour gagner la main de Julie ? C'est ce que je me demande.

"Je ferais n'importe quoi. Par Jupiter, je crois qu'il n'y a rien à quoi je m'en tiendrai.

"Très bien. Maintenant, avec moi comme ami et allié, je pense que vous pourriez vous assurer que ma fille consentira au mariage. Mais moi, Bert, je n'accepterai jamais qu'elle épouse un homme pauvre. J'ai d'autres idées pour elle, je vous l'assure.

«Vous savez que je suis pauvre», dit Bert. « Je méprise les richesses, mais pour Joolie, je ne leur opposerais pas d'objection si elles étaient à ma portée. Mais vous savez très bien que je serai toujours pauvre aussi longtemps que ce gouvernement capitaliste bestial suivra sa propre voie. Un jour peut-être, les choses changeront.

--Bert, dit madame Querterot en baissant la voix, c'est vous-même qui m'avez suggéré un moyen de devenir riche. Supposons que je vous dise que j'ai un plan ; que je connaissais un moyen par lequel, en un éclair, vous pourriez gagner à la fois la richesse et Julie, et en même temps montrer votre foi en la vérité de votre propre évangile ? Et alors, Bert ? As-tu un peu de courage, mon garçon ? Les filles ne comprennent pas vos idées modernes, selon lesquelles tout le monde devrait être d'une même pauvreté ; ils aiment avoir de l'argent, ils aiment ce que l'argent peut leur apporter. N'avez-vous pas entendu Julie dire ce soir qu'elle adorait les bijoux ?

Ils avaient atteint la porte du magasin et Bert se tourna vers elle sans répondre. Mais Mme Querterot fit mine de continuer leur promenade, et après un instant d'hésitation il se retourna et fit les cent pas à côté d'elle.

« Je lui donnerais tous les diamants du monde », a-t-il déclaré, « si elle les voulait et si je pouvais les lui procurer. Que pensez-vous que mes idées, comme vous les appelez, m'importent ? Rien! Oh, rien n'a d'importance à côté de Joolie ! Pourtant, je suis pendu, dit Bert, si je vois où vous voulez en venir.

« Je vois un moyen, répondit son compagnon, de faire un peu de bonnes affaires. Pour cela, j'ai besoin de l'aide qu'un jeune homme comme vous peut m'apporter. Quelqu'un de courageux, de déterminé, et qui ne se laissera pas décourager par quelques difficultés apparentes. Mais pour réussir, l'affaire doit rester secrète. Il s'agit en effet du caractère le plus privé. Avant d'en dire davantage, jure-moi par ton amour pour Julie que tu mourras avant de répéter un mot de ce que je vais te dire.

"Je le jure", dit Bert solennellement.

Madame Querterot jeta un nouveau regard rapide et pénétrant sur son visage pâle et, apparemment rassurée par la lumière qui brûlait dans ses yeux sombres, se remit à parler d'une voix basse et persuasive tandis qu'ils se promenaient devant la petite maison.

Julie vint à la porte et leur cria que le café était prêt ; puis, désespérant d'une réponse, elle se retira dans sa chambre, où une lumière brillait un moment ; bientôt il s'éteignit, et Julie, au bout de quelques minutes, dormait paisiblement.

Mais sa mère et son amant marchaient toujours et tournaient sur le trottoir sous sa fenêtre.

CHAPITRE VII

LE lendemain, Mme Vanderstein, occupée avec un arrosoir parmi les pots de roses qui, pendant la saison, ornaient son balcon, et surveillant attentivement l'entrée de la rue Fianti, fut déçue de ne plus apercevoir le prince. Felipe de Targona qu'elle pensait à chaque minute voir sortir de dessous le portique.

« Qu'est-ce qui peut le retenir à l'intérieur par une si belle journée ? se demandait-elle à plusieurs reprises, car à nouveau le soleil tombait sur la ville d'un azur sans nuages.

Ayant passé l'heure immédiatement après le déjeuner dans cette vaine attente, au risque imminent d'une insolation et d'une indigestion, elle commença à désespérer de voir jamais ses espérances se réaliser, et retourna au salon, où elle se jeta tristement sur une chaise. .

« Si ce temps continue, dit-elle à Barbara, nous pourrions courir quelques jours à Dieppe.

Mme Vanderstein avait l'habitude de faire des excursions soudaines de l'autre côté de la Manche ; chaque fois qu'elle s'ennuyait à la maison, elle s'enfuyait au pied levé à Dieppe ou à Ostende.

Barbara appréciait ces voyages, mais souhaitait parfois que Mme Vanderstein ne se décide pas à partir à la dernière minute, comme elle le faisait presque toujours. Il était parfois gênant de ne disposer que d'une demi-heure pour faire ses valises.

« Veux-tu y aller aujourd'hui ? » demanda-t-elle avec une nuance d'anxiété dans la voix.

"Oh, je ne sais pas," répondit Mme Vanderstein avec lassitude. "J'ose dire que je peux."

Barbara se dirigea vers la fenêtre ouverte.

« Voilà Madame Justine qui sort de chez Fianti, remarqua-t-elle tout à l'heure.

"Vraiment?" dit Mme Vanderstein en se levant et en se dirigeant vers Barbara. "Je me demande ce qu'elle a pu faire là-bas?"

Madame Querterot courait sur le trottoir, son sac à la main. Elle leva les yeux vers le balcon et fit une petite révérence souriante en réponse au signe de tête amical de Mme Vanderstein. Puis elle tourna à un coin et fut hors de vue.

"Quelle bonne figure elle a", dit Mme Vanderstein en retournant dans la maison. « Cela remonterait le moral de n'importe qui, ce délicieux sourire. Cela me fait toujours du bien de voir madame Justine.

"Je ne comprends pas pourquoi tu l'aimes autant", dit Barbara en revenant également dans la pièce. "Je ne pense pas qu'elle soit particulièrement jolie."

« Ah, Barbara, dit Mme Vanderstein, à votre âge, vous n'êtes pas un juge de caractère. Maintenant, je reconnais une bonne femme quand j'en vois une, et j'admire celle-là. Regardez la façon dont elle travaille jour et nuit pour subvenir aux besoins de sa fille oisive et ingrate.

— Je ne pense pas qu'elle soit aussi ingrate que sa mère le prétend, dit Barbara. Elle semblait décidée à ne voir aucun bien chez la pauvre Madame Querterot.

Dans la fraîcheur de l'après-midi, les deux dames se promenèrent dans le parc et visitèrent une ou deux maisons de leurs amis. Il était six heures passées lorsqu'ils rentrèrent chez eux et pour une fois la masseuse les attendait. Elle s'avança lorsque Mme Vanderstein entra, et son attitude montrait une certaine excitation. A l'arrière-plan planait Amélie, qui serait morte plutôt que de permettre à Madame Querterot de rester seule dans la chambre de sa maîtresse, laissant entendre sombrement, quoique vaguement, aux autres domestiques qu'il faudrait s'attendre à des conséquences mystérieuses et terribles si une telle liberté était accidentellement permis.

madame, s'écria madame Querterot, j'ai une nouvelle si amusante. En tout cas, j'espère que vous rirez et que vous ne serez pas offensé si je vous le répète.

« Qu'y a-t-il, madame Justine ?

- Imaginez-vous, madame, que j'ai reçu ce matin une convocation... mais, madame, dit madame Querterot en s'arrêtant tout à coup et en jetant un regard de méchanceté à peine voilée vers les autres occupants de la chambre, ce que j'ai à dire. vous le dire est de nature quelque peu privée. Est-il possible que vous permettiez que je vous parle seul ?

"Oui", a déclaré Mme Vanderstein; « Pourquoi pas, si tu veux. Amélie, je t'appellerai quand je veux, s'il te plaît. Barbara, ça te dérange de partir jusqu'à ce que je t'appelle ? Merci beaucoup. Il faut que j'entende cette amusante histoire de madame Justine.

Barbara et la servante ne tardèrent pas à obéir et quittèrent la chambre ; mais tandis que l'une le faisait avec empressement, son orgueil l'empêchant de manifester, ne serait-ce qu'un instant, une quelconque curiosité pour ce que Mme Querterot pourrait avoir à raconter, Amélie ne se faisait aucun mal de cacher l'aversion, presque de la haine, qui brillait. dans ses yeux alors qu'elle les fixait avec un regard colérique sur sa compatriote avant de se diriger lentement vers la porte. Elle espérait un jour se venger de cette femme, de cette odieuse et bavarde bourgeoise, de la façon dont elle s'était infiltrée, sinon dans la confiance de sa maîtresse, du moins dans des termes si familiers et impertinents avec elle ; quand, si Mme Vanderstein pouvait seulement être amenée à ressentir pour elle, dans ses os, comme Amélie le ressentait, elle la reconnaîtrait pour une personne à qui une honnête femme, et encore moins une dame *comme il faut* , dédaignerait de s'adresser. se.

Sa rage et son indignation continuaient d'augmenter à mesure que les minutes passaient et aucune cloche ne la rappelait à ses fonctions. Bien qu'elle ne soit pas plus friande de travail que ses camarades, Amélie se révoltait de toute son âme à l'idée qu'on puisse se passer d'elle. Et quand enfin, après une heure d'attente, elle et Miss Turner furent rappelées dans la chambre, l'une d'elles au moins y rentra avec des sentiments meurtriers dans le cœur, qu'elle exprima en faisant des grimaces à la masseuse derrière l'appartement des dames. dos et se jurant que le jour de la vengeance ne pourrait pas être retardé plus longtemps.

Quant à Barbara, elle fut frappée dès son retour vers son amie par une excitation contenue, une inquiétude dans les manières, qui semblaient trahir qu'il y avait quelque chose d'intérêt personnel dans les confidences de madame Querterot. Elle n'aimait cependant pas demander ce que la Française avait eu à dire en privé, et comme Mme Vanderstein ne donnait aucune information spontanée, mais restait très silencieuse toute la soirée, apparemment complètement occupée par ses propres pensées, Barbara n'était pas désolée. quand l'heure du coucher est venue.

« Pensez-vous encore à courir à Dieppe ? » a-t-elle demandé en lui disant bonsoir.

«À Dieppe!» s'écria son amie, mon Dieu, non ! J'ai toutes sortes d'engagements, et vous avez oublié que ma loge est réservée à la représentation de gala de l'opéra de lundi. Je resterai certainement à Londres pour le moment !

De toute évidence, Mme Vanderstein avait oublié l'intention à moitié formulée de l'après-midi.

Eh bien, cela ne l'empêcherait pas de changer d'avis à nouveau, pensa Barbara, et ils pourraient traverser la Manche dans un jour ou deux, malgré la décision de ce soir.

Mais les jours passèrent et on n'en dit plus rien. Chaque soir, madame Querterot arrivait comme d'habitude ; mais maintenant, il y avait toujours un entretien privé entre elle et Mme Vanderstein, qui laissait cette dame rouge et souriante.

Barbara ne pouvait pas imaginer ce qui se passait et qui provoquait tous ces changements. Elle n'aimait pas Mme Querterot et était vaguement mécontente du secret qu'elle avait l'impression qu'on lui cachait. Pourquoi Mme Vanderstein aurait-elle des secrets avec cette horrible petite Française et la laisserait-elle tranquille ? Comment pouvait-elle permettre la familiarité de cette femme ? Barbara était à la fois piquée et dégoûtée par l'évolution de l'affaire.

Dimanche, ils se sont promenés dans le parc avec une certaine Mme Britterwerth, amie de Mme Vanderstein.

Après un jour ou deux de nuages et de pluie, pendant lesquels les gens frissonnaient et disaient que c'était comme l'hiver, le temps s'était à nouveau éclairci et la luminosité radieuse qui distinguait cet été de ceux qui l'avaient précédé et suivi. Le parc était gai avec des robes claires et des parasols aux couleurs brillantes. Les fleurs aussi étaient à leur meilleur – la pluie était arrivée au bon moment pour elles et les parterres étaient une vision de beauté – mais elles n'ont reçu que peu d'attention, comme d'habitude, les gens affluant de l'autre côté de la route, où, à vrai dire, il faisait très agréable sur les pelouses vertes sous les arbres.

Les trois dames se promenaient à l'ombre. Mme Vanderstein appelait cela faire de l'exercice et le faisait une fois par semaine pour le bien de sa silhouette. Mme Britterwerth était vraiment corpulente et se serait volontiers assise après un tour ou deux, mais son amie plus énergique ne l'y avait pas autorisée.

« Considérez, ma chère, à quel point cela nous fait du bien », dit Mme Vanderstein.

Ici, bientôt, ils furent rejoints par Joseph Sidney, et bientôt Barbara se retrouva devant lui, tandis que les deux autres les suivaient à une petite distance.

Elle ne l'avait pas revu depuis la nuit à Covent Garden, et elle remarqua avec inquiétude qu'il avait l'air épuisé et inquiet.

« J'ai vu qu'Averstone n'avait rien fait de bon », dit-elle dès qu'ils furent hors de portée de voix.

"Non", dit brièvement Sidney.

« L'avez-vous soutenu ? » demanda-t-elle, et elle connaissait la réponse avant qu'il ne parle.

« Oh oui, » dit-il, « je l'ai bien soutenu. Il aurait gagné, j'imagine, si je n'avais pas gâché sa chance avec ma malchance.

Barbara marcha en silence pendant une minute.

«Je suis désolée», dit-elle enfin. "C'était de ma faute. Je vous ai donné le pourboire.

"C'est absurde", répondit-il presque brutalement. "Votre argent aussi a disparu."

"Avez-vous perdu beaucoup la semaine dernière?" » demanda-t-elle brusquement.

« Tellement », répondit-il, « que ça ne sert à rien d'essayer de vous le cacher. Il devrait sortir dans quelques jours. La vérité est que j'ai perdu chaque centime que mon oncle m'a laissé et tous les six pence que j'avais auparavant. Pire que ça! J'ai perdu de l'argent que je ne peux pas payer, et non seulement je devrai quitter le régiment, mais... » Il s'interrompit amèrement et frappa l'herbe avec son bâton. "Eh bien, vous savez ce que cela signifie," termina-t-il maladroitement.

"Oh, ça ne peut pas être aussi grave que ça!" s'écria Barbara. « Dites-le à Mme Vanderstein. Elle vous aidera. Comme j'aurais aimé avoir de l'argent ! »

"Pensez-vous qu'elle m'aiderait?" » demanda Sidney. « Elle me laisserait d'abord me faire exploser la cervelle. Vous ne réalisez peut-être pas quel violent préjugé elle a contre les paris. Regardez cette lettre. Je l'ai eu le lendemain de t'avoir vu à l'opéra. Il sortit de sa poche une grande feuille de papier à lettres bleu sur laquelle Barbara reconnut immédiatement l'écriture incomparable de Mme Vanderstein.

« MON CHER JOSEPH », disait-on,

« J'espère qu'il n'y a aucune vérité dans ce que j'entends à propos de vos paris sur les chevaux de course. C'est une pratique que je déplore de tout mon cœur et je serais bien désolé de vous voir descendre à des profondeurs aussi sans principes. Sans entrer dans une longue dissertation, je dois vous dire que, à moins que vous ne rompiez désormais tout lien avec les bookmakers et leurs semblables, je considérerai qu'il est de mon devoir de m'écarter des souhaits de votre oncle et de vous laisser complètement mon argent. Cela me fait mal d'écrire ainsi et j'espère que ce n'est pas nécessaire, mais il vaut mieux que les choses soient comprises.

"Votre tante affectueuse,
" RUTH VANDERSTEIN .

Barbara a lu la lettre dans un silence horrifié.

"C'est le genre d'aide que je devrais obtenir d'elle", dit Sidney en le lui rendant.

« Il faut faire quelque chose », répéta-t-elle d'un ton sourd ; "Tu ne peux pas emprunter à quelqu'un ?"

« Cela fait trois ans que je perds régulièrement, répondit le jeune homme, et il y a longtemps que j'ai dû m'adresser aux prêteurs. Je ne peux pas obtenir un centime de plus d'eux. C'est plutôt drôle quand on pense à la façon dont mon oncle gagnait son argent, n'est-ce pas ? Mais peut-être que tu ne le sais pas, poursuivit-il précipitamment en voyant l'air vide sur le visage de Barbara. "Alors c'est comme ça", reprit-il. « Tout dépend de moi, voyez-vous. Je suis complètement fichu, à moins que je puisse obtenir 10 000 £ la semaine prochaine. Je suis assez désespéré, je peux vous le dire. Il n'y a rien que je ne ferais pas pour obtenir de l'argent.

Il parla d'un ton emphatique, et plusieurs passants tournèrent la tête pour voir qui était celui qui avait si haut publié l'état malheureux de ses affaires financières. Sidney réalisa rapidement l'attention qu'il attirait et baissa la voix sur un ton plus confidentiel. Ni lui ni son compagnon n'en remarquèrent un parmi ceux qui levèrent les yeux vers eux en entendant ces paroles franches, un petit homme simple au visage rasé de près et aux cheveux bruns devenant d'une grisaille prématurée. S'ils l'avaient fait, aucun d'eux n'aurait reconnu ce Londonien correctement habillé, impeccable, dont la jaquette bien ajustée et les bottes en cuir verni ressemblaient si exactement à celles portées par Sidney lui-même et par presque tous les jeunes hommes intelligents que l'on puisse rencontrer. dans le Parc ce jour-là, le célèbre détective privé, M. Gimblet, l'homme le plus redouté de la classe criminelle de tout le royaume.

Marchant à un rythme plus rapide qu'eux, il était en train de rattraper le couple alors qu'ils marchaient, quand quelque chose dans la voix de Sidney, une note d'insouciance désespérée plus que les mots eux-mêmes qu'il prononçait, éveilla son intérêt et réveilla son toujours. curiosité prête. Il continua d'avancer sans ralentir sa marche, et ne se retourna qu'après avoir avancé d'une cinquantaine de mètres. Puis il hésita, flâna un moment, et finit par s'asseoir sur l'une des chaises vertes, qui restaient commodément inoccupées, juste avant que Sidney et Barbara ne passent sans s'inquiéter.

Avant leur passage, Gimblet avait procédé à un rapide examen du visage du jeune homme, sur lequel des signes d'inquiétude et d'anxiété étaient très clairement visibles.

« Je me demande qui c'est », pensa-t-il ; et ils continuèrent, quand ils furent partis, à regarder les jeunes gens d'un air méditatif.

A son tour, il ne remarqua pas deux dames qui s'approchaient dans le sens opposé à celui où il tournait la tête. Mme Vanderstein observa son expression attentive alors qu'elle s'approchait et, suivant la direction de ses yeux, murmura à son amie :

« Voyez-vous cet homme qui regarde Barbara ? Il a l'air complètement abasourdi. Elle attire beaucoup d'attention. Une si chère fille, je ne sais pas ce que je devrais faire sans elle.

«Tu es si bon avec elle», murmura son compagnon. « La question est plutôt : que ferait-elle sans toi ? Mais c'est certainement une jeune personne attirante, surtout pour les hommes. Je me demande si vous n'avez pas peur de laisser votre charmant neveu la voir autant.

Pour Barbara, marchant machinalement aux côtés de Sidney, il sembla soudain qu'une étrange obscurité planait sur la face de la nature. La légèreté de cœur avec laquelle elle était sortie de la maison, la bonne humeur naturelle qui constituait le seul héritage de quelque valeur qu'elle avait hérité de son père, l'abandonnaient maintenant pour faire place à la détresse à cause du jeune homme. . Et ce n'était pas seulement à la pensée des ennuis qui lui étaient tombés dessus qu'elle reculait, frappée d'horreur, et que le soleil prenait une qualité d'obscurité qui rendait l'heure présente si lugubre et celles de l'avenir paraissaient encerclées dans un crépuscule qui s'approfondissait à mesure qu'il s'éloignait, jusqu'à se fondre dans cette obscurité totale au-delà de laquelle Joe semblait déjà glisser et disparaître. C'était l'effet de son désastre sur sa propre vie qui la terrifiait et la choquait principalement. Que ferait-elle sans le seul ami homme de son âge qu'elle a connu à Londres et dont les goûts ressemblaient tant aux siens ? Elle n'entendrait plus de ragots sportifs et serait coupée du dernier lien qui lui restait avec le monde des courses automobiles. Que ferait-elle sans lui s'il disparaissait comme il l'avait menacé ? Que ferait-elle sans la seule personne au monde qu'elle tenait à voir ? La seule personne au monde à laquelle elle tenait... La connaissance lui vint soudain comme une révélation et elle trébucha un instant dans sa démarche alors qu'elle réalisait avec un éclair d'auto-compréhension le sens complet de sa peur.

À cet instant, elle vit et réalisa que perdre Joe Sidney reviendrait, pour elle, à tout perdre.

Lui, occupé à réciter ses ennuis, ne remarquait rien d'autre que son propre soulagement presque inconscient à parler longuement des soucis qu'il avait si longtemps gardés pour lui. C'était un réconfort d'avoir un auditeur aussi sympathique.

Pourtant, même cela ne pouvait pas apporter beaucoup de réconfort, étant donné la crise dans sa vie si réelle et si proche, et il répétait bientôt ses affirmations antérieures selon lesquelles il ne servait à rien de parler et qu'il n'y avait aucun espoir pour lui de sortir de là. tout sauf une ruine absolue.

"Votre tante. Elle doit, oh, elle doit t'aider ! Barbara s'entendit répéter.

Sidney secoua de nouveau la tête.

« Vous ne la comprenez pas. Elle agira conformément à ses idées. Nous, les Juifs… »

« Vous n'êtes pas juif ! » Sa voix était indignée.

« Ma mère était juive. Tu ne crois pas que j'en ai honte ? Nous, juifs, avons des convictions, des opinions, des principes – appelez-les comme vous voulez – plus forts que les chrétiens n'ont l'habitude de s'encombrer. Nous sommes plus enclins, devrais-je dire, à être à la hauteur de nos théories. Ma tante considère le jeu comme le péché le plus mortel. Là où vous ou moi apercevons une piste verte et quelques bookmakers, elle aperçoit, je crois, un personnage avec des cornes et une queue, brandissant une fourche. Je ne suis pas du tout sûr qu'elle ait tort. Je suis au moins tout à fait sûr que si je pouvais me sortir de ce pétrin, je ne m'approcherais jamais d'un hippodrome ni ne regarderais plus jamais les probabilités tant que je vivrais. Ça ne sert à rien de dire ça maintenant, n'est-ce pas ? Mais croyez-moi, l'aide de tante Ruth est hors de question. Vous pouvez le rayer. C'est la fin de tout pour moi. Je vais juste devoir y aller. Abandonnez, comme beaucoup d'hommes meilleurs ont dû le faire avant moi.

"Oh, ne parle pas comme ça", s'écria Barbara. Elle s'était ressaisie et réfléchissait clairement et rapidement. "Écoutez-moi. Si vous ne pouvez pas aller voir Mme Vanderstein avec la vérité, ne pouvez-vous pas lui dire (elle hésita) autre chose ?

"Un mensonge", dit sans détour Joe. « Je ne m'étonne pas que tu penses que je ne serais pas au-dessus du mensonge si cela pouvait me sauver. Mais pouvez-vous m'en suggérer un avec lequel je pourrais aller la voir et lui demander 10 000 £ ? Si vous le pouvez, écoutons-le, pour l'amour de Dieu. Mais bien sûr, vous ne pouvez pas. Elle n'est pas complètement idiote ! Il rit à nouveau, un rire bref et dur.

"Vous ne connaissez pas Mme Vanderstein aussi bien que moi, même si vous êtes une parente", a déclaré Barbara. « Elle a des points faibles, tu sais. Elle a au moins une faiblesse. Je me demande si tu sais ce que c'est ?

Ils étaient arrivés au coin et s'étaient arrêtés près des rails. Instinctivement, Barbara se retourna pour voir si Mme Vanderstein était à portée de voix.

"Eh bien, regarde-la maintenant," cria-t-elle.

Sidney se tourna également et suivit la direction de son regard.

Sa tante et son amie étaient arrivées à une cinquantaine de mètres derrière eux. Le visage de Mme Vanderstein était radieux. Une couleur rose teintait ses joues. Ses yeux brillèrent lorsqu'elle les leva un instant et regarda en direction de la chaussée. Mais pour la plupart, ils semblaient modestement abattus et Mme Vanderstein semblait intéressée uniquement par le bout de ses chaussures ; ceux-ci, quoique de l'aspect le plus agréable, ne justifiaient pas entièrement le plaisir que la dame semblait y éprouver. Peut-être se demandait-elle s'ils touchaient terre, car elle marchait si légèrement qu'un simple spectateur aurait pu éprouver de très sérieux doutes à ce sujet. Elle avait en effet l'air de marcher dans les airs. Même Sidney, peu attentif aux expressions des gens à qui il ne parlait pas pour le moment, ne pouvait s'empêcher de remarquer son attitude inhabituelle. En effet, elle semblait l'incarnation du bonheur.

"Quel est le problème avec elle?" » demanda-t-il en se tournant à nouveau vers la fille à côté de lui.

Pour répondre, elle fit un mouvement de la main vers la route.

"Voyez-vous cela?" elle a demandé.

Il y avait très peu de circulation dans le parc ce dimanche soir. Un moteur ou deux passèrent, mais ils étaient rares. Joe n'a rien vu de remarquable ou qui puisse, à son avis, expliquer d'une manière ou d'une autre l'apparence étrange de sa tante. Une seule voiture passait, une calèche occupée par une vieille dame et trois hommes à l'air étranger. Il n'y avait rien en eux qui attirait l'attention.

« Que diable y a-t-il à voir ? » dit-il, perplexe.

« Dans cette voiture se trouvent le prince Felipe de Targona et sa mère, » dit Barbara, « et Mme Vanderstein est aussi excitée que cela chaque fois qu'elle voit un personnage royal. Je ne crois pas, ajouta-t-elle sincèrement, l'avoir jamais vue le montrer aussi clairement, mais on voit l'effet qu'ils font sur elle. La royauté est ce qui l'intéresse le plus dans la vie. Vous ne croiriez pas à quel point elle en est ravie. C'est un engouement, presque un engouement.

«Je n'avais aucune idée qu'elle était comme ça», dit Joe avec un air quelque peu dégoûté. "Je n'aurais jamais dû penser qu'elle était un snob aussi affreux."

"Je ne pense pas que ce soit du snobisme chez Mme Vanderstein", a déclaré Barbara. « C'est plutôt une sorte de romantisme. Mais je ne pense pas que tu comprennes. Le fait est qu'il n'y a rien qu'elle ne ferait pas pour rencontrer un petit prince. Et si elle le rencontrait une fois, il n'y aurait rien qu'il puisse demander qu'elle ne lui donnerait pas. Après tout, poursuivit-elle sur un ton argumentatif, elle ne devrait pas vous laisser vous ruiner. Je suis sûr que M. Vanderstein ne l'aurait jamais fait. Et 10 000 £, c'est vraiment si peu pour elle. Eh bien, ses perles valent à elles seules bien plus. Qu'importe une somme pareille ? C'est seulement quatre ou cinq cents par an. Cela ne lui manquerait pas du tout.

"J'ose le dire", a déclaré Sidney, "mais je ne vois pas à quoi cela me sert."

« Avez-vous un ami en qui vous pouvez avoir confiance et qui serait prêt à vous aider ? »

« Pas une décimale en ce qui concerne l'argent liquide. D'une autre manière, j'ose dire que j'en ai un ou deux. Ils m'aideraient bien, les pauvres, s'ils avaient eux-mêmes de l'argent.

« Ce n'est pas une question d'argent. Je veux dire quelqu'un qui se donnerait un peu de mal.

« Oh oui, je pense que je peux en soulever un de ce genre. D'ailleurs, dit Sidney, si cela ne vous dérange pas que je vous traite d'ami, je pense que personne ne pourrait en souhaiter un meilleur. Ce n'est pas une bonne chose de votre part d'être si sympathique et de me laisser vous ennuyer avec mes affaires pourries.

La jeune fille détourna le visage.

"Bien sûr, je suis une amie", dit-elle, "mais tu voudras un homme, si mon idée est bonne. Maintenant écoute, j'ai un plan.

Barbara hésita. Elle était très consciente que l'idée qui lui était venue n'était pas de celles qui plairaient à Joe. Quelques heures auparavant, elle aurait rejeté avec mépris l'idée selon laquelle elle-même pourrait être amenée à tolérer un tel expédient, mais maintenant tout était changé et toutes ses convictions du bien et du mal étaient ébranlées et chancelantes, voire entièrement balayées par la peur. du danger imminent pour l'homme qu'elle aimait. Son seul sentiment maintenant était qu'il fallait à tout prix éviter le péril, et la question du moment était de savoir comment représenter son dessein dans des termes qui l'inclineraient à y voir un chemin qu'un homme pourrait suivre et pourtant conserver. un reste d'estime de soi.

Très soigneusement, choisissant ses mots avec délibération, elle révéla à Sidney le plan qui lui semblait offrir la seule chance de mettre de l'ordre dans ses affaires. Comme elle s'y attendait, il refusa d'abord d'envisager cette idée ; non effrayée, elle revint à l'attaque et persista, avec des raisonnements et des syllogismes jésuitiques, à lui montrer que dans la méthode qu'elle lui proposait, se trouvait son seul espoir d'obtenir l'argent nécessaire. Très lentement et à contrecœur, il se laissa convaincre. Personne n'aurait pu écouter une demi-heure les cajoleries de Barbara sans céder.

Aux premiers signes de son affaiblissement, elle redoubla d'efforts, et à mesure qu'elle parlait, refusant de se laisser décourager par les objections de Joe et les difficultés qu'il lui signalait, il succomba peu à peu à ses cajoleries, et une fois qu'il eut mis ses scrupules dans le L'arrière-plan est devenu presque aussi enthousiaste qu'elle l'était elle-même.

Avant de se séparer, le plan était élaboré en tous points. Il ne restait plus qu'à mettre dans la confiance le fidèle et nécessaire ami de Joe. Celui-ci, lui dit Joe, ferait mieux d'être subalterne dans son régiment, du nom de Baines, heureusement à Londres en ce moment.

« Tant que le vieux Baines sera à la hauteur, dit-il en revenant à ses anciens doutes. Cependant, il ne s'en tiendra pas à grand-chose.

"Oui", dit Barbara, et elle resta silencieuse une minute pendant laquelle les difficultés de mener à bien son projet semblèrent l'envahir avec une vigueur toute nouvelle. « Si quelque chose devait se produire, balbutia-t-elle, qui rendrait cette idée impossible, vous essaieriez de dire la vérité à Mme Vanderstein, n'est-ce pas ? C'est une chance, après tout.

"Eh bien, ça ne peut pas aggraver les choses, je suppose", acquiesça-t-il. « J'espère que nous n'en arriverons pas là. Je ne pense pas que ce sera le cas maintenant ; mais si c'est le cas, je vous promets, si cela vous plaît, de lui en faire part.

«Merci», murmura-t-elle; puis alors qu'ils se retournaient, "la voilà maintenant, faisant signe que nous devrions rentrer."

CHAPITRE VIII

LORSQU'ILS furent partis, Sidney s'éloigna au-delà de la périphérie de la foule jusqu'à un endroit isolé parmi les arbres, où il marchait de long en large, sifflant doucement pour lui-même et s'arrêtant de temps en temps pour viser un coup sur la tête d'une marguerite inoffensive. avec son bâton.

"Quel con je suis", s'exclama-t-il d'un ton sincère, mais un auditeur qui aurait cru qu'il faisait allusion à ses jeux insensés sur le terrain se serait trompé. Ses pensées étaient engagées sur un sujet tout différent et bien plus agréable.

Comme elle était belle ! Comme elle avait l'air désolée ! Quelle sympathie avait brillé dans ses yeux tandis qu'elle écoutait ses malheurs déshonorants. Comme elle avait été déterminée à trouver une issue ; elle ne pouvait sûrement pas montrer un tel intérêt pour les préoccupations de toutes ses connaissances.

Soit dit en passant, la solution, maintenant qu'il y réfléchissait sans passion, n'était peut-être pas vraiment une issue qu'un homme pouvait emprunter après tout et conserver le peu de respect qu'il lui restait de lui-même ; mais il était extrêmement doux qu'elle ait si complètement perdu de vue toutes les considérations, sauf celle de récupérer sa fortune.

Il l'avait toujours aimé et admiré, bien sûr, mais jamais jusqu'à aujourd'hui il n'avait réalisé quel esprit loyal et courageux se cachait derrière ces yeux bleu marine et enfantins. Il n'y avait pas de fille au monde comme elle, et était-il trop vaniteux de penser qu'elle devait l'aimer un peu pour montrer une telle agitation au récit de ses malheurs ? Et là, il fronça les sourcils et se redressa. A quoi bon lui, un joueur ruiné, un homme dont la carrière était, à toutes fins pratiques, terminée, de réfléchir à deux fois à n'importe quelle fille, et encore moins de se sentir si absurdement heureux ? Il résolut héroïquement de bannir Barbara de ses pensées et, conformément à cette excellente résolution, traversa le parc à une vitesse si effroyable que les petits garçons qu'il croisa demandèrent avec dérision où étaient arrivés les autres concurrents de la course.

.   .   .   .   .

C'est le lendemain matin que Mme Vanderstein fit certaines confidences à Barbara, anéantissant ainsi les grands espoirs qu'elle avait construits de sauver Sidney des mailles ruineuses dans lesquelles il s'était empêtré.

Ce que Mme Vanderstein lui dit, la jeune fille l'écouta d'abord avec incrédulité, mais un commentaire moqueur fut accueilli avec une telle défaveur qu'elle n'osa pas en oser un autre ; et finalement, à mesure qu'elle entendait des récits de plus en plus complets et que Mme Vanderstein, irritée par le sentiment d'incrédulité de son amie, allait jusqu'à produire des preuves écrites de la véracité de l'histoire, Barbara n'était plus en mesure de nier que l'histoire était vraie. Cette histoire étonnante n'était sans aucun doute pas la plaisanterie pour laquelle elle l'avait pris, mais représentait les faits évidents de l'affaire.

Avec une consternation croissante, elle entendit tout ce que Mme Vanderstein avait à lui dire, voyant ses espoirs pour Joe s'évanouir plus complètement à chaque nouvelle information ; et quand, à la fin du récit, son amie lui reprochait son manque de sympathie, elle eut bien du mal à s'empêcher de fondre en larmes inutiles.

Elle parvint cependant à trouver assez de sang-froid pour trouver quelques mots d'affection qui semblaient répondre aux exigences de la situation ; en tout cas, ils semblaient satisfaire Mme Vanderstein. La jeune fille ne fit qu'une seule stipulation, et sur ce point resta obstinée jusqu'à ce que la dame aînée, ne parvenant pas à ébranler sa détermination, fut finalement obligée de céder à contrecœur.

Dès qu'elle put s'échapper, Barbara, invoquant la première excuse qui lui vint à l'esprit, courut dans sa chambre, où elle épingla un chapeau sans même attendre de regarder dans le miroir. Puis, attrapant une clé de verrouillage, elle sortit par la porte du couloir et se précipita vers le bureau de poste le plus proche.

Plusieurs formulaires télégraphiques ont été remplis, pour ensuite être déchirés et jetés avant qu'elle ne formule le message à sa satisfaction ; et même lorsqu'elle le remit sous la barrière — qui protège les demoiselles de la poste d'un contact trop rapproché avec un public qui pourrait, sans ces précautions, s'exaspérer jusqu'à montrer des signes de violence — elle le regardait encore avec un doute. , et ses doigts s'attardèrent sur le papier comme s'ils hésitaient à le lâcher.

Elle était adressée à Joseph Sidney et couvrait plus d'une forme.

"Le plan complètement gâché expliquera en attendant, essayez de dire la vérité à votre tante comme vous avez promis qu'elle serait là à l'heure du thé et il sera préférable d'en finir d'une manière ou d'une autre."

Viendrait-il ? se demanda-t-elle en rentrant à la maison ; et tout l'après-midi, la même question résonna dans son esprit. Viendrait-il ? Et s'il est venu et n'a pas réussi à s'attirer les sympathies de Mme Vanderstein, que se passera-t-il alors ?

Il ne semblait pas y avoir d'autre solution possible. En vain, alors qu'elle était assise à côté de son amie dans le moteur, elle se creusait la tête pour imaginer un moyen par lequel Joe pourrait encore réunir l'argent si sa tentative échouait. Mais elle avait l'assurance qu'il avait déjà épuisé tous les moyens possibles.

Mme Vanderstein souhaitait visiter une boutique du Strand, et leur chemin les conduisit devant le théâtre que Mme Querterot avait visité une semaine auparavant, en compagnie de sa fille et du prétendant de sa fille.

De grandes pancartes ornaient la façade de la maison, représentant certains des épisodes les plus passionnants de la pièce. Celles-ci étaient variées par des photographies du jeune acteur qui jouait le rôle principal. Il a été représenté dans une tenue de soirée impeccable et en train d'ouvrir le coffre-fort ; une autre photo le montrait claquant des doigts contre les officiers de justice ; et pourtant un troisième le montra tandis qu'il prenait dans ses bras, au quatrième acte, l'héroïne.

Mme Vanderstein et Barbara avaient vu à plusieurs reprises la pièce, qui rencontrait un grand succès. Mme Vanderstein sourit en observant les affiches.

«C'est une bonne pièce», dit-elle à son compagnon. «Je peux à peine m'empêcher de crier lorsqu'il s'échappe par la fenêtre alors que la police fait irruption dans la pièce. C'est presque trop excitant. Et lui, le gentleman cambrioleur, vous savez, il est si beau. On ne peut s'empêcher d'être de son côté, n'est-ce pas ? Et bien sûr, c'est ce qui est prévu. Tous les gens honnêtes sont terriblement ennuyeux. En plus, bien sûr, il était comte et vraiment charmant. Je ne m'étonne pas que l'héroïne lui ait pardonné. Elle posa son parasol alors qu'ils tournaient dans une rue ombragée. « Tu sais, Barbara, poursuivit-elle, je pense que ce genre de pièce pourrait faire beaucoup de mal. Cela ne peut pas être juste de donner l'impression que la malhonnêteté est si attirante.»

Barbara ne répondit rien, et Mme Vanderstein, la regardant avec surprise, fut encore plus étonnée de l'étrange regard de la jeune fille.

"Qu'est-ce que tu en penses?" elle a demandé à nouveau.

"Cela dépend de ce que vous appelez un préjudice", répondit lentement Barbara, et alors qu'ils arrivaient à destination, la conversation prit fin.

Ils rentrèrent tôt chez eux et avaient à peine fini de thé quand Sidney fut annoncé. Il avait l'air plutôt pâle et serra la main de Barbara sans parler alors qu'elle s'excusait précipitamment et quittait la pièce. Entrant dans un autre salon, elle attendit dans un suspense angoissant que la porte du salon s'ouvre et que l'entretien soit terminé pour le meilleur ou pour le pire.

Elle n'eut pas longtemps à attendre.

Cinq minutes s'étaient à peine écoulées qu'elle entendit le bruit de pas précipités descendant les escaliers, et un instant plus tard, la porte d'entrée cogna derrière la silhouette de Sidney qui s'éloignait. Au même moment, une cloche sonna violemment et, avant qu'on puisse y répondre, Barbara entendit le bruissement des jupes en soie et le léger pas des pieds de Mme Vanderstein alors qu'elle descendait quelques marches et appelait le majordome par-dessus la rampe. .

«Blake», appela-t-elle alors que cette personne corpulente sortait de la porte menant au sous-sol. "C'est toi, Blake?"

"Oui m'dame."

«Blake, je ne suis plus chez moi à l'avenir avec M. Joseph Sidney. Vous ne devez plus jamais le laisser entrer dans cette maison. Est-ce que tu comprends?"

"Très bien, madame." Le ton de Blake était aussi imperturbable que s'il recevait l'ordre de poster une lettre.

« Et dites-le aux valets de pied. Je ne le reverrai sous aucun prétexte. Que cela soit clairement compris. Et, Blake, s'il vous plaît, téléphonez immédiatement à Sir Gregory Aberhyn Jones et dites-lui que, si cela lui convient, j'aimerais le voir immédiatement. Demandez-lui de venir immédiatement ; ou pour venir dîner ; ou à l'opéra. Non, se corrigea-t-elle, pas à l'opéra ce soir. Mais demandez-lui de venir me voir avant que je commence s'il le peut. C'est le plus important.

"Oui m'dame." Blake ne montra aucune surprise : dans ses moments de détresse, sa maîtresse téléphonait toujours à Sir Gregory Aberhyn Jones.

Mme Vanderstein, toujours dans un état de grande agitation, se retira pour écrire une lettre avant de s'habiller pour l'opéra, une affaire qui exigeait, ce soir entre tous, du temps et une attention non distraite.

Lorsqu'elle descendit dans la salle à manger, toute trace du trouble provoqué par la visite de Sidney avait disparu de son visage ; et son expression était à nouveau celle d'une attente joyeuse, comme elle l'avait été tout au long de la journée. Après avoir écrit un mot à la hâte, elle avait entièrement effacé tout souvenir du neveu de son mari.

Il était naturel que, dans la lutte avec d'autres intérêts aussi passionnants que ceux qui remplissaient ce soir-là l'esprit de la veuve de son oncle, Sidney cessât d'occuper une place dans les pensées de Mme Vanderstein ; devrait devenir, comme il l'aurait exprimé, un « aussi couru ». Ce qui était plus remarquable, c'était que le visage de Barbara, lorsqu'elle prenait place au dîner matinal, avait une expression d'anticipation agréable presque égale à celle de son amie, très différente des signes d'anxiété et de détresse qui avaient été visibles sur elle pendant le dîner. la première partie de la journée. Mme Vanderstein n'avait rien vu de la silhouette en pleurs qui, après le renvoi de Joe, gisait, le visage enfoui dans les oreillers du lit de Barbara, essayant d'étouffer les gros sanglots qui la secouaient malgré tous ses efforts, ni même d'elle, préoccupée comme elle l'était. , se serait étonné d'un rétablissement si complet des esprits.

Le changement, en effet, avait été instantané et coïncidait avec le moment où, au milieu de son chagrin, une idée soudaine était venue à l'esprit de Barbara, une inspiration, semblait-il, qui a immédiatement aplani tous les problèmes et a tracé la voie à suivre. lesquels les difficultés de Sidney devraient être supprimées. Comment était-il possible qu'elle n'y ait pas pensé avant ? Sachant que Joe n'accepterait jamais les moyens qu'elle se proposait de prendre, que les persuasions et les sophismes d'hier ne seraient d'aucune utilité ici, qu'il serait même impossible de lui aborder le sujet, elle la repoussa impétueusement. Il n'était pas nécessaire qu'il soupçonne son rôle dans cette affaire. Il faut prendre soin; elle devait agir avec prudence et prudence, et tout irait bien. Une seule pensée la maintenait à l'exclusion de tout le reste, le désir de protéger et de sauver ce garçon qu'elle aimait des conséquences de sa propre folie. Rien ne valait la peine d'être considéré à part ceci. Aucune crainte de l'effet possible sur sa propre vie n'a ébranlé sa résolution, pour ce qui, pensait-elle, est la vie ou d'ailleurs la mort, si cela n'implique pas la prolongation, d'une part, ou, de l'autre, l'interruption de la vie. les liens d'affection.

Elle se souvint de l'air téméraire avec lequel Joe avait dit que cette affaire serait la fin de tout pour lui, et avec un frisson elle se dit que ces mots ne pouvaient avoir qu'un seul sens. Si en sacrifiant sa vie, la sienne pouvait être sauvée, elle n'hésiterait pas à la donner. Ici, l'opportunité de le servir était évidente à ses yeux, et quel que soit le résultat pour elle-même, elle ne recula pas devant cette occasion. Alors qu'elle s'habillait pour la soirée, Barbara souriait joyeusement et chantait doucement une petite chanson. Une pensée la troublait. Sidney ignorait que son salut était si proche. Elle ne supportait pas de penser à lui maintenant, inquiète et désespérée. Mais comment pourrait-elle le rassurer sans se trahir elle-même et sa grande idée ? Avec un petit froncement de sourcils, Barbara réfléchit à cette question, tout en enfonçant un peigne en pâte que Mme Vanderstein lui avait donné dans la masse de ses épais cheveux blonds. Bientôt, elle griffonna quelques mots sur une feuille de papier, et la pliant à la hâte dans une enveloppe, la glissa sur le devant de sa robe ; puis, craignant d'être en retard, elle descendit les escaliers en courant.

« Sir Gregory Aberhyn Jones n'est pas en ville, madame », disait Blake en entrant dans la pièce.

"Eh bien, peu importe maintenant", a déclaré Mme Vanderstein.

Le dîner de ce soir-là fut un repas silencieux. Mme Vanderstein, glorieusement habillée, était assise, souriante distraitement, à un bout de la petite table. Elle était si préoccupée qu'elle oublia de manger, et Blake fut obligé de lui demander à plusieurs reprises si elle accepterait de prendre un plat avant de pouvoir se rendre compte qu'on le lui tendait. Un jour, alors que, soudain rappelée au présent, elle ramenait d'un coup ses pensées de leurs errances et se tournait vers Barbara avec une remarque insignifiante, elle remarqua avec un léger sentiment d'amusement que la jeune fille était aussi absorbée par ses propres imaginations que elle était elle-même et était assise distraitement en train de mettre en pièces une fleur, ses grands yeux fixés d'un air absent sur les perles brillantes qui pendaient au cou de son amie.

Ils partirent à temps, Barbara suppliant de pouvoir s'arrêter une minute dans un bureau de poste en chemin.

Elle avait, dit-elle, oublié de répondre à une invitation, et pensait qu'il était maintenant si tard qu'elle ferait mieux d'envoyer une réponse par télégramme. Elle remit au valet de pied le message, déjà écrit et sous enveloppe scellée, avec un peu d'argent, et lui dit de le remettre tel quel, et de ne pas perdre de temps à attendre qu'il soit accepté.

L'homme fut de retour une minute plus tard, et ils repartirent, pour prendre place quelques minutes plus tard dans la longue file de voitures et de voitures qui avançait lentement vers les portes de l'opéra de Covent Garden.

CHAPITRE IX

M. GIMBLET vivait dans un appartement dans le quartier de Whitehall. C'était une de ses manies d'être logé plus confortablement que la plupart des hommes solitaires. La situation était commodément proche de Scotland Yard, où les fonctionnaires avaient l'habitude de demander à le voir à des moments insolites. La vue depuis les fenêtres, donnant sur la rivière, était délicieuse pour quelqu'un aux penchants cultivés et artistiques, et les pièces, grandes et bien proportionnées, étaient capables de mettre en valeur les tableaux et les meubles anciens et précieux qui faisaient le plaisir du détective. pour s'entourer.

Il passait une grande partie de son temps dans les boutiques de curiosités et il fut parmi les premiers à découvrir cet ancien terrain de chasse heureux des chercheurs de bonnes affaires : le marché calédonien. De nombreux membres impatients de la Force, envoyés du « Yard » pour demander l'aide de M. Gimblet dans une affaire obscure, avaient, après avoir marché une heure ou deux dans le couloir, quitté l'appartement en désespoir de cause, pour rencontrer le détective montant les escaliers avec une image sombre et couverte de poussière à la main, ou serrant contre sa poitrine un morceau de porcelaine ancienne.

Fils cadet d'une famille de Midland, qui s'était modérément enrichie au cours du siècle précédent grâce à des transactions commerciales dans lesquelles une certaine machine à économie de travail pour les industries du tissage avait joué un grand rôle, M. Gimblet avait reçu l'école publique habituelle. éducation, et avait passé deux ou trois années suivantes à Oxford. Ses penchants artistiques avaient toujours été fortement marqués, mais sa famille se montrait très opposée à ce qu'il devienne artiste, et lui-même ayant une modeste idée de son propre génie et doutant de sa capacité à gravir très haut l'échelle du succès grâce à l'aide. D'un talent qu'il savait quelque peu limité, il avait fini par entrer dans un bureau d'architecte, où il avait travaillé avec intérêt et plaisir pendant encore plusieurs années. C'est par hasard qu'il découvre sa capacité à traquer jusqu'à sa cachette les criminels les plus méfiants et à découvrir les auteurs de crimes mystérieux et profondément complotés. Il arriva qu'un ouvrier employé à la construction d'une maison dont Gimblet avait fourni les plans fut retrouvé assassiné dans des circonstances aussi particulières que sinistres. Il ne semblait y avoir aucun indice sur l'auteur de l'acte et, au bout d'une semaine ou deux, les enquêteurs officiels s'étaient avoués entre eux qu'ils étaient complètement perdus.

Pour Gimblet, visitant la scène du crime en sa qualité d'architecte – non sans une accélération du pouls inhabituelle et jusqu'alors inconnue – un morceau de planche cloué verticalement là où il aurait dû être horizontal s'était révélé immédiatement suggestif ; et son enlèvement avait mis au jour certains objets hâtivement cachés, qui, avec une ou deux bagatelles auparavant inaperçues, avaient abouti à la capture et finalement à la pendaison du meurtrier.

Ce succès avait amené le jeune homme à s'intéresser à d'autres affaires mystérieuses de même nature ; et il ne tarda pas à trouver la tâche d'aider la police dans de telles recherches tellement plus profitable et captivante que son travail d'architecte, qu'il en vint peu à peu à consacrer de plus en plus de ses loisirs à tenter de découvrir des secrets et de résoudre des problèmes qui, à première vue, ne semblaient offrir aucune solution. À l'âge de trente ans, il n'y avait pratiquement aucun crime d'une quelconque importance qu'il ne fût appelé à aider à faire comprendre à son auteur ; et il avait entièrement abandonné la poursuite du savoir architectural pour celui de l'humanité criminelle.

Il refusa une invitation à s'attacher à l'état-major officiel, même si celle-ci était formulée dans des termes des plus flatteurs, préférant avoir la liberté de décider lui-même s'il devait ou non se saisir d'un dossier. C'était le sensationnel et l'étrange qui l'attirait ; et il s'aperçut qu'il en recevait suffisamment pour rendre son métier extrêmement lucratif.

Mardi en début d'après-midi, Gimblet était assis dans sa salle à manger, contemplant avec une certaine satisfaction un grand plat de fraises et un pot de crème que lui avait envoyé un ami du Devonshire. Il terminait un déjeuner qu'il considérait bien mérité, comme il l'avait découvert ce matin-là dans une ruelle étroite de Lambeth, et avait acheté pour une simple chanson, un petit tableau noir de vieillesse et de saleté, dans lequel son œil plein d'espoir distinguait une foule de gens. des personnages petits mais magistralement peints le marchant au son d'un violon sur l'herbe sous un arbre qui s'étend. Gimblet se dit que c'était très probablement du pinceau de Téniers, et il l'avait posé sur la cheminée de la salle à manger pour pouvoir, dans les intervalles des repas, se rafraîchir les yeux aussi bien que le corps. A côté de lui se trouvait le journal du jour qu'il avait à peine eu le temps de lire avant de sortir le matin. Il versa de la crème sur ses fraises, les saupoudra de sucre et prit successivement une cuillerée du mélange, un regard sur sa photo et un coup d'œil sur le papier. Avec un soupir de contentement, il répéta le processus.

Pour le moment, il n'avait pas de travail en cours, et personne n'appréciait plus pleinement un pain de temps en temps.

C'était bien, pensait-il, de n'avoir rien à faire pour une fois ; avoir le temps de tourner au ralenti ; manger des plats délicieusement délicieux; passer autant d'heures qu'il le souhaite dans les recoins poussiéreux des brocantes ; faire un peu de peinture parfois ; même de pouvoir organiser à l'avance une partie de golf. Gimblet avait un excellent œil et avait été plutôt bon dans les jeux au début. Il avait rarement le temps désormais et, s'il se rendait de temps en temps sur un terrain de golf l'après-midi, il devait se résigner à jouer avec tous ceux qu'il pouvait trouver, car il ne savait qu'au dernier moment s'il pourrait s'en sortir.

Il pensa y aller cet après-midi et regarda sa montre. Il y aurait un train de Waterloo dans une demi-heure. Juste le temps de finir ses fraises et de les attraper. Cette photo aurait fière allure une fois qu'il l'aurait nettoyée. Il reprit le journal. Cela a dû être un beau spectacle hier soir à Covent Garden. Et quelle liste de chanteurs. Gimblet, qui aimait la musique, aurait aimé être là. « Les Verterex m'auraient peut-être invité dans leur loge », se dit-il. « La vie est pleine d'ingratitude. Après tout ce que j'ai fait pour eux.

Et puis il se rendit compte qu'il n'avait pas fait grand-chose pour les Verterex après tout, à part avoir failli arrêter M. Verterex par erreur pour un meurtre qu'il n'avait pas commis.

Gimblet rit.

Puis ses pensées se tournèrent paresseusement vers les plaisirs de flâner.

« Je pense que je vais abandonner le travail », se dit-il. "Pourquoi pas? J'ai assez d'argent de côté pour me maintenir, avec économie, dans un confort modéré. Pas autant de fraises peut-être, ajouta-t-il avec regret en prenant une autre bouchée, mais ce que je veux, c'est du loisir. Oui. Je suis décidé à ne plus travailler. Laissons la police arrêter ses propres cambrioleurs !

Il parla à voix haute et avec défi, en s'adressant au tableau.

A ce moment, son domestique entra dans la chambre.

« Un gentleman très impatient de vous voir, monsieur », dit-il. "Je l'ai fait entrer dans la bibliothèque."

"Demandez-lui de venir ici s'il est pressé", a déclaré Gimblet. "Je n'ai pas fini de déjeuner."

Une minute plus tard, l'homme rouvrit la porte en annonçant :

"Major Sir Gregory Aberhyn Jones."

Le major Sir Gregory Aberhyn Jones était un petit homme au teint rose et avec une petite moustache brune. Il était petit et plutôt potelé qu'il ne le souhaiterait, mais il se comportait très droit et avec un grand sens de sa propre importance, jetant un regard furieux à ceux qui pourraient être assez obtus pour ne pas le reconnaître immédiatement avec une désapprobation si concentrée qu'il était habituel pour le aux délinquants de se rendre compte de leur erreur dans les plus brefs délais. Derrière un extérieur tatillon et satisfait de lui-même, il cachait un fond de gentillesse et de bonne nature rarement rencontré. Sir Gregory était fier de son apparence juvénile, était, à son tour, une source de fierté pour l'un des meilleurs tailleurs de Londres, prenait un intérêt remarquable à ses cravates et à ses bottes, coiffait ses cheveux restants de la manière dont ils devaient être et , bien qu'il ait soixante-cinq ans, se flattait de ne pas avoir l'air d'en avoir un jour plus de cinquante-neuf.

"J'ai de la chance de vous trouver, M. Gimblet," dit-il, avançant la main tendue tandis que Gimblet se levait pour le recevoir. "Mais c'est une triste occasion, une très triste occasion, je le crains."

«Cher moi», dit Gimblet, «je suis désolé d'entendre cela. Mais tu ne veux pas t'asseoir ? Je pensais que, comme mon homme l'avait dit, tu étais pressé, tu préférerais venir ici plutôt que de m'attendre. Puis-je vous offrir des fraises ? Non? Je suis désolé de ne pas pouvoir te donner de vin, mais je suis un abstinent, tu sais. Je n'en ai pas à la maison. J'ai peur que tu me prennes pour un papa. Et maintenant que le domestique est parti, puis-je vous demander quel est le triste événement qui m'a fait le plaisir de vous voir ?

« Mauvaise habitude de boire de l'eau », commenta Sir Gregory en s'asseyant dans un fauteuil près de la cheminée. « Mais aujourd'hui, les jeunes hommes n'ont plus de tête. Ils ne peuvent pas le supporter, c'est ça. Montrez-leur trois ou quatre verres de porto et ils disent que cela leur donne mal à la tête. Absurde, monsieur ! Le pays est pourri de part en part. Les hommes ne peuvent ni manger, ni boire, ni même danser ! Ils se promènent maintenant dans une salle de bal d'une manière qui vous rendrait malade. De mon temps, on valsait correctement. Mais on ne danse plus le *deux-temps , me dit-on.* On dit que ça leur donne le vertige ! Étourdi! Des constitutions pourries, voilà ce dont nous souffrons aujourd'hui. C'est la même chose avec toutes ces discussions sur la réforme de l'armée. Service obligatoire en effet, » renifla le major. « Pourquoi devrions-nous vouloir le service obligatoire ? À mon époque, un Anglais valait vingt Allemands ou n'importe quelle sorte d'étranger. Au moins, il l'aurait été si nous avions eu une guerre européenne, ce qui n'était pas le cas lorsque j'étais dans le Service. Mais maintenant, il y a effectivement des gens qui pensent que, s'il s'agit d'un combat, ce serait un avantage pour nous d'avoir autant d'hommes que d'ennemis. Ils devraient avoir honte d'eux-mêmes, s'il y a du vrai là-dedans. Non, non, l'armée n'a pas besoin d'être réformée, croyez-moi sur parole. Il y a quelques modifications que je pourrais suggérer dans les uniformes qui feraient toute la différence du monde, mais à part cela, ce que je dis, c'est de laisser les chiens endormis mentir.

Ayant fini ces remarques, Sir Gregory fouilla dans sa poche, en sortit un étui à cigares, choisit un cigare et demanda une allumette.

« Êtes-vous venu pour me convaincre de votre point de vue sur le service obligatoire ? » demanda gentiment Gimblet tout en continuant à dévorer ses fraises, qui étaient maintenant presque toutes parties. « Parce que j'ai peur que ce ne soit pas bon. Vous ne pouvez pas me convaincre que son adoption n'est pas une nécessité vitale pour la nation.»

« Je suis désolé de vous entendre penser cela, » dit l'autre, « car j'ai la plus haute opinion de votre intellect. Croyez-moi, lorsque vous avez découvert les fraudes perpétrées à la Great Continental Bank l'année dernière, je vous ai désigné, M. Gimblet, comme l'homme que je devrais consulter en cas de besoin. Et c'est pour vous consulter que je suis là. J'ai dit que c'était une triste occasion. Eh bien, c'est triste pour moi, mais je ne suis pas encore, en fait, tout à fait sûr si c'est désespérément le cas ou non. Voici en un mot ce qui s'est passé. Une dame à laquelle je suis profondément attaché a disparu.

"Disparu?" dit Gimblet en repoussant sa chaise. Il avait mangé les dernières fraises. « Puis-je demander qui est cette dame ? Une de vos relations ?

"Pas exactement. C'est une Mme Vanderstein pour laquelle, comme je viens de le dire, j'ai une grande estime, je peux dire une affection. En fait, dit Sir Gregory en se penchant en avant et en parlant d'un ton confidentiel, cela ne me dérange pas de vous dire qu'elle est la dame que j'ai choisie pour être la future Lady Aberhyn Jones.

"En effet. Vous êtes fiancé avec elle ?

"Pas précisément engagé", a admis Sir Gregory, avec un air légèrement troublé.

En toute exactitude, il avait proposé à Mme Vanderstein environ trois fois par an depuis la mort de son mari ; mais Mme Vanderstein, bien que tentée par son titre, avait déjà été l'épouse d'un homme deux fois plus âgé et n'avait pas l'intention de répéter l'expérience. Pourtant, son amitié lui était chère ; il était le seul baronnet de sa connaissance et elle aimait l'avoir à la maison. Il avait été administrateur au conseil d'administration d'une des sociétés de son mari et, lorsqu'il l'avait présenté, son joli visage et son caractère aimable avaient conquis le cœur de Sir Gregory, de sorte qu'il avait cultivé la société de M. Vanderstein à un tel point qu'il devenu un habitué constant de la maison de Grosvenor Street.

Après la mort de M. Vanderstein, il ne perdit pas plus de temps que la décence ne l'exigeait pour proposer à sa veuve ; et, bien qu'elle ait refusé de l'épouser, et a refusé à maintes reprises, elle l'a fait avec tant de sympathie et était si gentille malgré son obstination que Sir Gregory croyait que son manque d'empressement à accepter sa main était incité par n'importe quoi plutôt qu'un manque d'affection. Elle le traitait comme son meilleur ami et le consultait sur toutes les questions d'affaires, pour la sage conduite desquelles sa propre perspicacité était un bien meilleur guide, et elle avait imperceptiblement pris l'habitude de ne jamais prendre de décision d'aucune importance sans avoir d'abord débattu. les avantages et les inconvénients lors d'une conversation avec lui. Rien ne renforçait autant sa confiance dans la justesse de son propre jugement que sa désapprobation de toute ligne de conduite qu'elle avait l'intention d'adopter.

"Pour une raison quelconque", poursuivit Sir Gregory après une pause, "Mme. Vanderstein n'a jamais consenti à un engagement réel. C'est cela qui me met si mal à l'aise maintenant. Est-ce que ça peut être... M. Gimblet, je vous donne ma parole que j'ai honte de vous faire part d'un tel soupçon, mais se peut-il qu'elle ait fui avec un autre ?

Il prononça les derniers mots sur un ton si tragique que Gimblet, bien qu'il se sentit enclin à sourire, retint son impulsion et, rassemblant toute la sympathie dont il disposait, demanda de nouveau :

« Ne m'expliquerez-vous pas un peu plus en détail les circonstances ? Quand la dame a-t-elle disparu ? Avez-vous des raisons de penser qu'elle n'y est pas allée seule ? Y a-t-il eu une sorte d'entente entre vous et à quoi cela s'est-il traduit ?

« Je serai parfaitement franc avec vous », a déclaré Sir Gregory, « la meilleure chose à faire dans ces cas-là est d'être absolument franc. Vous êtes d'accord avec moi là ? Je pensais que tu le ferais. En même temps qu'il s'agit d'une dame, vous me suivez ? Il faut éviter tout ce qui pourrait ressembler à sa trahison. Mais dans ce cas, il n'y a vraiment aucune raison pour que je vous cache quoi que ce soit. Mme Vanderstein n'a jamais accepté mes propositions. Au contraire, elle a refusé de m'épouser à chacune des occasions où je le lui ai proposé. Tu me demandes pourquoi ? Mon cher monsieur, je ne peux pas répondre à cette question. Qui peut expliquer les caprices d'une femme ? Pas moi, monsieur, pas moi. Ni vous non plus ; si vous me permettez de le dire. Les mains et les yeux de Sir Gregory étaient levés avec perplexité alors qu'il considérait le comportement inexplicable de la femme en général et de Mme Vanderstein en particulier. "Mais je ne doute pas qu'avec le temps elle aurait reconsidéré sa décision", continua-t-il en tirant sur son cigare, "c'est-à-dire que je *n'avais* aucun doute jusqu'à ce matin."

"Et que s'est-il passé alors?" » demanda le détective.

« Je suis venu du Surrey, où j'étais en visite pour un week-end », poursuivit son visiteur, « et je suis arrivé dans ma chambre à midi. Mon domestique m'a immédiatement informé que Mme Vanderstein avait envoyé un message téléphonique hier soir, me priant d'aller la voir immédiatement et ajoutant que c'était le plus important. J'ai seulement attendu d'enfiler des vêtements londoniens, M. Gimblet, avant de me précipiter vers sa maison de Grosvenor Street. Et quand je suis arrivé, qu'est-ce que j'ai entendu ? « Pon mon âme, s'écria Sir Gregory en retirant son cigare de sa bouche, vous auriez pu me renverser avec une plume ! »

« Vous avez entendu dire que la dame avait disparu ?

"Exactement. Pas vu ni entendu parler depuis hier soir. Elle s'est éloignée de sa propre porte, me dit-on, dans sa propre automobile ; et il n'est jamais revenu de cette heure-là à celle-ci.

"N'a-t-elle laissé aucun mot sur l'endroit où elle allait?"

«Aucun du tout. Elle a dîné tôt, bien sûr, à cause de l'opéra.

"L'Opéra! Dans ce cas, qu'est-ce qui te fait penser qu'elle n'y est pas allée ?

«Bien sûr, elle y est allée. Ne l'ai-je pas dit ? Elle est partie à Covent Garden et c'est la dernière fois qu'on a entendu parler d'elle.

"Vous m'intéressez", dit Gimblet. « Ne l'a-t-on pas vue quitter l'Opéra ?

"Je n'en sais rien", a déclaré Sir Gregory. « J'ai trouvé les domestiques très inquiets ; et ils étaient très heureux, puis-je dire, de me voir.

« Elle a probablement eu un accident et a été transportée à l'hôpital », suggéra Gimblet. « Des demandes de renseignements ont-elles été faites ? »

« Je pense plutôt qu'ils ont téléphoné aux hôpitaux, mais je leur ai dit de ne pas communiquer avec la police avant de vous avoir vu. Ça ne ferait pas l'affaire, tu sais. Cela lui déplairait extrêmement, surtout si cela se révélait comme je le crains et si elle était partie avec un autre homme.

"Je ne vois pas pourquoi elle aurait dû faire ça", a déclaré Gimblet. « Elle était sa propre maîtresse, je suppose, et n'avait pas besoin de cacher ses mouvements. Ne vous en doutez pas, continua-t-il, car l'inquiétude qui se lisait sur le visage de Sir Gregory lui faisait pitié, on la trouvera dans l'un des hôpitaux ; et je vous conseille de vous renseigner auprès d'eux. Une femme, si seule qu'elle soit, était portée à l'un d'eux si elle tombait malade ou rencontrait un léger accident qui l'empêchait pour le moment de donner son adresse.

"Mais elle n'était pas seule", a insisté Sir Gregory. "Miss Turner, sa compagne, était avec elle, bien sûr."

« En effet, » dit Gimblet, « vous n'avez rien dit qu'il y avait quelqu'un avec elle. Et qu'a à dire Miss Turner à ce sujet ?

"Elle n'est pas là. Elle aussi a disparu.

"Vraiment", dit le détective. « Cela devient intéressant. Que deux dames se rendent à l'opéra de Covent Garden lors d'une soirée de gala et n'en reviennent jamais est, pour le moins, légèrement non conventionnel. Maintenant, avant d'aller plus loin, reprit-il vivement, que voulez-vous que je fasse à ce sujet ?

« Je veux que vous trouviez naturellement Mme Vanderstein, » répondit Sir Gregory en le regardant avec étonnement ; "Je ressens à son sujet la plus grande inquiétude, d'autant plus que vous la considérez comme susceptible d'avoir eu un accident."

« Mais si, comme vous semblez le soupçonner, la dame est partie délibérément, ne sera-t-elle pas ennuyée que nous la recherchions ? Ne vous en voudra-t-elle pas d'essayer de découvrir ses mouvements si elle souhaite qu'ils soient inconnus ?

« J'imagine qu'elle trouverait cela impertinent. Mais je n'y peux rien. Elle a peut-être besoin de moi ; en fait, s'écria Sir Gregory avec un soudain souvenir, je sais qu'elle l'est ! Je ne te dis pas qu'elle m'a téléphoné hier soir ? Un message des plus urgents. Cela prouve qu'elle souhaite mon aide pour une question importante pour elle, et comment puis-je l'aider sans savoir où elle est ?

« Comme vous le dites, » dit Gimblet, « il semble qu'elle ne souhaitait pas vous laisser ignorer où elle se trouve. Eh bien, je n'ai rien à faire pour le moment et si vous souhaitez que je fasse une enquête, je le ferai avec plaisir, même si je ne pense pas que ce soit une affaire tout à fait dans mon domaine.

« Merci, hein. Merci, marmonna le vieux soldat avec son cigare entre les dents. "C'est ce que je veux. Maintenant, comment vas-tu procéder ?

«Je vais d'abord vous poser quelques questions. Vous ne m'avez pas encore fourni ce récit clair et complet dans lequel les détails insignifiants qui semblent si sans importance et qui peuvent pourtant être d'une telle importance ne sont jamais omis : le récit lucide si cher au cœur du détective. Je ne pense pas, si vous me permettez de le dire, que je puisse l'obtenir de vous, Sir Gregory.

Sir Gregory le fusilla du regard, mais ne dit rien ; et Gimblet continua en souriant :

« Pour commencer, qui est Mme Vanderstein ?

"La veuve d'un prêteur d'argent juif." Sir Gregory parla quelque peu brièvement. Il considérait les remarques de Gimblet comme irrespectueuses.

« Riche, alors ? »

"Oui."

"Est-ce qu'elle vit seule dans Grosvenor Street?"

"Une jeune femme, Miss Barbara Turner, vit avec elle."

"Et qui est-elle?"

« C'est la fille d'un vieil ami de Vanderstein. Un homme qui entraînait ses chevaux de course à Newmarket. Il était méchant et a dû fuir le pays il y a longtemps. Mort maintenant, je crois.

"Miss Turner a-t-elle de l'argent à elle ?"

« Le vieux Vanderstein lui a laissé une somme assez importante, 30 000 £ je pense, mais Mme Vanderstein y a un intérêt viager. La jeune fille n'a rien tant qu'elle vit avec Mme Vanderstein, qui cependant, je n'en doute pas, est très généreuse envers elle.

« Je suppose que vous connaissez bien Miss Turner ? À quoi ressemble-t-elle?"

« Oh, c'est une fille très ordinaire, plutôt jolie, pensent certains, apparemment. Je n'admire pas le type robuste et musclé qui est à la mode aujourd'hui. Mme Vanderstein l'aime beaucoup.

"Cela veut dire que tu ne l'aimes pas toi-même?"

Sir Gregory hésita. Ce n'était pas vraiment dans son genre de détester quelqu'un sans beaucoup de provocation, mais il avait toujours l'impression que Barbara se moquait de lui, et il chérissait sa dignité.

"Je ne pense pas qu'il y ait de mal chez cette fille", grogna-t-il enfin.

« Mme Vanderstein a-t-elle le contrôle total de sa fortune ? » demanda Gimblet après lui avoir jeté un rapide coup d'œil.

« Je crois qu'elle l'a fait, absolument. Mais si vous pensez que je lui cherchais son argent, s'écria Sir Gregory d'un ton colérique et se levant à moitié en parlant, vous vous trompez !

Gimblet s'empressa de le rassurer sur ce point et il se rassit, toujours en grommelant.

"Vanderstein a exprimé le souhait que tout l'argent soit finalement laissé à son neveu, le jeune Joe Sidney", a-t-il expliqué, "et je suis sûr que sa veuve ne négligerait pas ses idées sur ce point."

La salle à manger était orientée au sud-ouest, et le soleil de l'après-midi, rampant, brillait déjà en plein sur les petits carreaux carrés des fenêtres à battants, de sorte que la température de la pièce montait rapidement jusqu'à une chaleur intolérable. Gimblet pensa au train qui devait l'emmener au golf. Il aurait fait une chaleur insupportable dedans, se dit-il. Et la disparition d'une riche dame de sa maison de Londres était suffisamment inhabituelle pour exciter sa curiosité. Son imagination débordante bouillonnait déjà de suppositions et de spéculations. Sa résolution de ne plus faire de travail de détective fut complètement oubliée.

"Qu'est-ce que Mme Vanderstein aime regarder?" » demanda-t-il brusquement.

« Elle est très jeune, commença Sir Gregory, à peu près de votre âge, devrais-je dire. Elle n'est pas très grande, a des cheveux noirs et une silhouette parfaite, pas une de ces grandes femmes que l'on voit tant maintenant, mais joliment proportionnée et parfaite à tous points de vue. Elle a de magnifiques yeux marrons et un sourire pour tout le monde. Je pense qu'elle est la plus belle », conclut simplement sa vieille amie.

Gimlet se leva.

« Je donnerai des instructions pour que des enquêtes soient faites dans les hôpitaux, » dit-il, « bien qu'il semble peu probable que les deux dames aient été blessées, sans que des nouvelles n'en soient parvenues auparavant. Et puis faisons le tour de la maison. J'aimerais voir les domestiques et entendre ce qu'ils pourraient avoir à me dire. J'espère que, même maintenant, des nouvelles vous y attendent.

CHAPITRE X

IL n'y avait aucune nouvelle des dames disparues dans Grosvenor Street ; mais Gimblet interrogea tous les domestiques et entendit plusieurs faits qui lui donnèrent matière à réflexion.

C'est de Blake, le majordome, qu'il reçut le plus d'informations. Ce fut Blake lui-même, l'air profondément effrayé, avec la moitié de sa pompe habituelle chassée de lui par son anxiété, qui leur ouvrit la porte et, après avoir entendu Sir Gregory qui l'accompagnait, supplia Gimblet de lui permettre de parler à lui pendant quelques instants. Ils entrèrent dans la salle du matin, un appartement joyeux aux murs blancs, rempli de livres et de fleurs, et Blake s'adressa au détective.

« Je suis très heureux que vous soyez venu, monsieur, c'est effectivement le cas. Sir Gregory vous aura dit, monsieur, que Mme Vanderstein et Miss Turner, qui vit ici avec elle, sont sorties hier soir à l'opéra et ne sont pas revenues. J'ai été très inquiet à leur sujet et je ne savais pas quoi faire, monsieur, car Mme Vanderstein n'aimerait peut-être pas que j'informe la police, le cas échéant, qu'elle est partie exprès. Mais je ne l'ai jamais vue partir sans m'en informer ou sans bagages et sans laisser d'adresse, même si elle part parfois très brusquement pour passer une semaine ou deux à l'étranger, Dieppe étant sa préférée, puis-je dire. »

« En effet, » dit Gimblet, « Mme Vanderstein avait-elle l'habitude de partir à l'étranger à tout moment ?

« Elle est partie très soudainement, quand l'envie l'a prise, monsieur, mais pas si soudainement que cela. Je l'ai vue dire à l'heure du déjeuner à Miss Turner : « Ma chère, nous irons à Boulogne à 14 h 20 depuis Charing Cross », ce qui, le déjeuner étant à une heure, ne laissait pas beaucoup de temps pour faire ses valises, monsieur. »

"Non, ce ne serait pas le cas", acquiesça Gimblet.

« Mais dans de tels cas, » continua Blake, « la femme de chambre devait souvent suivre avec les bagages, les dames ne prenant que ce dont elles avaient besoin pour la nuit. Mais rien n'a été dit à la femme de chambre hier à ce sujet, et je ne pense pas que Mme Vanderstein puisse jamais s'en aller comme ça, monsieur, dans sa robe de soirée et ses diamants.

"Bien sûr, comme c'était une soirée de gala à l'opéra, elle porterait des bijoux", approuva Gimblet.

« Oui, monsieur, et c'est en partie ce qui me rend si bouleversé, monsieur ; Je n'ai jamais vu Mme Vanderstein porter autant de bijoux en une seule occasion. Cela aurait valu la peine à n'importe qui de la voler la nuit dernière, monsieur.

"Vraiment. Que portait-elle ? Avait-elle des bijoux de valeur ?

"En effet, oui", interrompit Sir Gregory, "les bijoux Vanderstein étaient célèbres."

« Oui, monsieur, répéta Blake ; « De beaux bijoux en effet. Une grande responsabilité, monsieur, dans une maison. Mais je les ai toujours dans un coffre-fort dans le garde-manger, où je dors moi-même, et si je sors pendant la journée, ce n'est jamais sans qu'un des valets de pied reste dans la chambre pendant tout mon absence. La nuit, nous avons toujours un veilleur de nuit sur place, monsieur, et c'est lui qui m'a alarmé le premier ce matin. Il est venu à ma porte vers cinq heures et m'a mis en cloque. 'Quel est le problème?' J'ai crié, pensant d'abord, avec le sommeil et une chose et une autre, que la maison était en feu. « Elle n'est pas encore entrée », dit-il, et il m'a fallu quelques minutes avant de comprendre où il voulait en venir. Et puis je ne me sentais pas vraiment anxieux ; bien que nous ayons tous trouvé cela très étrange la nuit dernière, lorsque Thomas, le second valet de pied, qui était parti avec le moteur à Covent Garden, est revenu en disant qu'il avait reçu l'ordre que la voiture ne revienne pas chercher le dames du tout.

"Quoi? la voiture ne devait pas repartir après la représentation ? s'exclama Gimblet.

« Non, monsieur, des ordres ont été donnés à cet effet. Pourtant, je pensais qu'ils rentraient peut-être avec des amis, et même ce matin, je me suis dit que peut-être ils passaient la nuit chez un ami, n'ayant pas pu, pour une raison quelconque, prendre un taxi pour rentrer chez eux. Je ne doutais pas que je recevrai à tout moment un message téléphonique qui m'expliquerait l'ensemble des circonstances. Mais la matinée s'est écoulée sans que nous ayons entendu quoi que ce soit, et au moment où Sir Gregory a appelé, j'étais sur le point de me préparer à sortir et à me renseigner au commissariat de police.

Gimblet réfléchit en silence pendant quelques instants.

"Avez-vous remarqué quelque chose d'inhabituel ces derniers temps", a-t-il demandé, "dans les habitudes ou le comportement de quelqu'un dans la maison ?"

"Non, rien d'inhabituel à part le fait que Mme Vanderstein semblait jouir d'une bonne humeur inhabituelle. Je pensais aussi, mais ce n'était peut-être que mon imagination, qu'on ne pouvait pas en dire autant de Miss Turner. Hier, elle semblait vraiment malchanceuse.

« L'idée d'un accident vous est-elle venue ? » demanda Gimblet. « Avez-vous demandé des renseignements auprès d'un hôpital ? » « J'ai téléphoné à St. George's, monsieur, mais sans résultat. Je ne savais pas où me renseigner ailleurs.

« Je comprends, » dit aussitôt le détective, « que Mme Vanderstein a des parents et des amis vivant à Londres. Avez-vous communiqué avec l'un d'eux ce matin ?

« Non, monsieur, je ne l'ai pas fait. J'avais déjà téléphoné à Sir Gregory hier soir et j'avais appris qu'il était hors de la ville.

« N'y a-t-il personne d'autre à qui vous auriez pu demander conseil ? Je comprends que Mme Vanderstein a un neveu ou un neveu par alliance. Vit-il à Londres ?

« Non, monsieur, son régiment est cantonné dans le nord de l'Angleterre. Mais il est vrai, balbutia Blake avec une apparence de réticence, que M. Sidney est de temps en temps à Londres, selon qu'il peut obtenir une permission, et je crois qu'il est debout en ce moment.

« J'aurais cru que vous lui téléphoneriez aujourd'hui. Cela ne vous est-il pas venu à l'esprit ?

Blake hésita encore. Il regarda tour à tour Gimblet et Sir Gregory, puis laissa ses yeux errer vers la fenêtre et faire le tour de la pièce comme s'il pouvait espérer de l'aide d'une source improbable. Finalement, ils rencontrèrent à nouveau ceux du détective et, sous ce regard impérieux, il parla.

«J'y ai pensé», balbutia-t-il, «j'aurais dû le faire sans une chose. M. Sidney est venu à la maison hier après-midi et, je n'aime pas en parler, monsieur, mais j'ai peur qu'il ait eu des mots avec sa tante. Je n'ai aucune idée de quoi il s'agissait, monsieur, mais il n'est resté que quelques minutes et dès qu'il est parti, Mme Vanderstein m'a appelé et m'a donné des ordres stricts de ne pas le laisser entrer dans la maison à l'avenir. Elle semblait très contrariée par quelque chose et je suis sûr qu'elle n'aimerait pas que je communique avec M. Sidney maintenant. Ce n'est pas du tout à moi de faire allusion à une telle chose, mais dans les circonstances particulières, messieurs, j'espère que vous m'excuserez de dire que Mme Vanderstein m'a paru vraiment très contrariée.

« Tout à fait », dit Gimblet, « dans ces circonstances particulières, votre devoir est de me dire tout ce que vous pouvez, si cela a une incidence sur l'incapacité de Mme Vanderstein à rentrer chez elle ou non. Je serai moins susceptible de m'égarer sur quelque fausse piste si j'ai une connaissance approfondie des affaires privées de ces dames, et on ne sait pas quel détail insignifiant pourrait ne pas s'avérer utile. Maintenant à propos de ces bijoux, peux-tu me dire ce que portait ta maîtresse hier soir ? J'aimerais aussi voir l'endroit où vous les gardez.

Blake les conduisit au garde-manger. Un petit coffre-fort encastré dans le mur contenait quantité d'écrins à bijoux, pour la plupart vides. Le majordome donna à Gimblet une liste de ce qu'ils contenaient.

"Je n'ai jamais vu Mme Vanderstein porter autant de bijoux à la fois", a-t-il répété. « Elle portait principalement ses perles et un collier et peut-être un diadème et quelques bracelets et bagues, mais hier soir, en plus de cela, elle a fait coudre les deux colliers de diamants sur sa robe et la parure d'émeraudes, qui se démonte pour faire un gros ornement, a également été cousu dessus. Je suppose qu'il n'y avait pas beaucoup de dames au gala", a déclaré Blake avec une certaine fierté, "qui portaient de plus beaux bijoux qu'elle, à moins que ce ne soit la reine elle-même."

Gimblet demanda à reprendre la maison et, dans les différents salons, il chercha des preuves à caractère documentaire démontrant que Mme Vanderstein n'avait pas eu l'intention de revenir la veille au soir. Il cherchait sur les cheminées une invitation qui aurait dû être collée là-haut, sur les secrétaires quelque chose du même genre. Mais même si les cartes pour différents divertissements ne manquaient pas – la plupart portant des noms juifs bien connus et transmettant des invitations à des soirées musicales – rien ne suggérait que les dames devaient y assister lundi soir. Il remarqua l'odeur subtile qui flottait dans les pièces, et ses yeux scrutateurs notèrent avec ravissement les nombreux objets magnifiques et rares de la collection de M. Vanderstein.

Il se serait volontiers attardé pour examiner les tableaux qui décoraient les murs et les porcelaines inestimables qui se dressaient sur les armoires contre les boiseries blanches. Mais, différant ce plaisir, il poursuivit ses recherches méthodiques en compagnie de Sir Gregory et de Blake à moitié scandalisé, qui ne pouvait décider dans son esprit s'il avait bien fait de permettre à un détective, même si connu sous le nom de M. Gimblet, pour retourner la correspondance de sa maîtresse de cette manière sans cérémonie. Lorsque les recherches du détective le conduisirent à la porte de la chambre de Mme Vanderstein, Blake se sentit incapable de rester plus longtemps avec lui, et appelant Amélie de son atelier, il lui confia le devoir de surveiller ces opérations douteuses.

La nouvelle de la présence du détective s'était répandue dans la maison comme une traînée de poudre, et Amélie, de son côté, brûlait d'aider le grand homme. Sans être gênée par des scrupules comme ceux qu'éprouvait le digne majordome, elle ouvrait les tiroirs, ouvrait en grand les portes des armoires, fourrait toutes les lettres qu'elle pouvait trouver entre les mains de Gimblet et l'invitait à vérifier par lui-même les informations, ou leur absence. , qu'elle a transmis avec volubilité. Elle savait qu'il n'y avait rien d'éclairant dans ces lettres et n'hésitait pas à le dire. Elle les avait tous lus il y a longtemps.

« Cette pauvre dame, s'écria-t-elle, on l'a assassinée pour lui voler ses merveilleux bijoux. Ah, mais j'en suis bien convaincue, déclara-t-elle en hochant la tête avec une sombre satisfaction. "Elle en portait trop, c'était pour tenter la Providence."

Gimblet lui a demandé une liste des bijoux et a reçu la même chose que celle qu'il avait reçue de Blake.

« Et pourriez-vous me décrire les vêtements que portait Mme Vanderstein, » demanda-t-il, « ainsi que ceux de Miss Turner ?

« Madame portait une robe en *mousseline de soie blanche* , toute *diamantée* , lui dit Amélie, ce qu'elle était belle avec cette robe-là ! Par-dessus, elle portait un magnifique manteau en *crêpe de Chine* et dentelle argentée. Le manteau est mauve à la lumière du jour, mais le soir on dirait qu'il est rose. Elle portait des chaussures argentées et des bas blancs et portait un éventail antique de grande valeur.

« Et Miss Turner ? Gimblet était en train d'écrire sa description dans son carnet.

« Mademoiselle aussi était vêtue de blanc, mais avec une robe beaucoup plus simple. Elle avait un manteau de brocart couleur flamme que Madame lui avait offert pour son anniversaire. Il est doublé de mousseline blanche ; rien de plus chic.

Tout en parlant, elle jeta un coup d'œil surpris à Gimblet, qui se tenait au milieu de la pièce, la tête renversée, les narines dilatées et contractées. Au fur et à mesure que chaque tiroir était ouvert, il restait là, reniflant son appréciation. L'odeur vague qui s'accumulait dans la partie basse de la maison était ici plus pénétrante, et à chaque perturbation des affaires de Mme Vanderstein devenait plus forte. Il y avait des fleurs dans la pièce, des roses thé dans de nombreux bols de verre brillant ; mais leur légère douceur était noyée sous l'odeur plus puissante qui imprégnait l'air.

"Votre maîtresse utilise un parfum délicieux", dit le détective. « Est-ce qu'elle avait toujours le même ?

"Ça sent bon ici, n'est-ce pas ?" dit Amélie. « Oui, Madame utilise toujours le même parfum. Vous voyez, le voici sur sa table. Il se vend très cher, mais avec une seule goutte on peut parfumer une robe entière. Tout ce que Madame touche le sent.

Gimblet se dirigea vers la coiffeuse et prit la bouteille qu'elle lui montrait ; il le porta à son nez et, ôtant le bouchon, renifla longuement et profondément. Puis, rebouchant la bouteille, il la reposa en jetant un coup d'œil à l'étiquette. « Arome de la Corse », lit-il, et en dessous, le nom d'une parfumerie française célèbre pour l'excellence et les prix élevés de ses produits.

« Madame est une admiratrice du grand Napoléon », expliqua obligeamment Amélie.

« Qui ne partage pas son admiration ? répliqua le détective. "Et maintenant, puis-je voir la chambre de Miss Turner ?"

Dans la chambre de Barbara, son séjour fut de courte durée. Il n'y avait ici aucun parfum saisissant, très peu de suggestion de personnalité féminine. La chambre ressemblait davantage à celle d'un garçon. Des photographies ornaient les murs ; quelques livres traînent. Quelques lettres étaient sur la table ; l'un d'eux était une facture. L'autre, que Gimblet parcourut sous les yeux sympathiques d'Amélie, était ainsi rédigé :

« Chère Mademoiselle Turner ,

« J'ai mis l'argent sur Averstone comme vous l'avez dit. Je suis vraiment désolé qu'il n'ait pas été placé. Il s'en est mal sorti et n'a pas eu de chance dès le départ. Rapidement,

« Cordialement
» , J. Sidney. »

"Merci, je pense que c'est tout ce que je veux pour le moment," dit Gimblet, et il se tourna pour quitter la pièce. Mais Amélie n'avait pas envie de le laisser partir ainsi. Elle avait espéré quelques confidences, qu'elle aurait peut-être une théorie à détailler en bas.

« Si Monsieur veut bien écouter mon idée, dit-elle, je lui dirai ce que je crois être arrivé à Madame. Elle a été tuée à cause de ses bijoux. C'est ce que je pense. Et il serait prudent, avant de faire tant de recherches, de la chercher par terre dans sa loge à l'Opéra. Il est probable qu'elle est là, *la pauvre* , au moment où ils l'ont frappée et abandonnée !

"Merci pour votre suggestion," répondit gravement Gimblet. « Je vous assure que je ne négligerai pas de visiter la loge. Mais je pense que les corps de deux dames, « terrassés », auraient suscité une certaine expression d'étonnement de la part des gardiens.

« Monsieur se moque de moi », commença Amélie d'un ton blessé, mais Gimblet était déjà à mi-chemin dans l'escalier.

Sur le palier devant la porte du salon, Blake planait toujours.

"Ah, vous y êtes", dit Gimblet. « Puis-je voir le deuxième valet de pied maintenant ? Thomas, je pense que tu as dit qu'il avait été appelé.

Thomas, convoqué, s'est avéré être un grand garçon possédant un sourire honnête et invitant, ornant un visage juste et ouvert.

« C'est vous, je crois, lui dit le détective, qui avez accompagné l'automobile hier soir lorsqu'elle est partie d'ici avec les deux dames ?

"Oui, monsieur", a déclaré Thomas, "je l'ai fait, monsieur."

"Et on vous a dit que la voiture ne serait plus nécessaire après l'opéra ?"

"Oui Monsieur."

« Vous souvenez-vous des paroles exactes prononcées par Mme Vanderstein lorsqu'elle vous a donné l'ordre de ne pas revenir ? »

« Ce n'est pas Mme Vanderstein qui me l'a dit, monsieur, » dit Thomas, « c'est Miss Turner. 'Mme. Vanderstein dit qu'elle n'aura plus la voiture ce soir, dit-elle, et tu comprends, Wilcox ? elle dit : c'est le chauffeur, Wilcox ; elle est venue en courant pour lui parler au moment où il mettait l'embrayage et que nous partions : « Tu ne dois pas venir nous chercher ce soir après l'opéra », j'ai entendu chaque mot bien sûr aussi clairement que Wilcox. . «Très bien, mademoiselle», dit-il, et elle retourna en courant vers les portes battantes. Mme Vanderstein était entrée directement et je ne l'ai plus revue. Nous avons été très surpris, Wilcox et moi, car c'était la première fois que Mme Vanderstein n'avait pas le moteur pour la ramener à la maison, dont aucun de nous ne se souvenait. Mais les ordres sont les ordres », a conclu Thomas avec un sourire engageant à l'adresse de M. Gimblet, qui l'a ignoré.

« Merci, cela suffira pour le moment », dit-il ; et, quand Thomas fut parti, il se tourna une fois de plus vers Blake.

« Depuis combien de temps Wilcox est-il au service de Mme Vanderstein ? Il a demandé.

"Il était avec M. Vanderstein avant son mariage", répondit Blake. « La même chose que moi-même, monsieur. Wilcox était autrefois palefrenier, mais on lui a appris à conduire un moteur il y a quelques années. C'est un homme très respectable et stable, monsieur.

"Merci, j'aimerais le voir", dit Gimblet.

Wilcox, semble-t-il, était dans la maison en ce moment, étant venu du garage pour savoir s'il y avait des nouvelles, et Gimblet l'a fait entrer et l'a contre-interrogé. Son histoire était la même que celle de Thomas, avec un petit ajout.

« Y a-t-il quelque chose qui vous a semblé le moins inhabituel ? Lui demanda Gimblet. "Avez-vous remarqué quelque chose dans l'apparence de l'une ou l'autre des dames, ou entendu quelque chose qu'elles se disaient en montant ou en descendant de la voiture, qui n'était pas parfaitement naturel ?"

"Non, monsieur, je ne l'ai pas fait", a déclaré Wilcox d'un ton ferme. C'était plutôt un gros homme avec une allure très chevaline. « Non pas que je prête la moindre attention à ce qu'ils pourraient dire tant que ce n'est pas à moi qu'ils le disent. Pour autant que je me souvienne, Mme Vanderstein est montée dans la voiture et Miss Turner après elle, et « À Covent Garden », l'une d'elles dit à Thomas, et Miss Turner crie : « Arrêtez-vous simplement à un bureau de poste en chemin. Et c'est ce que nous avons fait.

« Ah, » dit Gimblet, « vous vous êtes arrêté à un bureau de poste, n'est-ce pas ? Était-ce tout à fait normal ? Et à quel bureau de poste êtes-vous arrêté ? »

« Ce n'était pas le déroulement habituel », a admis Wilcox, « en fait, je ne me souviens pas de l'avoir fait auparavant sur le chemin de l'opéra. Mais Miss Turner avait un télégramme à envoyer. Nous nous sommes arrêtés à Piccadilly et elle a donné le formulaire à Thomas pour qu'il le dépose au bureau. Après cela, nous sommes allés directement à l'opéra.

Thomas, rappelé, se souvenait certainement d'avoir remis le télégramme. Je ne savais pas pourquoi il n'avait pas pensé à en parler plus tôt. Miss Turner lui a donné une enveloppe scellée avec « Télégramme » écrit à l'extérieur et lui a dit de la donner avec un peu d'argent au jeune du bureau, et de ne pas s'embêter à attendre la monnaie, car ils étaient pressés. Il fit ce qu'elle lui disait, et c'était tout ce qu'il pouvait en dire.

Peu d'informations à collecter auprès de Thomas. Peut-être que le visage de Gimblet montrait une trace de déception, car le valet de pied ajouta d'un ton de regret :

« Je suis vraiment désolé, monsieur, de ne pas avoir ouvert l'enveloppe pour pouvoir vous dire quel était le télégramme, monsieur ; mais les dames étant pressées, je n'eus guère le temps. Si j'avais su que c'était important, ou en tout cas si j'avais eu une minute ou deux pour moi, j'y aurais jeté un coup d'œil. Je suis vraiment désolé, monsieur.

Gimblet l'a congédié de manière quelque peu péremptoire. Il sentait qu'il prenait une aversion irraisonnée pour Thomas qui s'excusait, si désireux de se faire plaisir.

CHAPITRE XI

DANS la salle du matin, il trouva Sir Gregory, qui s'était abstenu, avec une délicatesse impatiente, de le suivre au-delà du salon. Il allait et venait devant l'âtre, un autre gros cigare aux lèvres.

"Bien?" » demanda-t-il alors que le détective entrait.

Gimblet le regarda avec une sévérité désapprobatrice.

« Si vous avez l'intention de m'accompagner plus avant dans mes investigations, Sir Gregory, commença-t-il, je dois vous avertir que je peux autoriser l'interdiction de fumer. L'odorat est aussi précieux pour moi dans mon travail que pour un chien en quête, et je ne peux pas laisser des harengs rouges comme vos cigares traîner sur la piste que je pourrais éventuellement suivre.

« Mes cigares ! Harengs rouges!" » bégaya Sir Gregory. « Ceci, M. Gimblet, est la meilleure Havane ! »

« Sans aucun doute, » dit Gimblet, « comme tabac, c'est assez bon. Mais s'il venait directement du Paradis, je ne pouvais pas laisser sa forte odeur gêner mes affaires. Je dois garder mon nez exempt de ces odeurs nauséabondes, sinon cela ne me servira pas lorsque j'en aurai le plus besoin. Lorsque nous sommes arrivés dans cette pièce, elle était remplie d'un parfum qui lui était propre. Maintenant que je reviens, je ne sens plus que l'odeur de ton cigare.

Bien que considérablement irrité par le choix des mots de Gimblet – Sir Gregory s'étouffa presque en les entendant – il contrôla ses sentiments d'indignation du mieux qu'il pouvait, car il était déterminé à voir le détective au travail. « Si la saveur du meilleur tabac vous gêne vraiment, » dit-il en ravalant son agacement, « je différerai le plaisir de fumer jusqu'à ce que vous soyez parvenu à une conclusion. Je suppose que vous n'avez rien découvert d'important jusqu'à présent ?

"Je pense que j'ai enrichi mes connaissances grâce à cette visite", répondit Gimblet, "il est trop tôt pour le dire de manière importante ou non. À propos, vous ne m'avez pas mentionné que Miss Turner avait hérité du penchant de son père pour les chevaux.

« N'est-ce pas ? Je ne savais pas que ça t'intéresserait. Oui; elle semble très dévouée à l'équitation.

"Et à la course", a ajouté Gimblet.

«Je n'en sais rien. À ma connaissance, elle n'a jamais été à proximité d'un hippodrome. Qu'est-ce qui vous fait penser cela ? As-tu parlé d'elle à Blake ?

"Quand la chambre d'une jeune femme est pleine de photos de chevaux de course et que le "Ruff's Guide to the Turf" occupe une place de choix sur sa bibliothèque", dit Gimblet avec indifférence, "il n'est pas vraiment nécessaire de demander aux domestiques si elle prend un intérêt pour la course. Mais venez, Sir Gregory, je pense que nous n'avons plus rien à faire ici. Devons-nous retourner à mon appartement et voir si quelque chose a été entendu dans les hôpitaux ?

Avec un mot d'adieu à Blake, ils se préparèrent à quitter la maison, le majordome se précipitant devant eux pour ouvrir la porte du hall. Alors qu'il tirait le loquet et qu'ils sortaient dans la rue, ils furent confrontés à un homme aux cheveux gris portant un petit sac noir, qui se tenait déjà la main sur la sonnette.

"Qui avons-nous ici?" » se dit le détective, et prenant le bras de Sir Gregory, il le ramena dans la maison, laissant Blake discuter avec le nouveau venu.

« Non, monsieur, Mme Vanderstein n'est pas à la maison », pouvaient-ils l'entendre dire.

Les deux hommes se retirèrent dans la salle du matin, mais Blake les suivit quelques minutes plus tard.

"S'il vous plaît, messieurs", dit-il, "voici M. Chark, l'avocat de Mme Vanderstein."

Sur ses talons venait l'étranger.

« Vous m'excuserez de venir vous voir, messieurs, » dit-il en fixant ses yeux, après un instant d'hésitation, sur le détective, « mais apprenant que M. Gimblet était dans la maison (il s'inclina alors devant ce gentleman...) J'ai pensé que je ferais mieux de saisir l'occasion de vous offrir l'aide que je pourrai peut-être vous apporter dans vos enquêtes. Très peu, je le crains, mais peut-être suis-je en possession d'un fait qui vous est peut-être encore inconnu.

M. Chark, associé du cabinet D'Allby and Chark, était un homme de taille moyenne, d'âge moyen, d'une beauté inférieure à la moyenne et d'une intelligence moyenne. Son visage et ses cheveux étaient de différentes nuances de gris et, bien que rasé de près, il donnait l'impression qu'il portait des moustaches latérales. Ses manières et ses mouvements étaient précis et délibérés. Il parlait lentement et, ce faisant, ses mains tournaient lentement l'une autour de l'autre. C'était comme s'il broyait chaque mot selon un processus secret, différent de celui du discours ordinaire.

« Je viens d'apprendre du majordome, » continua-t-il, après que Gimblet et Sir Gregory eurent accusé réception de son salut dans des termes convenables, « que ma cliente, Mme Vanderstein, est absente dans des circonstances que je dois être autorisé à qualifier d'inhabituelles. Qu'enfin, elle est sortie hier soir, « par gaieté », hé hé ! et on n'en a plus entendu parler depuis. C'est une nouvelle très surprenante, voire très étrange. Je pense pouvoir vous prouver, M. Gimblet, que l'absence continue de Mme Vanderstein n'est pas intentionnelle.

En disant cela, M. Chark déverrouilla son sac noir, qu'il avait posé sur le sol entre ses pieds, comme s'il craignait qu'il ne soit subrepticement retiré s'il ne restait pas en contact avec lui, et sortit de ses recoins sombres une lettre en grand format. enveloppe de couleur mauve, qu'il tendit avec un autre salut à M. Gimblet.

Le détective le prit et le porta à son nez avec un air surpris.

« Ceci, s'écria-t-il, est une lettre de Mme Vanderstein elle-même. »

"Votre hypothèse est correcte", a déclaré M. Chark. "Je ne savais pas que vous et ma cliente connaissiez, mais je vois que vous connaissez son écriture."

"Je ne l'ai jamais vu auparavant", répondit distraitement Gimblet. Il l'étudiait maintenant avec un regard profondément intéressé.

"En effet. Alors, puis-je vous demander pourquoi vous pensez que ce document portait son inscription ? Le ton traînant de M. Chark était clairement sceptique.

« Arome de la Corse », murmura Gimblet en remettant la lettre à Sir Gregory. « Vous, Sir Gregory, connaissez l'écriture de la dame, je suppose ?

"Oui", a déclaré Sir Gregory. «Cela vient d'elle. Ne le liras-tu pas à haute voix ? Sans lunettes, je suis désolé de le dire, j'aurais du mal à le faire, » et il le rendit à Gimblet.

Le détective ouvrit l'enveloppe et déplia la feuille qu'elle contenait, lut à haute voix ce qui était écrit dessus :

« Grosvenor Street :
« Lundi soir.

" CHERS MESSIEURS ,

« Je vous serais très obligé si quelqu'un de votre maison venait me voir demain mardi, entre quatre et cinq heures, pour modifier mon testament. M. Sidney m'a empêché d'envisager plus longtemps l'idée qu'il hérite d'une partie de la fortune de mon défunt mari. Si M. Vanderstein était en vie, je suis sûr qu'il serait d'accord avec moi sur ce point, mais comme il n'est plus et a laissé la question à ma discrétion, cela devient pour moi un devoir sacré d'ignorer complètement les souhaits qu'il a exprimés et de modifier immédiatement mon testament à cet effet. En vous faisant confiance, il sera plus facile de téléphoner à l'heure du thé demain,

"Je reste,
" Cordialement,
" RUTH VANDERSTEIN . "

Gimblet plia soigneusement la lettre, la replaça dans l'enveloppe et la rendit à M. Chark.

"Nous avons entendu une sorte de querelle entre Mme Vanderstein et M. Sidney", a-t-il déclaré. «Je me demande si elle aurait tenu sa menace de lui couper la parole pour un sou. Les gens écrivent ce genre de lettre lorsqu'ils s'énervent, mais très souvent ils se calment le lendemain.

"Vous ne connaissez pas Mme Vanderstein, M. Gimblet", interrompit Sir Gregory. « Elle n'est pas de ces femmes qui se mettent en colère pour un rien ou qui tentent d'effrayer les gens avec des menaces. Elle ne souffre pas de nerfs ; sa santé est aussi excellente que son caractère. Je suis persuadé qu'elle n'aurait pas écrit cette lettre si elle n'avait pas eu les raisons les plus sérieuses de le faire.

"C'est aussi mon point de vue", a convenu M. Chark. « Je peux approuver l'opinion de Sir Gregory Aberhyn Jones concernant le caractère de mon client, M. Gimblet ; Je peux l'approuver pleinement. Mme Vanderstein est une femme pondérée et astucieuse, loin de se laisser guider par toutes ses impulsions.

« Il y a quelque chose de résolument féminin dans la façon dont elle considère que c'est son devoir sacré d'ignorer les souhaits de son mari », commenta Gimblet, puis, voyant la lumière courroucée briller dans les yeux de Sir Gregory, il ajouta rapidement : « J'espère que Mme. Vanderstein elle-même pourra tout clarifier dans quelques heures au maximum. Sir Gregory et moi, M. Chark, étions en route pour voir si on avait entendu parler d'elle dans les hôpitaux, au moment de votre arrivée. Nous craignons qu'elle n'ait rencontré quelque mésaventure.

M. Chark était déçu. Sous sa carapace rigide et extérieure se cachait une petite étincelle de feu romantique, qui n'avait jamais été entièrement éteinte par la routine étouffante des casuistiques juridiques dont D'Allby et Chark s'occupaient principalement. Les hypothèques, les règlements de propriété, le cadrage continu dans un labyrinthe de mots de ces actes qui devraient mystifier tout autre que des créatures comme lui, pour qui leur manque d'intelligibilité signifiait une affaire lucrative ; toute cette monotonie systématique n'avait pas réussi à étouffer cette lueur imperceptible, et à la simple connaissance de la présence de Gimblet dans la maison, elle s'était soudainement transformée en une flamme chaude et brûlante. Toute sa vie, il avait nourri un regret secret de ne pas s'être engagé dans les chemins escarpés du droit pénal, et maintenant son imagination excitée voyait le meurtre et la violence lui faire signe de toutes parts, avec des doigts rougeoyants et fascinants. Il s'inclina raide devant les paroles du détective et parla avec un sentiment d'irritation et une sensation de jeu, qu'il prit soin de dissimuler sous son ton habituel, précis et incolore.

"En effet", dit-il d'une voix traînante, ses mains tournant comme toujours dans leur mouvement de caresse. « J'ose dire que mon impression est différente. Bien que je ne sois pas détective, je suis néanmoins, en ma qualité d'avocat, capable de faire le lien entre deux et deux. Cette lettre (il tapota la note de Mme Vanderstein) et le témoignage du majordome selon lequel une querelle entre ma cliente et son neveu s'est produite hier après-midi dans cette maison et a immédiatement précédé la rédaction de cette lettre ; savoir que la dame a quitté sa maison avec l'intention de revenir dans deux ou trois heures, mais qu'elle n'y est pas parvenue depuis vingt heures, ces faits, messieurs, s'ils ne vous disent rien, me paraissent éminemment suggestifs.

Gimlet ne répondit rien ; mais Sir Gregory, dont le visage devenait de plus en plus rose jusqu'à ressembler à une pivoine épanouie, éclata avec un grognement truculent :

« Et que vous suggèrent-ils, monsieur ?

"Ils suggèrent", reprit M. Chark avec un calme apparent, "que M. Joseph Sidney pourrait très probablement nous informer de l'endroit où se trouve sa tante."

« J'ai le plaisir de faire la connaissance de M. Sidney », s'écria Sir Gregory, « et permettez-moi de vous informer, M. Chark, si tel est votre nom, qu'il est un gentleman titulaire d'une commission dans l'armée de Sa Majesté. J'espère qu'il est inutile d'en dire plus. Vos insinuations sont absurdes.

"On ne peut pas nier, face aux faits, que les choses s'annoncent très noires contre ce jeune monsieur", a lancé l'avocat d'une voix traînante.

"Noir!" Sir Gregory semblait sur le point de s'étouffer. «Je considère que c'est un comportement noir, monsieur, de venir ici et de faire ces affirmations diffamatoires et scandaleuses à propos d'un officier et d'un gentleman. Celui qui, d'ailleurs, vous est, à ce que je comprends, totalement inconnu. Le connaissez-vous, monsieur, ou non ? » demanda Sir Gregory en se penchant en avant et en frappant un accompagnement aux paroles avec la paume de sa main sur une petite table qui se tenait près de lui, de sorte que les verres à fleurs qui y étaient dansaient et tintaient.

"Je ne le connais pas, c'est vrai", a admis M. Chark, "mais je sais qu'il bénéficierait de plusieurs centaines de milliers de livres si Mme Vanderstein mourait avant de pouvoir réviser son traitement. volonté. Et je n'ai aucun doute sur le fait qu'elle lui a fait part de son intention de le modifier.

"Mourir? Que dites-vous?" La voix de Sir Gregory était faible. La couleur rose disparut de ses joues. L'horreur et l'étonnement les plus extrêmes se reflétaient dans son visage.

Gimblet, à cette vue, se leva de sa chaise.

"M. Chark, dit-il sévèrement, tu laisses ton imagination s'enfuir avec toi. En effet, vous parlez comme un feuilleton à un sou. Il n'y a aucune raison d'adopter une vision aussi mélodramatique alors que l'absence de Mme Vanderstein admet encore une explication plus ou moins ordinaire. Je vais maintenant vérifier si elle n'a pas été découverte dans la salle des accidents d'un des hôpitaux. Venez-vous, Sir Gregory ?

Avec un mot d'adieu, ils quittèrent la maison, interrompant les autres observations de la part de M. Chark, qui les suivit, profondément chagriné d'être traité avec si peu de cérémonie.

Sir Gregory, alors qu'il conduisait avec Gimblet en direction de Whitehall, revint nerveusement sur l'implication d'un acte criminel.

"Qu'est-ce qui lui a fait penser à une chose pareille, à votre avis ?" Il a demandé. « Il est impossible que le jeune Sidney lui fasse du mal. Un gentil garçon civil ; Je l'ai toujours aimé. Pourquoi devrait-il le faire ? Je ne le croirai pas. Il parlait de manière décousue ; cette suggestion l'avait ébranlé.

Gimblet fit de son mieux pour le rassurer, mais lorsqu'ils atteignirent son appartement et constatèrent que les hôpitaux étaient vides d'informations sur les deux dames, il se sentit plus inquiet qu'il n'aimait le montrer. Pourtant, l'ordre qui avait été donné au chauffeur de ne pas retourner à l'opéra semblait indiquer une autre intention que celle de retourner à Grosvenor Street, et il fallait encore espérer qu'à tout moment il pourrait apporter des nouvelles. Il y avait cependant d'autres considérations moins encourageantes.

Gimblet, qui avait laissé Sir Gregory en bas pendant qu'il courait vers ses appartements, donna quelques instructions à Higgs, l'homme qui combinait parfois les devoirs de domestique avec ceux d'assistant dans les détails les plus fastidieux mais nécessaires du travail du détective. Puis il redescendit pour annoncer au baronnet, avec une gravité à contrecœur, qu'il n'y avait pas de nouvelles.

« Nous allons aller à Covent Garden maintenant », dit-il ; et ils sont montés dans un autre taxi.

Sir Gregory était devenu très silencieux. Son visage était tiré par l'anxiété. "Qu'est-ce qui a bien pu se passer ?" » n'arrêtait-il pas de marmonner pour lui-même.

Pour détourner ses pensées, Gimblet rappela les soupçons qu'il avait nourris au début : que Mme Vanderstein avait volé avec un autre admirateur. Mais la peur qu'elle soit en danger, ou que le pire lui soit arrivé, s'était emparée de l'homme, et c'était lui qui ridiculisait désormais l'idée et trouvait des arguments pour montrer son improbabilité.

« Elle n'avait pas besoin de s'enfuir, objecta-t-il à son tour, elle pouvait épouser qui elle voulait. Et qui a déjà entendu parler d'une femme emmenant un ami en voyage de mariage ? Non, s'il en avait été ainsi, Miss Turner aurait été laissée sur place, nous pouvons en être sûrs.

À Covent Garden, ils ont très peu appris. La boîte avait été nettoyée et ne portait aucune trace d'avoir été utilisée la nuit précédente. Gimblet alla renifler autour, mais ne trouva aucune trace d'Arome de la Corse. L'ouvreur de boîte leur a dit que Mme Vanderstein et la jeune femme qui l'accompagnait généralement l'avaient occupée lors de la représentation de gala et étaient parties avant la fin de la dernière scène. Elle n'avait rien remarqué d'étrange ou autre chez aucun d'eux, et autant qu'elle sache, personne n'avait visité la boîte pendant les intervalles.

Personne, semble-t-il, n'avait observé leur départ depuis les portes du théâtre. Un commissionnaire crut se souvenir de deux dames arrivées tôt et partant en calèche, mais il ne pouvait pas dire, il en était sûr, à quoi elles ressemblaient. Il aurait pu être jeune et charmant, ou encore, il aurait pu être vieux et laid. Il avait vu beaucoup de dames puissantes au cours de la soirée et n'avait jamais apprécié ce qu'on pourrait appeler un souvenir des visages. Sans ce talent utile, conclut avec regret le commissionnaire, il se serait très probablement retrouvé assis dans la salle d'un club du West End en ce moment, n'ayant rien d'autre à faire que de répondre. les demandes d'un gentleman pour un autre gentleman. Je n'avais jamais été ce qu'on pourrait appeler la victime de la chance.

Ils le laissèrent tester un shilling avec ses dents, dubitatif, comme s'il ne voulait pas croire que sa fortune aurait pu changer suffisamment pour que la pièce ne soit pas mauvaise.

Il se faisait tard, les portes des théâtres allaient bientôt s'ouvrir. Déjà les volets étaient relevés devant les vitrines des magasins, et la foule qui remplissait encore les rues n'avait plus d'excuse pour flâner, maintenant qu'il n'y avait plus rien à regarder, plus aucun endroit où se faire aplatir le nez. Au lieu de cela, tout le monde semblait se précipiter dans une direction, celle de la gare, du tramway, ou de tout autre moyen qui les amènerait chez eux. Le soleil déclinant avait enfin laissé les rues pleines d'ombres et, même si les trottoirs et les murs rayonnaient encore de chaleur, une brise fraîche s'était levée et soufflait de la rivière. Dans les espaces ouverts, où les hauts murs des maisons n'empêchaient pas d'apercevoir le ciel à l'ouest, on pouvait voir un ou deux nuages gravir lentement le ciel.

Les deux hommes marchèrent ensemble en silence pendant un petit bout de chemin, puis Gimblet s'arrêta en lui tendant la main.

« Je ne pense pas que nous puissions faire davantage ce soir », dit-il. « Mettez de côté vos inquiétudes pendant quelques heures, Sir Gregory ; ça ne sert à rien de s'inquiéter. Demain, si de nouvelles nouvelles arrivent, nous verrons ce qu'il est possible de faire d'autre. Je pense que vous feriez peut-être mieux de consulter la police.

Mais Sir Gregory poussa un cri.

— Eh bien, nous verrons cela demain, dit Gimblet. "En attendant, je dois vous dire bonsoir."

Gimblet accompagna Sir Gregory en direction de son club, puis, après un instant d'hésitation, héla lui-même un taxi et se rendit à la résidence du ministre des Postes. Il pensait qu'à cette heure il avait de grandes chances de retrouver ce ministre chez lui, et il ne se trompait pas.

Sir James était là, dit le valet de pied qui répondit à son appel, mais il était en ce moment en train de s'habiller, avant de dîner tôt et d'aller au théâtre. Il prendrait la carte de M. Gimblet.

Par chance, Gimblet avait eu la chance de rendre un service considérable à Sir James Mossing, à une époque de la carrière de ce gentleman où son pied était encore mal placé sur le premier échelon de l'échelle qu'il gravit ensuite ; et, à mesure qu'il accédait au pouvoir, l'homme politique n'avait jamais manqué de montrer qu'il se souvenait avec gratitude de cette obligation. Le détective n'eut qu'à attendre dix minutes avant que l'homme qu'il était venu voir ne se précipite dans la pièce, en s'excusant de l'avoir fait attendre. Gimblet ne perdit pas de temps à expliquer l'objet de sa visite et n'eut aucune difficulté à obtenir l'ordre écrit qu'il souhaitait. Fort de cela, il ne retint plus l'affable homme d'État, mais se retira rapidement et retourna chez lui.

« Higgs », dit-il alors que son domestique le rencontrait dans le hall de l'appartement. « Je veux que vous alliez immédiatement au bureau de poste de Piccadilly et que vous récupériez un télégramme qui a été remis hier soir par un valet de pied. C'était dans une enveloppe scellée, qui contenait également l'argent pour le message. Il peut ou non être signé par Mlle Barbara

Turner. C'est certainement elle qui l'a écrit. Voici un arrêté du ministre des Postes qui vous facilitera la tâche. J'ai une ou deux choses à faire qui auraient dû être terminées ce matin, sinon je devrais y aller moi-même. Cela me prendra environ une heure et j'espère que vous serez de retour à ce moment-là.

Une heure plus tard, Higgs était de retour. Il eut l'air content de lui et tendit une feuille de papier au détective.

"C'est vrai, Higgs, tu as été rapide", le félicita Gimblet.

"Ils ont mis un moment à parcourir les formulaires", a déclaré Higgs, "mais heureusement, il n'y a eu aucun problème pour me le donner après avoir montré votre carte et la commande de Sir James."

Gimblet lisait le journal. C'était un formulaire télégraphique adressé à Joseph Sidney et contenait un court message :

"La chance arrive enfin, attendez-vous à avoir de bonnes nouvelles d'ici mercredi, éliminant toutes les difficultés."

Il n'y avait pas de signature.

« Comment sais-tu que c'est la bonne ? » » demanda brusquement Gimblet.

« Le jeune au bureau s'en souvenait, monsieur. Elle l'a remis, enfermé dans une enveloppe, et lorsqu'elle l'a ouvert et a vu qu'il n'y avait pas de signature, elle a couru après le valet de pied, avec l'intention de demander que l'espace au dos du formulaire, où le nom et l'adresse sont demandés, soit pour référence seulement, devait être rempli. Elle fut juste à temps pour voir le moteur s'éloigner. Pourtant, cela a gravé le message dans sa mémoire, d'autant plus qu'il y avait du changement à rendre.

« Elle peut facilement se tromper », grommela le détective.

« J'ai pensé que vous n'êtes peut-être pas satisfait, monsieur », a déclaré Higgs, « alors je suis allé jusqu'à Grosvenor Street et j'ai demandé au majordome de me donner un spécimen de l'écriture de Miss Turner. Je ne lui ai pas dit pourquoi je le voulais, bien sûr. Je lui ai simplement laissé penser qu'une lettre avait été trouvée et que vous vouliez quelque chose pour l'identifier », a ajouté Higgs avec une certaine fierté. Tout en parlant, il présentait un menu, écrit d'une grande écriture ronde. « Miss Turner rédige toujours les menus de Grosvenor Street », expliqua-t-il.

Gimblet le prit et le compara au télégramme. Il était facile de voir que les deux avaient été écrits par la même personne.

CHAPITRE XII

LE lendemain matin, l'aube était grise et bruyante. Le climat anglais donnait un exemple de cette variété infinie avec laquelle la coutume ne réconcilie jamais l'étranger dans nos portes. Julie Querterot, dont la vie s'était entièrement déroulée à Londres, souffrait d'une sensibilité héréditaire aux changements de temps, et n'a jamais pu empêcher son moral de s'effondrer lorsque le baromètre baissait. La pluie et le ciel maussade la rendaient lugubre, même lorsque toute sa journée se passait à l'intérieur des portes, et ce mercredi matin, alors qu'elle avait fini de balayer et de nettoyer la maison et prenait place dans la petite boutique derrière le coiffeur. -des épingles et des pommades, la vue depuis la fenêtre a dû avoir sur elle plus que ses effets déprimants habituels, car si l'inattendu s'était produit et qu'un client avait eu le hasard d'entrer, il aurait pu voir que ses paupières étaient enflées comme par la perte de beaucoup de larmes.

Peu après minuit, l'orage qui couvait avait éclaté sur les rues désertes ; pendant des heures, les éclairs avaient déchiré les nuages et le bruit terrible du tonnerre avait rendu le sommeil impossible. Toute la nuit, des torrents de pluie étaient tombés et les gens éveillés ou, au mieux, endormis avec inquiétude, avaient entendu son crépitement constant. Le visage de Julie, blanc et las, semblait au moins pour elle que la nuit ne lui avait pas apporté de repos. Assise dans la pénombre de la boutique, elle se mit à son travail avec une lente délibération ; puis, le laissant retomber sur son genou, elle appuya son menton sur sa paume avec un geste désespéré. Elle n'avait pas pris de petit-déjeuner et la faim se conjuguait à la fatigue pour l'amener à l'épuisement. A côté d'elle, sur le comptoir où elle l'avait posé, un papier d'un demi-penny était étalé ; et bientôt elle le reprit et jeta un nouveau coup d'œil aux gros titres qui s'affichaient en gros caractères noirs sur la page.

« DISPARITION DE DAMES DE LEUR
MAISON DANS LE WEST END. »

"Le mystère de la millionnaire disparue."

Au bout d'un moment, Julie se leva et rangea ses travaux d'aiguille. Montant dans sa petite chambre, elle sortit du placard un petit chapeau noir et, quel que soit le temps, se prépara à sortir. Non pas qu'elle ait fait une toilette élaborée. Un manteau soigné du noir le plus simple était ajouté à son chemisier et à sa jupe, une broche plutôt sordide épinglée là où un bouton avait été arraché, et une autre, pour pur ornement, à un endroit où elle n'était pas nécessaire. On a déjà dit que Julie aimait les bibelots et qu'elle semblait en tirer un léger réconfort encore ce matin. Deux ou trois bracelets tintaient déjà à chaque poignet, et lorsqu'elle eut ajouté une paire de gants, sa tenue était complète. Quelques minutes plus tard, la jeune fille ouvrit son parapluie et sortit dans la rue ; puis, verrouillant la porte du magasin derrière elle, elle tourna la tête vers l'ouest. La pluie tombait moins fort, et avant qu'elle ait fait plusieurs détours, elle cessa complètement. Julie ferma son parapluie avec un soupir de soulagement. Depuis qu'elle avait quitté la maison, elle n'avait pas pu mettre de côté une anxiété mineure, mais toujours dévorante, quant au sort de son chapeau.

.   .   .   .   .

Dans ses appartements de Whitehall, Gimblet étudiait un exemplaire du même journal qui se trouvait désormais négligé dans la boutique de Pimlico. Un coup d'œil aux gros titres lui avait appris à qui ils se référaient, et le paragraphe qui suivit était encore plus explicite.

« Nous apprenons que l'on ressent de l'inquiétude quant au sort de Mme Vanderstein, une dame résidant au n° 90, Grosvenor Street, W. Mme Vanderstein a quitté sa maison dans la soirée de lundi dernier dans le but d'assister au gala à l'opéra royal de Covent Garden. Elle était accompagnée d'une jeune femme, Mlle Barbara Turner, qui vit à Grosvenor Street en qualité d'amie et de compagne de Mme Vanderstein. Les deux dames se rendirent à l'Opéra dans leur automobile particulière, et les domestiques furent quelque peu surpris lorsqu'on leur annonça à la porte du théâtre que leur retour après la représentation n'était pas souhaité. Aucune alarme, cependant, n'a été ressentie jusqu'à hier matin, lorsque la maison s'est réveillée et a constaté qu'aucune des dames n'était revenue.

« L'enquête menée dans les hôpitaux, où l'on pensait que les dames auraient pu être transportées en cas d'accident, n'a donné aucun résultat, et comme la journée s'est écoulée sans que l'on obtienne des nouvelles de leur sort, il a été jugé opportun d'obtenir le services d'un détective. Il se murmure que l'un des enquêteurs criminels les plus célèbres de Londres a accepté de se pencher sur l'affaire. Des rumeurs nous parviennent selon lesquelles les différences entre Mme Vanderstein et l'un de ses plus proches parents ont plus à voir avec sa disparition qu'il n'y paraît à première vue. Mme Vanderstein est la veuve de feu M. Moses Vanderstein, un financier bien connu dans les milieux urbains. C'est une dame aux attraits personnels remarquables et une grande favorite dans la société juive. Miss Turner est la fille de feu M. William Turner, de Newmarket, et n'a pas beaucoup plus de vingt ans. On pense que la police a des indices sur l'absence persistante des deux dames et qu'un acte criminel est appréhendé.

"Alors," se dit Gimblet, "il semble que le digne M. Chark ait parlé."

Alors qu'il jetait le journal et en prenait un autre pour voir s'il avait aussi quelque chose à dire sur le même sujet, la cloche de l'appartement sonna, et un instant plus tard, Higgs annonça M. Joseph Sidney.

Avec un sursaut à peine perceptible, Gimblet reconnut le jeune homme qu'il avait observé dimanche dans le parc.

« J'espère ne pas vous déranger », dit immédiatement Sidney, « mais on m'a dit dans Grosvenor Street que vous étiez là-haut pour poser des questions, et je suppose donc que Sir Gregory vous a engagé pour enquêter sur cette affaire.

"C'est vrai", dit Gimblet. "J'espère que vous êtes venu me donner de l'aide."

«Eh bien, j'aimerais bien pouvoir le faire», dit Sidney, «mais je n'en ai jamais entendu parler avant de voir le journal de ce matin; et puis je ne pouvais pas y croire. Mais j'ai appelé Grosvenor Street assez rapidement, et le vieux Blake, le majordome de ma tante, jure que c'est du gospel. C'est une chose étrange qui arrive, n'est-ce pas ? Qu'ont-ils pu faire d'eux-mêmes ? En réalité, les femmes ne devraient pas être autorisées à sortir seules. Si ma tante n'avait pas pu prendre soin d'elle-même, je pense qu'elle aurait peut-être fait un effort pour s'occuper de Miss Turner ! »

« C'est en effet une affaire étrange, » dit Gimblet, « et j'ai bien peur qu'elle paraisse chaque minute plus étrange et beaucoup plus sérieuse qu'elle ne l'était au début. Car voici une autre nuit passée et aucune nouvelle d'aucune des deux dames. Et nous n'avons aucune idée, aucune idée d'où chasser, ni quoi que ce soit sur quoi poursuivre nos recherches. J'espérais que vous pourriez avoir des informations à me proposer, M. Sidney ; vous étiez, je crois, l'une des dernières personnes à avoir parlé avec Mme Vanderstein lundi.

Gimblet regarda attentivement le jeune homme, qui, de son côté, ne semblait pas tout à fait à son aise. Il hésita, se dirigea vers la fenêtre et tambourina avec ses doigts sur la vitre. Aux oreilles du détective résonnait une phrase entendue au-dessus du murmure de la foule : « Je suis assez désespéré, je peux vous le dire. Il n'y a rien que je ne ferais pas pour obtenir de l'argent.

Une seconde plus tard, Sidney se retourna ; et, revenant à l'endroit où Gimblet attendait impassiblement, il approcha une chaise sur laquelle il s'assit d'un air résolu.

« J'ai vu ma tante lundi, M. Gimblet, et pour vous dire la vérité, je n'aime pas vous raconter ce qu'elle m'a dit alors. On ne se soucie pas de confier ses affaires familiales privées à des étrangers. Pourtant, si vous pensez que cela peut être d'une quelconque utilité… Eh bien, le fait est que j'ai eu une dispute effroyable avec Mme Vanderstein lundi.

"Qu'en est-il de?" » demanda Gimblet.

« Moi, » Sidney hésita encore, puis continua en plongeant, « j'ai perdu beaucoup d'argent ces derniers temps ; J'ai honte de dire que j'ai perdu de l'argent sur les hippodromes, et que c'est une somme bien plus grande que ce que je peux me permettre. Je suis allé voir ma tante pour demander de l'aide. Je lui ai en effet demandé de me prêter de l'argent pour surmonter mes difficultés du moment. Elle en était très en colère. Elle ne supporte pas les paris ; et dès que je lui ai dit, elle est entrée dans une colère effrayante et m'a jeté hors de la maison. C'est toute la conversation que j'ai eue avec elle lundi. Vous comprendrez que je n'aime pas beaucoup l'admettre, car ce n'est pas précisément tout à mon honneur. Sidney a terminé avec un rire triste.

"Mme. Vanderstein a absolument refusé de vous aider de quelque manière que ce soit ?

« Elle a dit qu'elle me verrait en premier. Eh bien, vous savez, elle ne l'a peut-être pas dit exactement comme ça.

« À peine, devrais-je penser. Je préfère avoir ses propres mots, si vous vous en souvenez, s'il vous plaît.

Sidney fouilla sa mémoire. « Pour autant que je me souvienne, ce qu'elle a réellement dit était : 'Je n'aurai absolument rien à voir avec un joueur comme vous.' Non seulement je ne vous donnerai pas d'argent maintenant, mais vous n'aurez jamais un sou qui m'appartient pour l'utiliser pour ce vice dégradant. Je modifierai mon testament, dit-elle, et cela demain. Et ne me laisse plus jamais te revoir. Je ne t'accepterai pas chez moi. C'est ce qu'elle a dit, et je n'avais rien d'autre à faire que de sortir de la maison comme un chien fouetté. Et je suis allé." La voix de Sidney était amère lorsqu'il se souvenait de son humiliation, mais lorsqu'il reprit la parole, il avait retrouvé sa bonne humeur normale. « Pauvre tante Ruth, dit-il, il y a beaucoup à dire de son côté, vous savez, et à peu près rien du tout de mon côté. Cependant, je ne suis pas venu parler de mes propres affaires pourries. Je me demande où elle a bien pu arriver ? Il y a quelque chose de louche peu commun dans le fait qu'elle disparaisse de cette façon, vous ne trouvez pas ? J'espère qu'elle n'a pas été frappée à la tête à cause de ses diamants, vous savez.

Son ton était léger, mais Gimblet semblait percevoir une note de véritable anxiété sous-jacente.

« Je l'espère, en effet, » acquiesça-t-il gravement.

«Je me sens vraiment un peu inquiet pour elle, elle et Miss Turner», poursuivit le jeune homme. « Arrêtez tout, depuis que j'ai commencé à me confier à vous, je pense que je peux aussi bien faire le point sur tout le spectacle. Le fait est que j'ai une sorte de sentiment de culpabilité bestial, parce que j'étais sur le point, il y a un jour ou deux, de jouer un mauvais tour à tante Ruth. Vous voyez à quel point j'ai besoin de cet argent, comme je vous l'ai dit, pour payer mes dettes la semaine prochaine. Eh bien, j'ai pratiquement essayé de faire comprendre à ma tante ce que vous appelleriez de faux prétextes, ce qui semble être une belle chose de bassesse à faire, n'est-ce pas ? Je suppose que personne ne vous a dit qu'elle avait un engouement pour la royauté sous quelque forme que ce soit ? Eh bien, je ne le savais pas moi-même jusqu'à récemment, mais il semble qu'il n'y ait rien qu'elle ne ferait pas pour entrer en contact avec des gens formidables. Un de mes amis a suggéré que nous demandions à un autre de mes amis de se faire passer pour un prince royal et que je le présente à ma tante. L'idée était qu'il préférait se rattraper, puis intercéder en ma faveur, ou lui retirer l'argent d'une manière ou d'une autre. Je ne pense pas que j'aurais dû le faire au moment opportun, car j'ai vu très clairement le lendemain à quel point c'était impossible. Et si j'étais allé jusqu'à demander de l'aide à mon ami, je n'ai aucun doute qu'il m'aurait dit de ne pas être un con. Mais voilà, j'y ai pensé, et cela me reste sur la conscience maintenant. Je n'enlèverai jamais le goût de ma bouche, je crois, et si vous pensez que je pourrais faire quelque chose qui puisse être utile, maintenant qu'elle est partie et s'est égarée, vous pouvez comprendre que je le ferais d'autant plus volontiers. puisque je sens que je lui dois un bon service.

Il cessa de parler, croisa une jambe sur l'autre et se pencha en arrière, regardant Gimblet d'un air à moitié honteux, à moitié naïf.

Le détective lui rendit son regard avec intérêt.

« Voici, se disait-il, un jeune homme soit très innocent, soit hors du commun.

« Qui est-ce qui a suggéré cette procédure douteuse en premier lieu ? » Il a demandé.

« Oh, je ne peux vraiment pas vous le dire », s'écria Sidney ; " Cela ne peut avoir aucune importance, et je ne suis pas aussi mort à tout sens de la décence que vous le pensez naturellement ! "

« Vous dites que vous n'y avez réfléchi que pendant une courte période. Avez-vous finalement dit à votre ami qu'après réflexion, vous n'aimiez pas l'idée et que vous aviez décidé d'y renoncer ?

« Ce n'était pas nécessaire. Avant de pouvoir communiquer avec mon ami, j'ai reçu un message d'elle… de lui… de mon ami, je veux dire… » Sidney devint écarlate lorsqu'il réalisa son erreur, mais continua précipitamment dans le vain espoir de le cacher, « un message pour dire que le plan a été ruiné. Je ne sais pas ce qui s'est passé, mais pour une raison quelconque, apparemment, c'était complètement faux, indépendamment de mes jibbing.

"Et maintenant," dit Gimblet après une pause, "vous n'avez aucun espoir, je suppose, de payer vos dettes."

Une ombre traversa le visage de Sidney alors qu'il répondait tristement : « Diable, un espoir. »

« Il n'y a donc eu aucun changement dans vos perspectives depuis lundi », a poursuivi le détective ; « Vous n'avez pas eu de meilleures nouvelles aujourd'hui ? Vos difficultés n'ont pas encore été supprimées ? Il parlait avec beaucoup de délibération, tandis qu'une main, cachée dans sa poche, touchait du doigt le formulaire télégraphique que Barbara Turner avait omis de signer.

Sidney leva les yeux avec méfiance, mais le visage du petit homme n'avait aucune expression au-delà d'une calme interrogatoire.

« Non, dit-il lentement, tout est comme avant. Je n'ai rien entendu du tout et mes perspectives sont aussi mauvaises qu'elles peuvent l'être.

Il y avait quelque chose chez Sidney qui désarmait les soupçons, et Gimblet ne manquait pas d'en être influencé. En vain il réfléchit que le jeune homme s'abstenait certainement de lui parler du télégramme de Miss Turner, et délibérément, puisque Gimblet le lui avait rappelé exprès en citant les mots qu'il contenait réellement. Alors qu'il réfléchissait à ce que devrait être son prochain mouvement, la porte s'ouvrit et Sir Gregory Aberhyn Jones fut annoncé.

«Bonjour, M. Gimblet. As-tu des nouvelles pour moi ? Non, je vois que ce n'est pas le cas ; et il n'y en a pas dans Grosvenor Street, comme vous le savez sans doute. Ah, Sidney, comment vas-tu ? C'est une période difficile pour nous tous. Je suis très heureux de vous voir. Il serra chaleureusement la main du jeune homme ; et puis, avant que Gimblet ne devine où il voulait en venir, le mal était fait. « Je suis plus qu'heureux de vous rencontrer, mon cher garçon, déclarait Sir Gregory, afin de pouvoir vous dire que je ne crois pas un mot de ce qu'ils diront contre vous. Je suis sûr que tu n'as jamais eu la main dans cette affaire noire, pas plus que moi-même. Et tous les Charks et les chiffons bestiaux des journaux de Londres ne me convaincront pas du contraire. Sir Gregory, tenant toujours Joe par la main, la secouait de haut en bas avec une cordialité supplémentaire et exagérée.

Sidney l'arracha.

"De quoi diable parles-tu?" il s'est exclamé. « Qui a dit des choses sur moi ? »

"Je vous dis que je n'en crois pas un mot", dit Sir Gregory d'une manière apaisante. « Mais vous avez dû le voir dans les journaux. «On pense», disent-ils, «qu'il y a eu une querelle entre Mme Vanderstein et un proche parent, qui a plus à voir avec la disparition des malheureuses dames qu'il n'y paraît au premier abord.» Vous vous êtes disputé avec elle, n'est-ce pas ? Et Chark, son avocat, vous savez, est séduit par l'idée ; en fait, il m'a dit ce matin qu'il était sûr que vous étiez dans une situation infernale, ce qui fournirait un mobile, dit-il. Des absurdités infernales, bien sûr.

« Des mensonges infernaux », s'écria Sidney ; « Que diable veut-on dire en suggérant de telles choses ? Imaginent-ils que j'ai enlevé non seulement tante Ruth mais aussi Miss Turner, et que je les retient contre rançon, ou quoi ? Ou peut-être que votre ami Chark préférerait penser que j'ai tendance à empoisonner mes proches ? Si on en arrive là, je commencerai par lui s'il ne fait pas attention. Un cul d'enfer.

Il était furieux. Gimblet, l'observant avec intérêt, se demanda si son visage était si rouge à cause de la colère ou d'une autre émotion.

Sir Gregory, pour une fois, fut réduit au silence.

« Où est ce rédacteur en chef du journal ? » demanda Sidney. "Je vais lui donner un coup de pied, maintenant, tout de suite."

« Tu ferais mieux d'attendre qu'il se lève », dit Gimblet ; "à cette heure, il est probablement encore au lit."

"Je vais bientôt le faire sortir."

« Mieux vaut ne pas y prêter attention. Il serait plus digne de ne pas le faire », a insisté Sir Gregory, se repentant trop tard de ses assurances bien intentionnées. "Mieux vaut traiter ce genre d'idiot avec mépris", a-t-il poursuivi. « Chark est le pire. C'est lui qui les a poussés à ça.

"M. Chark », a déclaré Gimblet, « a envie d'être mêlé à une affaire sensationnelle. J'ai vu ça hier. Il devrait savoir qu'il ne faut pas se livrer à la diffamation, un avocat aussi ! J'ose dire qu'il est mort de peur, maintenant qu'il l'a fait, et qu'il a le temps de penser aux conséquences.

«Je vais lui faire peur», dit le jeune homme.

Il se calma cependant tandis que le détective continuait à jeter de l'huile sur les eaux troubles et fut finalement persuadé de partir paisiblement.

Gimblet rédigea une brève description des dames disparues, accompagnée de la promesse d'une récompense à quiconque apporterait des nouvelles de l'une ou l'autre, et il la confia à Sidney, le chargeant de la faire insérer dans les journaux du soir, dont le les premières éditions paraissaient déjà dans les rues.

CHAPITRE XIII

SIR GREGORY s'attarda. "Je suppose qu'il n'y a rien d'autre à faire que d'attendre ?" dit-il alors que la porte se refermait derrière Sidney.

"Pas grand-chose, j'en ai peur", répondit le détective. « Croyez-moi, je fais ce qui est possible, et maintenant que Chark s'adresse à la presse, il ne fait aucun doute que la police, de son côté, fera ce qu'elle peut. Avez-vous entendu quelque chose dans Grosvenor Street ?

«Non», dit Sir Gregory, «personne n'était là. Ils n'avaient plus revu M. Chark. Mais il y aura sans doute des gens qui appelleront aujourd'hui. J'imagine que la rue sera bloquée par des gens voulant savoir si ce qu'ils ont vu dans les journaux est vrai. Il y a beaucoup de curiosité. Cela commençait déjà, d'après ce que je pouvais voir, quand je suis reparti ; il y avait trois ou quatre oisifs qui regardaient la maison. Ce qu'ils ont cru y voir, ne me le demandez pas. Attendez-vous à ce que la police les fasse bientôt partir. Trop de flâneries paresseuses ; Je les obligerais bientôt à faire un travail honnête, si je le pouvais.

"Et pourtant vous êtes contre le fait de les obliger à être entraînés à la défense du pays !" murmura Gimblet. "Bien bien! Ce ne sont que des mocassins ordinaires, n'est-ce pas ? il continua.

"C'est tout", dit Sir Gregory après un moment, pendant lequel il lança un regard furieux à Gimblet.

«Sauf une jeune femme», poursuivit-il après coup. « La pauvre, elle avait l'air vraiment affligée ; mais plus encore parce qu'elle pensait qu'elle ne verrait jamais son argent que sur le compte de Mme Vanderstein.

« Une des servantes ? » suggéra le détective.

« Non, non, je ne pense pas. Elle est arrivée au moment où je quittais la maison. « Oh, monsieur, s'écria-t-elle, pouvez-vous me dire s'il y a du vrai dans ce que j'ai vu dans les journaux, à propos de la disparition de la dame qui vit ici ? Ce n'est sûrement pas vrai ? Elle semblait tellement inquiète que je lui ai expliqué la situation. « Il est vrai, dis-je, que les dames de cette maison sont sorties lundi soir et ne sont pas encore revenues. Mais j'espère que nous pourrons découvrir à tout moment où ils se trouvent. À ma grande surprise, à peine avais-je dit cela qu'elle s'appuya contre le montant de la porte comme si elle allait s'évanouir ou quelque chose comme ça, elle avait l'air diablement malade, pauvre créature, puis tout à coup elle se couvrit le visage de ses mains et fondit en larmes. . Je dois avouer, avoua Sir Gregory, que la vue de tant d'émotion manifestée à l'égard de Mme Vanderstein m'a considérablement ému. Encore un tout petit peu, et j'aurais mêlé mes larmes à celles de la pauvre fille. « Ne pleure pas, ma chère enfant, dis-je, très affecté. "Il est naturel que ceux qui s'occupent d'elle se sentent anxieux et bouleversés, mais nous devons faire preuve de courage et espérer le meilleur." Pourtant, malgré tout ce que je pouvais dire, elle continuait à pleurer et à sangloter très pitoyablement, la pauvre ; jusqu'à ce que finalement, lorsque je lui demandai pourquoi elle était si inquiète au sujet de Mme Vanderstein, elle parvint à reprendre le contrôle d'elle-même et dit d'un ton lugubre : « Je ne suis qu'une pauvre fille, monsieur, et la dame nous doit de l'argent. Si elle est perdue, cela signifie beaucoup pour moi. J'avoue que j'ai été déçu, ayant pensé que sa détresse était motivée par de l'affection plutôt que par des considérations mercantiles ; mais les gens sont tous pareils dans ce monde ; L'intérêt personnel, M. Gimblet, est le seul motif qui régit les actions des hommes de nos jours. Cependant, j'ai fait de mon mieux pour la réconforter et lui ai dit que quoi qu'il arrive, les factures de Mme Vanderstein ne resteraient pas impayées. Je ne peux pas dire que j'ai réussi à la rassurer et elle est finalement partie avec un air terriblement désolé. « Par ma parole, je n'ai jamais vu une petite créature aussi misérable et aussi effrayée ! Je n'aimais pas la laisser partir sans essayer de l'aider d'une manière ou d'une autre, mais je savais à peine quoi faire, car elle n'avait pas l'air du genre à qui on pouvait offrir de l'argent », conclut Sir Gregory, qui avait le cœur le plus bon. dans le monde.

"De quoi avait-elle l'air?" » demanda Gimblet avec une démonstration d'intérêt.

« Une vendeuse, devrais-je dire, mais elle avait un look étranger : beaucoup de cheveux noirs et de grands yeux noirs assortis, et elle était bien habillée, soignée et bien rangée. Vous savez comment ces filles françaises se lèvent, mais toutes en noir ou dans une couleur sombre. Fille très calme et d'apparence respectable. La seule chose que je trouvais un peu tape-à-l'œil chez elle, c'était qu'elle portait un tas de bijoux communs, des bracelets et des broches partout, bon marché et méchants ; et je voyais autour de son cou, sous sa blouse, un collier de grosses perles, des perles d'imitation grosses comme des billes. Je dois dire que j'étais étonné qu'elle s'adonne à ce genre de choses, car d'un autre côté, elle semblait être une fille très gentille et calme. Et il avait l'air terriblement malade, la pauvre.

"Je me demande qui elle était", a déclaré Gimblet. « Dites-vous qu'elle portait son collier sous son chemisier ? »

"Oui, je pouvais le voir à travers la mousseline ou quoi que ce soit qu'elle portait. Des trucs transparents.

«C'était plutôt curieux. Les filles de cette classe, qui aiment à se parer de parures aussi bon marché, ne cachent généralement pas leurs atours. C'est généralement assez superficiel, je pense.

"Je devrais penser que c'était inhabituel", a reconnu Sir Gregory. « Elle a dû s'habiller à la hâte et par erreur ; tu ne le penses pas ?

Gimblet ne répondit pas. Il avait erré dans la pièce sans but, et maintenant il s'arrêta près d'une table et offrit à Sir Gregory le contenu d'un bocal en verre posé dessus.

"Tu as du sucre d'orge?" suggéra-t-il. Et comme Sir Gregory refusait avec indignation : « Il faut avoir un vice favori, et après tout, c'est le seul que j'ai », dit-il en mettant un gros morceau dans sa bouche. Mais Sir Gregory se contenta de secouer tristement la tête et de refuser de sourire.

"Je suppose", dit-il après un moment, avec un air honteux, "qu'il ne peut rien y avoir dans l'idée de Chark, n'est-ce pas ?" Son ton était celui de quelqu'un qui plaide pour qu'un doute inquiétant et discréditable soit complètement levé. Gimblet se souvint de la chaleur des protestations du baronnet envers Sidney et réprima un sourire.

"Je pense que nous pouvons espérer une solution moins choquante que celle de M. Chark", dit-il avec optimisme. « Quant à savoir si ses soupçons peuvent avoir quelque chose en eux ou non, je peux seulement dire qu'ils ne sont rien de plus que les suppositions les plus folles. Ils se résument à ceci. M. Sidney a perdu de l'argent d'une manière désapprouvée par Mme Vanderstein et, en lui faisant appel à l'aide, il a été accueilli non seulement par des reproches, mais aussi par des menaces de lui couper son héritage. D'un autre côté, Mme Vanderstein n'est pas beaucoup plus âgée que son neveu, de sorte que ses espoirs de jouir de cet héritage ne pourraient jamais être que extrêmement lointains, puisque la dame jouit de la meilleure santé. M. Chark n'hésite pas à laisser entendre que Sidney a peut-être ôté la vie à sa tante, afin qu'il puisse hériter immédiatement de l'argent dont il a certainement un besoin urgent. Et s'il pouvait envisager un tel acte, on peut dire qu'il y aurait cette incitation supplémentaire, que dans le cas où Mme Vanderstein resterait en vie, elle se remarierait très probablement ; alors que, si elle avait des enfants, elle leur laisserait probablement, puisqu'elle en a les pleins pouvoirs, la majeure partie, sinon la totalité, de sa fortune, quels qu'aient pu être les espoirs de son défunt mari quant à sa disposition.

« Chark prend ces circonstances et y trouve un motif ; il prend ensuite la disparition de Mme Vanderstein et en déduit que le jeune Sidney s'est débarrassé d'elle. Son mobile peut exister, même s'il reste à savoir si un tel mobile est suffisamment fort pour provoquer un crime aussi terrible chez un jeune homme de la classe et de l'éducation de Sidney, qui est en santé normale, et nous présumerons, pour les besoins de l'argumentation, sain. Mais Chark n'a pas, à ma connaissance, l'ombre d'une preuve permettant d'affirmer que la dame a été blessée de quelque manière que ce soit ; et je pense qu'une telle conjecture est ridicule sans plus pour la soutenir ; tandis que le suggérer publiquement, comme il l'a fait, est tout à fait scandaleux. Il est toujours parfaitement possible que Mme Vanderstein ou Miss Turner aient reçu un message urgent alors qu'elles étaient à l'opéra, ce qui les a amenées à partir avant la fin de la représentation. Il s'agissait peut-être d'un appel à l'aide d'un ami en difficulté, ou de quelque chose impliquant un certain secret de procédure. Il existe des milliers de situations possibles qui pourraient survenir et pour lesquelles la confidentialité serait essentielle. Attendez, Sir Gregory, de voir au moins si nous obtenons une réponse à nos annonces, avant de laisser votre imagination suivre tête baissée dans le sillage des spéculations de M. Chark.

CHAPITRE XIV

TARD dans l'après-midi, Gimblet, de retour à l'appartement de Whitehall, y trouva un visiteur qui l'attendait.

Higgs, entendant ses pas dans le couloir, se précipita à sa rencontre et l'en informa.

« Une jeune femme, monsieur. Elle m'a donné cette carte et veut vous voir pour affaires. Elle est là depuis environ dix minutes, et je lui ai apporté du thé, sans savoir combien de temps vous pourriez rester, monsieur.

Gimblet prit la carte et lut : « Miss Seraphina Finner, Inanity Theatre. » "Où est-elle?" Il a demandé.

« Dans la salle d'attente », répondit Higgs ; et Gimblet entra aussitôt dans le petit salon qu'il avait réservé à l'usage de personnes inconnues de lui.

En ouvrant la porte, Gimblet s'arrêta un instant sur le seuil avec la sensation d'entrer par erreur dans la chambre de quelqu'un d'autre. Son visiteur avait repoussé la plupart des meubles contre le mur et était, lorsqu'il l'aperçut pour la première fois, en train de faire des pirouettes au milieu de la pièce, les jupes relevées et un pied élevé au niveau de la pièce. la cheminée. Elle lui tournait le dos, mais au bruit de la porte qui s'ouvrait, elle se retourna d'un mouvement oscillant et le confronta en riant.

"Ils m'ont dit que vous étiez absent", a déclaré Miss Finner gaiement et sans aucune trace de gêne, "alors j'ai juste commencé à m'entraîner un peu pour occuper le temps pendant que le thé est debout. Ne gaspillez pas, ne voulez pas, telle est ma devise », a-t-elle ajouté.

« Je suis désolé de vous avoir fait attendre », commença le détective ; "Tu ne veux pas t'asseoir maintenant?" Et il sortit une chaise qu'elle avait entassée avec d'autres dans un coin et la lui offrit.

«Je suppose que je le peux aussi», a admis la jeune femme; « Même si cela semble dommage de ne pas faire un peu d'exercice maintenant que j'ai vidé la pièce. Vous voyez, je danse dans « The Jodeling Girl », et il faut garder ses membres souples, ou, si vous n'êtes pas à la hauteur un soir, on enfile quelqu'un d'autre. Le fait est, ajouta-t-elle confidentiellement, que c'est pour cela qu'ils m'ont embauchée. Dixie Topping, qui était l'une des quatre d'entre nous qui faisaient la danse dans laquelle je suis, s'est laissée raidir, et un soir, quand il s'est agi de faire tomber la pomme de Guillaume Tell de la tête du garçon, elle a raté le coup, et, comme cela doit être fait en rythme avec la musique, cela a mis le chef d'orchestre hors service, alors quand elle a eu un autre essai et qu'il l'a encore raté, il est devenu tellement en colère qu'ils l'ont licenciée et m'ont mis. « C'est un mauvais vent qui ne souffle de bien à personne », dit avec philosophie Miss Seraphina.

Ses affaires étaient éparpillées dans la pièce : un grand bouquet d'œillets reposait sur une chaise, des gants et une écharpe étaient jetés sur l'étagère, tandis qu'un énorme chapeau couvert de fleurs et de rubans était posé sur une armoire. Elle avait tiré un rideau sur la fenêtre, sans doute par égard pour son teint, car Gimblet avait choisi pour cette chambre des tentures d'une couleur rose si convenable ; et l'air était empli d'une odeur de parfum bon marché. Le détective le compara mentalement, et extrêmement défavorablement, à l'Arôme de la Corse. Au total, il n'aurait pas reconnu sa propre chambre, dans la mesure où dix minutes d'occupation de Miss Seraphina Finner avaient effacé toutes les traces anciennes de sa propre individualité. Il sursauta en effet lorsqu'il aperçut soudain, perchés sur la cheminée, un couple de petits animaux blancs : un chat au poil lisse et aux yeux d'un jaune verdâtre, et un chien pas plus gros, mais au pelage long et soyeux. Il semblait faire partie de la tribu connue des peu reconnaissants sous le nom de Fidos et des propriétaires admiratifs sous le nom de Toy Poms. Il se tenait à une extrémité de l'étagère, s'agitant et gémissant, mais n'osant pas sauter. Le chat s'était retiré dans le coin extrême opposé, où il était assis, les pattes très rapprochées et sa queue étroitement enroulée autour d'elles, observant le comportement agité du chien avec un air de dédain endormi. On peut imaginer les sentiments avec lesquels Gimblet vit ces deux-là, mais plus particulièrement le chien, partager ce point d'observation avec sa plus belle porcelaine bleue et blanche. Il était sans voix ; et c'était peut-être aussi bien.

"J'espère que Nigger et Pompom ne vous dérangent pas", dit Miss Finner en acceptant une tasse de thé, "beaucoup de grumeaux, s'il vous plaît, et des tas de crème aussi. Les animaux de compagnie de Séraphine sont ses compagnons inséparables ! Ils n'ont pas l'air mignons là-haut ? Je les ai mis là pour qu'ils ne gênent pas pendant que j'étais sur ma lumière fantastique. Cela me dérange de ne jamais savoir quand mon pied va tomber sur l'un d'eux, au lieu de toucher le sol. Pompom semble aimer se faire piétiner vu la façon dont il est toujours au milieu de la pièce. Elle saisit le chien laineux par la peau du cou et le déposa sur ses genoux. "As-tu eu peur de tomber sur ton enivrant, chérie," murmura-t-elle en le caressant avec extase. « Non, non, tu ne dois pas lécher le visage de ta tante ; pourrait vous donner une douleur dans votre petit intérieur. N'est-elle pas une douce petite chose affectueuse ? » demanda-t-elle en levant un instant les yeux vers ceux de Gimblet. "Oui", continua-t-elle tandis que le petit chien dansait sur ses genoux dans un effort frénétique pour faire comprendre son besoin de partager le gâteau qu'elle avait pris, "Pompom aura aussi un gâteau. Sa tante ne laisserait pas son chéri avoir faim, non, elle ne le laisserait pas ! Et Nigger aura de la crème pour se faire plaisir.

Elle versa de la crème dans une soucoupe et la posa par terre à ses pieds. Le chat, qui avait regardé les attentions portées sur Pompom avec l'œil froid de l'indifférence, abandonna maintenant sa pose de supériorité, et sautant légèrement au sol, s'approcha de la soucoupe sur la pointe des pieds sans bruit et sans hâte. Il se mit à laper la crème d'un air distingué et condescendant, en faisant attention à ses moustaches, en secouant brusquement la tête si une goutte adhérait à un de leurs poils longs et raides.

Miss Finner contemplait le spectacle avec un plaisir admiratif.

"Est-ce que ça ne te fait pas du bien de voir à quel point il aime ça?" » demanda-t-elle, « et ses manières ne sont-elles pas charmantes ? Oh, Pompon, quel exemple il est pour toi, chérie ! s'exclama-t-elle, tandis que Pompom attrapait un morceau de gâteau et l'avalait d'un seul coup. «Essaye de te comporter comme ton frère, mon ange. Il est toujours le même, poursuivit-elle, peu m'importe où vous le mettez, Nigger est toujours le parfait gentleman. Pourquoi! Je les ai emmenés à Paris à Pâques. Je ne savais pas à quel point j'aurais du mal à ramener Pompom chez moi en contrebande, sinon j'aurais dû la laisser à Londres. Mais j'ai attaché des plumes partout sur elle et je l'ai mise dans une boîte à bonnets, alors ils l'ont prise pour un chapeau, ma chérie. Comme si n'importe quel chapeau était à moitié aussi beau ! Mais, comme je le disais, nous avons eu une sacrée traversée. Oh mon! cette chaîne ! Et le pauvre Pompon fut un des premiers à le ressentir. Et même si je l'aime, je dois dire qu'elle a simplement cédé et n'a jamais fait le moindre effort pour cacher ses sentiments. Mais nègre ! Si vous me croyez, ce chat avait tellement honte de la façon dont il pensait qu'il allait se comporter que les larmes coulaient sur son visage, et il miaulait et miaulait jusqu'à ce que j'aurais pu pleurer ; étant seulement si malade moi-même, je m'en fichais, en fait. Mais même s'il se sentait si mal qu'il n'a pas oublié ses manières et qu'il ne serait pas malade, il ne le serait tout simplement pas tant que je ne lui aurais pas donné une bassine. Alors certainement. Oh Seigneur!" Miss Finner s'arrêta. Le souvenir était trop lourd, même pour elle ; elle était aussi légèrement essoufflée.

Gimblet l'écoutait avec amusement. Même s'il se demandait vaguement quelles pouvaient être ses relations avec lui, il la laissa courir, supposant qu'elle le révélerait à temps. Au bout d'un moment, elle reprit d'un ton sérieux :

« C'est une bonne chose, tu ne penses pas, d'avoir une sorte de mode ? C'est si difficile de se faire remarquer, n'est-ce pas ? Vous pensez avoir découvert cela lorsque vous avez commencé à chercher des voleurs ? Les gens ne verront pas que l'on est différent des autres, faites ce que vous voulez. Mais parvenez à avoir quelque chose de vraiment hors du commun chez vous, et vous aurez votre chance. C'est ce que je pense. Ils m'oublient bien, mais ils se souviennent de mon chat et de mon chien blancs, et au bout d'un moment, ils commencent à me remarquer aussi. J'ai eu beaucoup de mal au début, je vous le dis," soupira Miss Finner. — Mais je vais bien maintenant, merci, poursuivit-elle en retrouvant sa vivacité d'antan. « Bien sûr, je n'ai pas encore de parole, mais je fais une danse, et c'est quelque chose à l'Inanity. Quelqu'un m'a envoyé une broche en diamant la semaine dernière », a-t-elle ajouté avec fierté en désignant une vilaine petite étoile en diamant. "Qu'en pensez-vous? Vous êtes un juge de pierres, je pense, étant toujours dans la société des cambrioleurs, comme on peut dire.

Gimblet examiné et admiré. « Mais j'ai bien peur de ne pas être vraiment un juge », a-t-il déclaré.

« C'est votre modestie. Mais comme vous le voyez, je suis prospère. Et ce n'est pas après la récompense que je suis venu. Non pas que je nie que l'argent serait toujours utile. Pourtant, c'est la publicité. Je pense à. Voulez-vous mettre mon nom dans le journal maintenant ? "Mlle Seraphina Finner de l'Inanity apporte des nouvelles des dames disparues." C'est ce que j'aimerais voir, juste sur une affiche.

Une lueur d'intérêt apparut un instant sur le visage de Gimblet. "Alors c'est tout", se dit-il.

Il répondit à voix haute : « Je ne sais pas si je peux vous le promettre pour l'instant. Ça dépend plutôt, tu sais. Mais si je suis appelé à adresser une communication à ce sujet à la presse, soyez assuré que, si possible, votre nom y sera inséré.

Séraphine fit la moue. «J'appelle ça de l'avare», se plaignit-elle. « Il pourrait nous mettre sur une affiche, Pompom, n'est-ce pas ? C'est un homme méchant et cruel.

« Que savez-vous des dames disparues ? » demanda Gimblet, sans tenir compte de ces observations.

Miss Finner prit un air important. «Je n'en savais rien jusqu'à l'heure du déjeuner», a-t-elle déclaré. « N'étant pas ce qu'on pourrait appeler un lève-tôt, ce n'est pas souvent que je louche les journaux, sauf si c'est l'après-midi. Mais aujourd'hui, un ami est venu me voir et nous avons déjeuné ensemble. Peu à peu, elle commence à parler d'une chose et d'une autre, et bientôt elle dit : « Avez-vous entendu parler de ces dames disparues ? Alors j'ai dit non, qu'est-ce que c'était, et elle a dit : « Quoi ! tu n'as pas vu le journal ? Il y a quelque chose d'excitant à leur sujet dans *le Crier de ce matin* . Lorsqu'elle m'a raconté tout ce dont elle se souvenait, j'ai commencé à m'y intéresser. J'avais le sentiment, vous savez, que c'était de ma part. J'envoyai donc chercher un journal, et ils apportèrent une des éditions du soir qui contenait la récompense et la description des dames, ainsi que tout, du moins c'est ce que disait mon ami, que possédait le *Crieur*. J'ai tout lu à haute voix, et quand j'en suis venu à l'idée de porter une robe blanche avec un manteau mauve lourdement brodé et une grande quantité de bijoux de valeur, je me suis dit : « C'est ici, Séraphine, ma chère, que tu marches. .' Au moment où j'avais terminé le paragraphe, j'en étais sûr. C'est juste un hasard, dit miss Finner d'un ton réfléchi, si j'ai jamais vu cette description ou entendu quoi que ce soit à ce sujet, car, comme je l'ai dit, je ne regarde pas les journaux plus d'une fois tous les quinze jours, à moins que ce sont les annonces d'un nouveau spectacle.

Le commentaire murmuré de Gimblet aurait pu passer pour de l'étonnement, un accord ou simplement un encouragement à continuer. Il pensait qu'il valait mieux la laisser raconter son histoire à sa manière.

« C'est drôle, reprit-elle après un moment de silence ; « On dirait que c'était censé être le cas, n'est-ce pas ? Eh bien, la raison pour laquelle je me suis senti si excité lorsque j'ai lu la description, c'était parce que j'avais vu les dames plus tard que quiconque. Je les ai vus lundi soir, après leur sortie de l'opéra.

« Et où les as-tu vus ? demanda Gimblet en se penchant sur le chat qui, après avoir fini la crème, se frottait amicalement contre sa jambe, où il laissait une couverture de poils blancs sur son pantalon sombre. "Pauvre chatte", dit-il en la caressant.

«Je rentrais du théâtre en taxi», a déclaré Seraphina. « J'habite à Carolina Road, dans le nord-ouest, je suppose que vous ne le savez pas ; au-delà de Regent's Park, à droite, comme on peut dire, de Maida Vale. C'était une nuit très chaude et étouffante, vous vous en souvenez, et j'avais ouvert le taxi pour avoir un peu d'air. J'étais fatigué pour une raison quelconque — ce n'est pas souvent qu'on peut me fatiguer — et j'ai mis ma tête en arrière et mes pieds sur l'un des sièges arrière, et je me suis le plus près possible de faire une sieste. C'est pourquoi je ne peux pas vous dire exactement dans quelle rue c'était, et j'ai bien peur que cela rende les choses très gênantes. La voix de Miss Finner était pleine de regret.

« Soudain, nous avons tourné dans un coin avec une telle secousse que cela m'a réveillé, je me suis assis et j'ai remarqué. Nous traversions une belle et large rue, avec des arbres de chaque côté et des maisons de bonne taille en retrait dans de petits jardins, toutes séparées les unes des autres. Chaque jardin avait deux portes et juste de la place pour qu'une voiture puisse entrer et sortir. Il n'y avait pas de lumière dans l'une d'entre elles, et je pensais à la rapidité avec laquelle les gens de ces régions se sont dit au revoir. Et puis j'ai aperçu une porte ouverte, d'où la lumière brillait vers la petite cour ou le jardin en face, et un réverbère placé exactement devant ; de sorte qu'entre les deux l'endroit était bien éclairé. Il y avait une voiture qui passait par la porte, et il n'y avait pas d'arbustes ni de buissons dans le jardin, rien qu'une petite cour, je pense, donc je pouvais voir les deux dames debout devant la porte aussi clairement que le paysage. nez sur ton visage.

« Je me suis retourné quand nous les avons croisés et je les ai regardés, car la rue n'était pas bondée de gens vêtus de magnifiques manteaux d'opéra et flamboyants de diamants, comme l'un de ces deux-là. Je suppose que c'était Mme Vanderstein. Elle se tenait un peu à l'écart, comme si elle avait fait un pas ou deux après la voiture, et elle continuait à s'en occuper. Elle portait une robe blanche toute étincelante et un manteau mauve ou rose ouvert et retourné sur ses épaules, pour que je puisse voir les bijoux briller et briller partout sur elle aussi juste que la pluie, comme le disent les journaux. Il y avait un diadème sur sa tête aussi grand que... » Séraphine regarda autour d'elle à la recherche d'une comparaison – « aussi grand que ce lustre. Oh, ça ne peut pas être quelqu'un d'autre ! Et en plus, il y avait l'autre jeune femme ; Je ne l'ai pas beaucoup regardée, mais je peux jurer qu'elle portait une cape rouge. Là maintenant ! Dès que j'ai lu leur histoire, je me suis souvenu de ce que j'avais vu lundi soir et j'ai dit à mon ami : « Ma chérie, je sors pour avoir rendez-vous avec mon photographe. Ta-ta.' Je n'allais pas lui en parler, bien sûr. En fait, c'est un peu un chat.

Miss Finner s'arrêta, fixant sur Gimblet un regard plein de fierté modeste. Mais Gimblet était assis, selon toute apparence, perdu dans ses pensées. Bien que son regard rencontrât le sien, c'était avec un regard distrait, et ce malgré le fait que les yeux de Miss Finner étaient bleus et sombres. Il ne pouvait manquer d'observer ses boucles dorées, la transparence rose de sa joue, les larges rayures vertes et blanches de sa robe de soie. Il ne pouvait manquer d'entendre, chaque fois qu'elle bougeait, le tintement des bracelets, des nombreux charmes suspendus à la chaîne autour de son cou blanc, et le joyeux carillon de son rire ; mais tout cela semblait échapper à son attention, et miss Finner ne pouvait apercevoir nulle part les regards d'admiration, qu'elle considérait comme la moindre qu'on lui devait.

Au lieu de cela, il n'avait que des questions prosaïques à lui poser.

« À quelle heure dites-vous que c'était ? »

« Après le théâtre. Presque minuit. J'étais en retard pour partir.

« Vous ne connaissez pas le nom de la rue ? Pourriez-vous retrouver votre chemin ?

« N'ayez pas peur, ce n'est pas ainsi que l'on procède généralement. Je n'ai aucune idée de l'endroit où il se trouvait, au-delà de ce que je vous ai dit.

« Et la maison ? N'avez-vous rien remarqué qui puisse le distinguer de ses voisins ?

« Non, je ne l'ai pas regardé spécialement. Oui, je l'ai fait, cependant ; il y avait un panneau avec « À louer » dessus, sur la balustrade. La lumière de la lampe le montrait très clairement.

"C'est la seule chose dont tu te souviens?"

"Oui", dit Séraphine.

« Vous avez dit que la porte était ouverte. Pouvez-vous voir quelque chose de l'intérieur de la maison ?

« Non, ou du moins je n'ai rien remarqué. Il se pouvait qu'il y ait quelqu'un dans le hall. Je ne sais pas."

"Essayez de vous souvenir", a exhorté Gimblet.

Miss Finner ferma les yeux, fronça les sourcils et se livra à la réflexion.

« Pas bon », dit-elle après un intervalle où on aurait pu en compter vingt.

"Avez-vous remarqué la voiture qui s'éloignait ?"

« Je ne peux pas dire que je l'ai fait. C'était un coupé, je pense. J'ai regardé les gens sur le trottoir.

"Avez-vous vu des lumières dans la maison, aux fenêtres, je veux dire ?"

"Non, je pense que la seule lumière venait de la porte."

« Avez-vous pu observer l'expression sur les visages des dames ?

« Oh non, nous sommes passés trop vite pour quoi que ce soit de ce genre. Je n'ai pas du tout remarqué leurs visages, sauf que je crois qu'il s'agissait toutes les deux de femmes plus ou moins jeunes.

"Vous ne pouvez penser à rien d'autre, aussi trivial soit-il ?"

Miss Finner ne le pouvait pas.

"Si quelque chose d'autre me revient, je vous le ferai savoir", dit-elle avec espoir. "Tu ne penses pas que tu peux les trouver d'après ce que je t'ai dit ?"

« Je ne pense pas qu'il devrait y avoir beaucoup de difficulté à découvrir la maison, ou en tout cas la rue », dit le détective, « merci pour vos informations, qui peuvent s'avérer très précieuses. Vous devez me permettre de vous présenter la récompense offerte dans les journaux.

Après une légère manifestation de protestation, elle le lui permit.

"Eh bien, je dois partir maintenant", dit-elle, une fois cette formalité accomplie, et elle commença à rassembler ses affaires. « Merci pour le thé. Mais, dis-je, ne veux-tu pas en savoir un peu plus sur la belle inconnue qui est porteuse de la bonne nouvelle ? Tu ne connais même pas mon nom.

"Oh oui, Miss Finner, je le sais," lui assura Gimblet. « Vous avez laissé une carte dans le hall ; Je l'ai vu en entrant, mais je serais bien sûr ravi d'en savoir plus sur vous que cela.

« Sachez donc, » dit Séraphina, parlant d'une voix haute et claire et avec une présomption d'affectation, « sachez donc que je ne suis pas ce que je semble être. Mon nom, en effet, est un déguisement, car mon père, un homme digne, était un Fynner avec oui, un obscur parent de la noble maison des Fynner du Loch Fyne. Bien qu'honnête, il était pauvre ; et ma belle et bien-aimée mère était issue d'une lignée aussi unie et impécunible que la sienne. Ce mariage souleva la colère des deux familles, et le chef de la maison de mon père, comte fier et hautain qu'il était, ne fut jamais amené à reconnaître ses malheureux cousins. J'ai été élevé dans un couvent, et, à la mort de mes parents, je me suis retrouvé à seize ans seul et sans un sou au monde. Dédaignant de mendier, j'ai adopté le métier de la scène, principalement en vue de subvenir aux besoins d'une parente âgée et souffrante, la tante du cousin de mon père. Vous savez désormais tout ce qu'il y a à savoir sur la fille innocente et malheureuse d'un brave gentleman, descendante d'une race fière mais noble.

Miss Finner leva le nez vers le ciel et se redressa avec hauteur. Puis, avec une soudaineté déconcertante, elle fit un clin d'œil à Gimblet et éclata de rire.

« Si vous ne parvenez pas à détecter quelque chose de louche dans cette histoire, s'écria-t-elle, vous n'êtes pas le détective que vous rêvez d'être ! Mais je dis souvent cela à propos de ma famille. Un pauvre type que j'ai connu dans ma jeunesse, quand j'étais en province, m'a rattrapé. Poète, il se disait lui-même, et il inventait toujours des choses ; quelques-unes étaient très jolies, si vous aimez ce genre de choses. C'est lui qui a pensé à mon nom, et je ne l'ai jamais vraiment regretté. Mais je n'ai jamais entendu dire qu'il ait incité quelqu'un d'autre à prêter attention à ses compositions, le pauvre garçon. Miss Finner soupira et regarda tristement par la fenêtre. «C'était un bon type», ajouta-t-elle avec réminiscence; "un des meilleurs. J'ai mis en moi cette idée d'avoir fait mes études dans un couvent », a-t-elle conclu en tirant sur ses gants. "C'est la chose habituelle."

Avec un chien blanc sous un bras et un chat blanc sous l'autre, Miss Seraphina Finner, de l'Inanity, se parla dans la salle et, après un intervalle dans le but de régaler Gimblet avec une anecdote de ses luttes antérieures, finalement elle s'est parlée à travers la porte et hors de l'appartement.

Gimblet, retournant dans la petite pièce et replaçant distraitement les chaises et les tables déplacées dans leur ordre habituel, la trouva plus silencieuse et plus solitaire qu'avant que Séraphine n'y soit jamais entrée, avec son bavardage incessant, sa gaieté bruyante et sa vulgarité heureuse. Alors qu'il se déplaçait dans les lieux, lui redonnant l'apparence de la propreté quotidienne, son esprit était occupé par les informations qu'elle avait apportées et par la question de son prochain déménagement. Il s'y décida rapidement alors qu'il achevait sa tâche, et ne s'attarda que pour tirer le rideau et ouvrir la fenêtre, afin que l'odeur de parfum que Séraphine avait léguée ait l'occasion de se dissiper. C'est ce qu'il fit, puis, prenant son chapeau et un pardessus léger, car la soirée était fraîche et le temps s'était de nouveau transformé en pluie, il descendit dans la rue et héla un taxi.

CHAPITRE XV

« Conduisez jusqu'à l'Inanité », dit le détective en montant dans le taxi ; et quand l'homme s'arrêta devant le théâtre : « Connaissez-vous Carolina Road, North West ? lui demanda-t-il en se penchant par la fenêtre pour le faire.

"Oui", dit le chauffeur. "L'autre côté de Regent's Park, n'est-ce pas ?"

"Alors vas-y." Gimblet recula la tête et s'assit tandis que l'homme lâchait l'embrayage et que le taxi repartait. Il était presque sept heures et les routes étaient relativement dégagées de circulation, tandis que les trottoirs semblaient encore plus déserts, les quelques personnes qu'on voyait marcher rapidement pour se mettre à l'abri de la pluie ; mais il semblait que la plupart du monde était à l'intérieur des portes, se reposant après le travail de la journée ou se préparant pour les divertissements de la soirée.

Le taxi roulait rapidement et, en peu de temps, il approchait de sa destination. Alors qu'ils quittaient derrière eux les rues les plus à la mode et se dirigeaient vers le nord dans des quartiers semi-banlieues, Gimblet se penchait avec impatience, notant chaque caractéristique du quartier avec un œil observateur et une vigilance attentive.

Ils arrivèrent bientôt à des routes bordées d'arbres, bordées de maisons qui possédaient de petits terrains devant leurs portes. Des grilles entouraient ces parcelles et, dans de nombreux cas, une minuscule allée de calèches faisait le tour du trottoir jusqu'à l'entrée de la maison ; mais à mesure qu'ils tournaient coin après coin et que la même scène, avec de légères variations, se répétait continuellement, les espoirs de Gimblet cédèrent la place à une incrédule déception, car de toutes ces habitations aucune ne répondait à la description donnée par Miss Finner. Elle avait particulièrement mentionné que la maison qu'il cherchait était seule dans son petit jardin ; mais dans toutes les rues parcourues par le détective, on ne voyait pas même une maison de ce genre qu'on appelle techniquement « détachée ».

Ils tournèrent longuement dans Carolina Road et le conducteur ralentit, regardant autour de lui pour obtenir des instructions.

Une fois de plus, la tête de Gimblet sortit par la fenêtre.

« Retournez vers le théâtre, dit-il, mais allez par un autre chemin », et après beaucoup de bruit et de reculs — car la rue était étroite — le fiacre tourna et ils repartirent.

À ce moment-là, la pluie tombait abondamment, une averse froide et persistante. Le vent soufflait de l'ouest, et le détective, tout frissonnant ce soir d'été, se disait, en ouvrant la vitre au vent, qu'il devait y avoir des icebergs qui descendaient l'Atlantique Nord. Il enroula son manteau autour de lui et se blottit dans un coin du taxi. De nouveau, ils éclaboussèrent et se cognèrent sur le macadam boueux et ruisselant ; l'eau jaillissait des roues ; le conducteur se recroquevillait sous son écran brillant et étanche ; et la voiture a dérapé désagréablement alors qu'ils tournaient dans les virages et évitaient de peu la collision avec d'autres véhicules dans le même sort.

Gimblet veillait non moins avec acuité qu'auparavant, mais sans meilleur résultat. Il y avait là, en effet, des maisons en abondance, des jardins, des portes cochères et des arbres ruisselants ; mais il n'y avait pas ici un seul bâtiment isolé, de quelque forme ou genre que ce soit. Un autre trajet que Gimblet a pris, en suivant des voies détournées. Il avait envie de sonner à la porte de Miss Finner et de lui reprocher son inexactitude ; mais elle ne lui avait pas indiqué le numéro, dans Carolina Road, de la maison qu'elle habitait. D'ailleurs, à cette heure-là, elle serait au théâtre, s'apprêtant à retirer la pomme que le jeune Tell balançait intrépidement.

Pendant un moment désagréable, la détective se demanda si elle avait simplement commis une erreur ou si toute cette histoire n'était qu'une invention. Il se souvenait avec inquiétude de l'empressement avec lequel il l'avait accepté et de la pression pressante qu'il avait exercée auprès de la volubile dame au sujet de la récompense offerte dans les journaux. Sans aucun doute, elle se moquait de sa crédulité et régalait ses amis avec un récit embelli de la facilité avec laquelle elle avait accueilli le célèbre détective. Les lèvres de Gimblet se resserrèrent alors qu'il y pensait. Devenait-il indûment crédule avec la vieillesse ? Il y avait aussi l'histoire que Sidney lui avait racontée. Il s'était assuré qu'il avait gardé l'esprit ouvert quant à la vérité et avait réservé son opinion jusqu'à ce que des preuves lui soient présentées ; mais en réalité, comme il l'avouait maintenant sardoniquement, il avait cru chaque parole prononcée par le jeune homme et s'était laissé influencer de manière absurde par un visage honnête et une apparence de franche confiance.

« Vous êtes une sorte de détective sympathique ! » » dit Gimblet à son reflet dans le petit miroir qui ornait le taxi ; et il a crié au chauffeur de retourner à Whitehall.

Higgs l'attendait et rapporta qu'il avait apporté une deuxième annonce aux agents publicitaires et qu'il s'était également rendu dans la plupart des principaux garages de taxis, où il s'était renseigné et avait affiché des avis.

« Cet homme reviendra sûrement demain matin, monsieur, dit-il.

Le matin, il n'y avait aucune nouvelle. Gimblet a téléphoné à Grosvenor Street et a été lui-même appelé par Sidney. Il lui répondit froidement que jusqu'à présent il n'avait rien à signaler. Immédiatement après le petit-déjeuner, Sir Gregory arriva, haletant. «Je n'ai pas pu vous joindre au téléphone», dit-il. « Vous n'avez rien entendu ?

"J'ai eu une réponse à mon annonce", a répondu Gimblet, "mais je crains que les informations qui m'ont été apportées ne soient pas du tout fiables."

Il raconta en quelques mots à Sir Gregory la visite de Miss Finner.

« J'ai testé son histoire assez sévèrement hier, dit-il, mais il reste encore une chance que l'homme qui l'a conduite apparaisse et puisse se souvenir de l'itinéraire exact par lequel il l'a emmenée lundi soir. Il ne fait aucun doute que son propre récit est si inexact qu'il ne vaut rien ; et il est possible, ajouta-t-il en admettant la crainte secrète qu'il ne pouvait dissimuler dans ses pensées, qu'elle ne se livrait qu'à une sorte de plaisanterie.

Sir Gregory commençait à montrer l'effet de ses jours d'anxiété. Bien que son visage soit encore rose, les rides semblaient devenir plus profondes et plus nombreuses, et il avait l'air las et apathique de celui à qui le sommeil s'est refusé. Gimblet n'était pas inquiet pour sa compagnie, mais Sir Gregory ne se laissait pas se débarrasser. Le détective a déclaré qu'il avait des lettres à écrire et des affaires à régler ; mais il a été accueilli par une demande implorante d'être autorisé à rester, au cas où le chauffeur de taxi se présenterait.

"Je ne sais pas quoi faire de moi-même si je pars", dit misérablement Sir Gregory. « Si je suis ici, je sens que, si des nouvelles arrivent, je n'aurai pas à attendre plus longtemps qu'il n'est nécessaire. Rien de tel que d'être au siège.

Finalement, Gimblet consentit à ce qu'il reste et se retira dans une autre pièce avec une liasse de papiers qui avaient besoin de son attention. Lorsqu'il revint après une heure de travail à la bibliothèque, où il avait laissé Sir Gregory entouré de journaux et de livres, il les trouva jetés de côté ou éparpillés sur le sol et le baronnet lui-même debout près du téléphone, en train de raccrocher. destinataire.

«J'en avais marre de lire», expliqua-t-il; « Rien d'intéressant dans les journaux, ou je ne peux pas m'y intéresser, quoi qu'il en soit ; alors j'ai juste pensé appeler le jeune Sidney et lui parler des dames que cette jeune femme avait vues. Calme son anxiété, le pauvre, en ayant quelqu'un à qui en parler. Sir Gregory ne jugea pas nécessaire de s'étendre sur le soulagement accidentel que lui procurait le fait d'avoir un auditeur dans les oreilles duquel il pouvait les déverser.

Gimblet montra son dépit.

« Vraiment, Sir Gregory, vous auriez peut-être mieux fait de ne pas le mettre sur vos gardes de cette façon ! En supposant qu'il y ait quelque chose dans les soupçons de Chark, ne voyez-vous pas que plus Sidney pense que notre ignorance et notre mystification sont complètes, mieux c'est ? Alors que dès qu'il nous sait en piste, nous perdons tout avantage que nous avions ?

"Mais... mais tu as dit que tu ne le soupçonnais pas !" balbutia Sir Gregory, abasourdi.

«Je ne l'ai pas dit. J'ai dit qu'il n'y avait aucune raison d'adopter une vision tragique ou de soupçonner qui que ce soit au début. Je n'accuse certainement personne maintenant. Mais les jours passent et l'affaire paraît bien plus grave à chaque heure qui passe. Il semble impossible, si tout allait bien, que ces dames n'aient pas communiqué avec leurs amis plus tôt. Nous sommes jeudi. Ils ont disparu lundi. J'avais hâte de vous épargner, Sir Gregory. Je sais que vous n'avez que trop imaginé le pire, et je n'ai pas voulu ajouter à vos craintes ; mais c'est le troisième jour sans nouvelles, et il est impossible de dissimuler plus longtemps que vous avez de sérieuses raisons à cela.

Les derniers espoirs du pauvre Sir Gregory s'évanouirent et s'éteignirent.

« Vous pensez… vous pensez… » murmura-t-il.

« Je pense qu'il y a lieu d'être très inquiet, mais cela ne veut pas dire que je suis sans espoir. Loin de là. Il faut néanmoins agir avec prudence ; et c'était très imprudent de votre part de dire à Sidney que nous avions entendu quoi que ce soit. Il est vrai que ce que nous avons entendu est probablement un nid de jument, mais en tout cas, il n'est pas nécessaire de laisser échapper des propos pareils.»

Sir Gregory prêta peu d'attention à ce que disait Gimblet. "Donc vous pensez que Sidney en sait peut-être plus sur cette affaire qu'il ne l'admet", répéta-t-il, à moitié pour lui-même. « Eh bien, c'était peut-être dommage que je lui parle tout à l'heure, même si je ne vois pas non plus quel mal cela peut faire. La question est : que pensez-vous qu'il a fait d'elle ? Pensez-vous (la voix de Sir Gregory semblait lui faire défaut mais il s'éclaircit la gorge et continua avec une gorgée) qu'il l'a tuée ?

Les mots venaient avec précipitation, et la question était plus claire que Gimblet ne voulait répondre. « Je ne pense à rien », répondit-il, toujours un peu irrité, « mais je dois considérer tout et n'importe quoi comme possible. Pour le moment, il ne s'agit que de soupçons, mais les choses semblent plutôt noires, mais pas seulement contre Sidney. En ce qui concerne mon opinion personnelle, j'incline à l'idée que ce jeune homme est innocent ; néanmoins, je ne peux pas admettre que son caractère soit innocenté pour cette raison. Je n'ai aucune preuve digne d'être mentionnée dans un sens ou dans l'autre.

« À qui d'autre pensez-vous quand vous dites que les choses semblent noires contre les autres que Sidney ? » demanda Sir Gregory avec empressement. « Je me suis dit que peut-être les domestiques… »

"Mme. Les serviteurs de Vanderstein ? Je ne pense pas qu'ils puissent avoir quoi que ce soit à voir avec ça. Il eût été impossible à l'un d'eux de se débarrasser des deux dames, pendant qu'elles étaient chez elles, à l'insu des autres. Et nous pouvons difficilement envisager la possibilité d'une conspiration organisée à l'heure actuelle. Pensez-vous que le chauffeur et le valet de pied se sont débarrassés d'eux d'une manière ou d'une autre alors qu'ils étaient censés se rendre à l'opéra ? Mais le chauffeur est un vieux serviteur de confiance, et d'ailleurs l'ouvre-boîte dit que les dames occupaient leur loge. Il y a aussi le veilleur de nuit, qui est un ancien caporal des Foot-guards, et dont le caractère est des meilleurs. Supposons qu'à leur retour tardif à la maison, il les ait laissé entrer tranquillement, comme c'était son affaire, puis les ait tués tous les deux afin de s'emparer des bijoux de Mme Vanderstein. Les difficultés auxquelles il serait confronté avant de pouvoir se débarrasser des corps seraient presque insurmontables, même s'il lui était possible de faire taire simultanément deux femmes de manière à empêcher toute personne dans la maison d'être réveillée. Il y a de fortes probabilités que le veilleur de nuit n'ait rien à voir avec cela ; et, en effet, je pense que tous les domestiques peuvent être laissés de côté en toute sécurité.

« Alors qui peut leur avoir fait du mal ? » » demanda Sir Gregory.

« J'hésite à vous parler davantage, Sir Gregory, après votre récente conduite peu judicieuse. Cependant, je ne pense pas que vous seriez en mesure d'avertir l'autre personne sur laquelle des soupçons pourraient tomber. Il est étrange que notre ami Chark n'ait pas pensé que Sidney n'était pas le seul à bénéficier de la mort de Mme Vanderstein », a déclaré Gimblet.

« Eh bien, que veux-tu dire ? qui en bénéficierait ?

« Vous le savez sûrement. C'est toi qui me l'as dit.

"Je te l'ai dit?" Sir Gregory paraissait perplexe. « Je ne connais personne, sauf, bien sûr, Miss Turner, qui gagnerait un sou si mon cher ami mourait. »

"Exactement." Gimblet, le menton sur la main, regardait par-dessus la tête de Sir Gregory ses Teniers nouvellement découverts, qu'il avait trouvé le temps d'accrocher dans une position centrale. « Un peu plus à droite, et ce serait encore mieux », pensa-t-il.

Mais Sir Gregory bondissait sur sa chaise. « Mademoiselle Turner ! Impossible! Une jeune fille, monsieur ! Vous ne savez pas ce que vous dites.

"Je pensais que tu ne l'aimais pas." Gimblet était très calme, presque indifférent.

"C'est très différent de la croire capable... c'est sûrement impossible... Qu'est-ce qui vous fait la soupçonner ?" Sir Gregory termina par demander, sa curiosité prenant le dessus sur son incrédulité.

"Je ne dis pas que je la soupçonne," répondit patiemment Gimblet. «Je dis que les soupçons pourraient peut-être tomber sur elle plus raisonnablement que sur M. Sidney, dont, d'ailleurs, je pense qu'elle est amoureuse.»

« Vraiment, comment le sais-tu ? »

« J'ai la preuve qu'elle sympathisait très profondément avec ses ennuis et poussait sa sympathie à un degré inhabituel chez les jeunes filles pour les hommes auxquels elles ne sont pas attachées. Je l'ai vu dimanche dernier en compagnie d'une fille, qui, je pense, devait être elle. Si c'était le cas, cela ne fait aucun doute. N'importe qui pouvait le voir sur son visage d'un seul coup d'œil.

"Pourtant, si tel était le cas, je ne vois pas pourquoi elle blesserait Mme Vanderstein."

« L'amour est un incitateur très courant au crime. Je ne dis pas que ce soit probable, mais il n'est pas impossible que cette jeune femme, sachant que Sidney se trouve dans une situation terrible faute d'argent, sa carrière menacée, Dieu sait quelles autres menaces sur sa langue, soit prête à se rendre à des efforts désespérés pour lui procurer ce dont il a besoin. On ne peut jamais savoir ce qu'ils feront dans de tels cas ; et le seul élément de preuve réel que j'ai montre qu'elle n'avait pas l'intention de rester les bras croisés pendant que son amant se ruinait.

Gimblet prit le formulaire télégraphique de Barbara dans son carnet et l'étala sur la table devant lui. « Regardez ça, dit-il ; et Sir Gregory se leva et regarda avec impatience par-dessus son épaule, ses lunettes sur le nez.

"La chance arrive enfin, attendez-vous à avoir de bonnes nouvelles d'ici mercredi, éliminant toutes les difficultés."

« Il n'y a pas de signature. De qui vient-il ? Il a demandé.

«Cela vient de Miss Turner. J'ai pu récupérer ce formulaire à la poste et le comparer avec un spécimen de son écriture", a déclaré Gimblet. "L'absence de signature à elle seule donne l'impression qu'il existe une grande intimité entre elle et Sidney, même si le nom a peut-être été omis accidentellement."

« Mais que pourrait-elle vouloir dire ? »

« Sa signification est assez claire. Elle promet à Sidney que l'argent qu'il veut sera disponible. Je ne sais pas combien il lui faut, mais il m'a dit que la somme est importante. Maintenant, comment allait-elle obtenir une grosse somme d'ici mercredi ?

« Elle pourrait tirer quelque chose de l'héritage du vieux Vanderstein, dans lequel sa veuve a un intérêt viager », suggéra le baronnet.

« Je ne connais pas les conditions exactes du testament ; mais, en supposant qu'elle meure avant Mme Vanderstein, que se passe-t-il ?

"Je ne sais pas", a avoué Sir Gregory.

« Si l'argent revient à Mme Vanderstein, il n'y aura pas beaucoup de sécurité pour emprunter de l'argent. En tout cas, il y a peu de différence entre les âges des deux dames, et les tarifs seraient très élevés. Elle ne sera peut-être pas en mesure de récolter suffisamment d'argent, même si elle parvenait à en obtenir », a déclaré Gimblet.

"Ce serait trop terrible si une fille comme celle-là levait le petit doigt contre quelqu'un qui a été une âme de bonté envers elle", répéta Sir Gregory.

« Ah, Sir Gregory, vraiment terrible ! Mais des choses terribles se produisent chaque jour. Laissez une crise surgir, et vous ne saurez jamais qui ne vous surprendra pas et ne vous horrifiera pas en montrant le sabot fourchu. J'espère que Miss Turner est totalement innocente de toute connaissance de cette affaire, mais il y a deux points qui sont contre elle.

"Et qu'est-ce que c'est ?"

« L'un est sa filiation. J'ai fait des recherches sur son père et j'ai découvert que William Turner était un scélérat des plus impies, un homme qui ne reculait devant rien pour arriver à ses fins, échappant toujours aux sanctions de la loi par la peau de ses dents. Il a échappé à maintes reprises à la justice et s'est finalement enfui en Amérique du Sud, où il serait décédé. Et si cette rumeur n'était pas vraie ? Supposons qu'il soit en réalité retourné en Europe, qu'il se trouve encore maintenant en Angleterre, à Londres, sa présence étant inconnue de tous sauf de sa fille ? Avec un tel homme pour l'inciter au crime, qui peut dire ce que la jeune fille ne pourrait pas oser ? En tout cas, elle a du mauvais sang en elle ; et il y a beaucoup de vrai, Sir Gregory, dans le vieil adage selon lequel « le sang nous dira », malgré les opinions socialistes contraires qui prévalent actuellement.

— C'est vrai, murmura le baronnet. Il était penché en avant, écoutant attentivement chaque mot de Gimblet. "Mais vous avez dit qu'il y avait deux points contre elle."

"Oui. La seconde est ce qui a pu vous empêcher de la soupçonner auparavant. C'est le fait qu'elle semble avoir été emportée ainsi que Mme Vanderstein. Eh bien, s'il y a eu un acte criminel – ce que Dieu nous préserve, mais nous devons considérer toutes les possibilités maintenant – si, dis-je, la disparition de ces dames a son origine dans le crime, la disparition de Miss Turner est l'élément le plus suspect de l'histoire. toute l'affaire. Car pourquoi diable devrait-elle partager avec Mme Vanderstein les attentions d'un hypothétique criminel ? Elle n'avait pas de diamants à voler ; elle ne se promenait pas couverte de bijoux, n'ayant aucune valeur à exhiber. Elle ne pouvait constituer qu'un danger supplémentaire, dont aucun voleur ordinaire ne s'embarrasserait volontiers, puisque sa présence ne pouvait être une source de profit possible.

"Non, il semble clair que si Mme Vanderstein devait être attirée et assassinée pour ses bijoux, ce serait à une occasion où elle serait sans la surveillance de son compagnon. Pour l'instant, Sir Gregory, vous pouvez considérer cela comme un encouragement à penser qu'elle n'est pas blessée. C'est en effet un signe des plus encourageants et l'une des raisons pour lesquelles j'ai refusé, jusqu'à aujourd'hui, d'avoir une vision sombre de l'affaire. Mais pourquoi la jeune fille a-t-elle disparu ? Nous sommes contraints de supposer qu'elle l'a fait de son plein gré ; et, si tel était le cas, quel était son but ? Rappelez-vous que tout cela n'est qu'une simple théorie, qu'il serait ridicule d'accepter avant d'avoir obtenu d'autres faits permettant de la tester. À l'heure actuelle, nous connaissons très mal tout ce qui n'implique pas ces conjectures folles. Alors qu'il finissait de parler, Gimblet sortit sa montre et la regarda longuement et significativement.

Avec un soupir, Sir Gregory fut enfin obligé de comprendre l'allusion. C'était l'heure du déjeuner : les pas de Higgs qui voyageait entre la cuisine et la salle à manger ; le bruit des plats lorsqu'il les plaçait sur la table ou le buffet ; l'odeur délicieuse de tarte qui flottait chaque fois que la porte était ouverte, tout cela proclamait que l'heure avait sonné sur le coup de laquelle Gimblet avait l'habitude de prendre place devant la table à manger, pleine des anticipations les plus agréables. C'était un gourmet excentrique, inventant lui-même des repas dans lesquels des plats étranges figuraient au menu, et il avait un excellent cuisinier, qui se contentait de satisfaire ses goûts et de travailler en secret pour éviter qu'il ne s'empoisonne complètement ; de sorte que, lorsqu'il commandait des huîtres frites et *du soufflé Schwalbach* pour le déjeuner, ou du homard et de la glace au chocolat pour le dîner, elle intercalait ce qu'elle considérait comme des plats plus sains, comme des gigots de mouton et des riz au lait, parmi ceux qu'il avait choisis pour lui-même. le vain espoir qu'ils pourraient le détourner de ses dangereuses combinaisons. Il renonça à lui faire des remontrances au bout d'un moment, bien qu'il refusât de se laisser contraindre à manger ce qu'il n'aimait pas, et son refus persistant de manger du riz au lait provoqua une telle détresse dans la cuisine que Higgs prit l'habitude d'en retirer une cuillerée. avant de les débarrasser et de les consommer lui-même plutôt que de laisser le cuisinier ce qu'il appelait « prendre en charge ».

A vrai dire, Sir Gregory n'était pas sans espoir que Gimblet lui aurait demandé de rester déjeuner ; mais il était clair pour les plus optimistes que le détective n'avait pas une telle intention, et avec une hésitation hésitante, le baronnet fut obligé de partir. Il se tourna cependant vers la porte pour dire fermement : « Je reviendrai cet après-midi », puis s'éloigna précipitamment avant que Gimblet n'ait eu le temps de mettre des mots sur l'objection que ses lèvres avaient du mal à formuler.

Sir Gregory se dirigea vers son club et se régala d'agneau froid et d'un verre de bordeaux. Il n'avait plus d'appétit, repoussa bientôt son assiette et entra dans le fumoir, où il s'agitait, inconsolable et abattu. Plusieurs membres qu'il connaissait, conscients de son amitié avec les dames dont la mystérieuse disparition suscitait désormais l'intérêt général et partageaient, comme sujet, la faveur des journaux avec les préparatifs de la cérémonie royale qui devait avoir lieu la semaine suivante. , s'est approché de lui et a essayé de le faire parler. Mais s'ils espéraient glaner de lui quelques ragots hors de portée de la connaissance commune, trop scandaleux peut-être pour une presse convenable, avec lesquels ils pourraient acquérir une popularité diffamatoire parmi leurs connaissances, ces messieurs devaient connaître le goût plombé de la déception. . Sir Gregory, avec l'aiguillon des reproches de Gimblet frais dans son esprit, fermait la bouche comme un étau à toute tentative de tourner la conversation dans la direction interdite, et jetait un regard aussi horrible à ses amis que son expression naturellement aimable le rendait praticable ; de sorte qu'ils s'éloignèrent bientôt, se disant que le vieux Jones devenait un vieil imbécile capricieux et qu'il semblait sur le point de perdre complètement la tête, autant qu'ils pouvaient en juger.

Il arriva ainsi que le baronnet se trouva de plus en plus négligé et seul ; jusqu'à ce qu'après l'avoir supporté pendant deux heures, il ne put enfin plus supporter un état de choses aussi désastreux pour ses nerfs que fatiguant pour son humeur. Vers quatre heures et demie, il mit sa fierté dans sa poche, sortit du fumoir, attrapa son chapeau et sortit en toute hâte du bâtiment. Dix minutes plus tard, il sonnait à nouveau à la porte de Gimblet.

A peine avait-il été introduit en présence du détective que la cloche sonna de nouveau et Higgs entra pour dire qu'un chauffeur de taxi était arrivé en réponse à une annonce et demanda à voir M. Gimblet.

Au grand désespoir de Sir Gregory, Gimblet le quitta aussitôt et appela l'homme dans la petite salle d'attente.

«Bonjour», dit-il au chauffeur du taxi, un type intelligent au visage rasé de près, qui lui rendit son salut poliment en le suivant dans la chambre; "Es-tu l'homme qui a conduit une dame de l'Inanity lundi soir jusqu'à une maison de Carolina Road ?"

"C'est moi, monsieur," répondit l'homme, "au moins, comme vous pouvez le dire, j'en ai conduit un là-bas."

"Quoi?" dit Gimblet. "Y en avait-il plus d'un?"

"Oui, monsieur, il y avait deux jeunes filles quand je les ai emmenées, mais une seule d'entre elles est allée à Carolina Road."

« Qu'est-il arrivé à l'autre ?

« Je l'ai d'abord emmenée à une autre adresse, monsieur », dit le chauffeur ; «J'ai oublié le numéro exact, mais il se trouvait quelque part à mi-chemin de Hilliard Street, et sur le côté droit lorsque j'allais. C'est à la manière de Maida Vale, contrairement à Hilliard Street.

« Et vous y êtes allé le premier », s'écria le détective, « eh bien, bien sûr, je vois tout maintenant ; la dame m'a seulement dit qu'elle était allée du théâtre à Carolina Road, et le fait que je ne connaisse pas le détour que vous avez fait en chemin m'a conduit à de fausses conclusions.

« À Hilliard Street d'abord. Ce sont les ordres qu'ils m'ont donnés », répéta l'homme.

"Oui, bien sûr", a déclaré Gimblet. "Maintenant, alors que vous conduisiez de là vers Carolina Road, vous souvenez-vous par hasard d'avoir vu deux dames, très richement habillées, debout devant la porte ouverte d'une maison, qui avait un petit jardin ou une cour entre elle et la rue. ?"

«Maintenant, vous me posez une énigme», dit le chauffeur du taxi. « J'ai peut-être vu deux dames, ou bien j'en ai vu une centaine, ou encore je n'en ai vu aucune du tout. C'est plus que ce que je pourrais vous dire.

« Vous n'en avez pas remarqué deux en particulier ? »

« Non, monsieur, je ne l'ai pas fait. Si je devais me promener dans les rues et regarder toutes les jolies dames que je vois, je dérangerais un peu trop souvent les assureurs. Je garde les yeux sur ce qu'il y a sur la chaussée et cela me prend tout mon temps, je ne pense pas.

"Tout à fait", a déclaré Gimblet. « Bien sûr, vous avez parfaitement raison de ne pas regarder autour de vous. Eh bien maintenant, peut-être pourriez-vous me dire ceci. En allant de Hilliard Street à Carolina Road, traverseriez-vous une rangée de maisons individuelles en chemin ? Des maisons toutes situées dans leurs propres jardins, à quelques distances les unes des autres ?

L'homme réfléchit, marmonnant les noms des rues, tout en faisant un voyage mental le long de l'itinéraire indiqué par le détective. En une minute, il leva les yeux.

"Il y a Scholefield Avenue", suggéra-t-il, "ce sont tous des petits endroits comme ce que vous dites."

« Vous y êtes allé lundi ? » demanda Gimblet.

«Je l'ai fait, monsieur. C'est à peu près à mi-chemin. Il n'y a pas d'autre rue sur la route avec des maisons toutes séparées comme ça, autant que je m'en souvienne. J'ai mon taxi devant la porte, monsieur; pourquoi ne pas me lancer et me laisser vous emmener voir par vous-même ?

"Je pense que c'est exactement ce que je vais faire", a déclaré Gimblet. "Descendez et je vous suivrai dans un instant."

Gimblet n'était que désir. Ici, il semblait enfin être sur une bonne piste, et il s'y lança d'autant plus vivement pour le chèque de la nuit dernière. La porte ne s'était pas refermée sur le chauffeur du taxi que le détective avait décidé dans son esprit de plus d'une question exigeant une réponse. Premièrement, il prendrait Higgs, et deuxièmement, il ne prendrait pas Sir Gregory. Il longea le couloir sur la pointe des pieds et tourna sans bruit la poignée de la porte du garde-manger.

« Higgs, dit-il, je sors pour visiter une certaine maison. Je pourrais avoir envie de toi. Préparez-vous à venir. Je vous donne trois minutes.

Tout aussi tranquillement, il se rendit dans sa propre chambre, et se dirigeant vers une armoire, il fit une sélection rapide de divers petits objets qu'il fourra dans ses poches. Puis, ouvrant un tiroir, il en sortit un pistolet Browning, qui était également rangé. Il resta un instant au milieu de la pièce, la tête penchée de côté, tirant distraitement son oreille. Avait-il oublié quelque chose ? Ah, il savait ce que c'était, et s'élançant vers une étagère, il saisit et ajouta à sa collection une boîte de chocolats. « On ne sait jamais quand on reviendra de ce genre de promenades, se dit-il, et j'ai déjà eu très faim lors de mes parties de chasse. »

Un dernier regard autour de lui lui fit comprendre qu'il avait tout ce dont il pouvait imaginablement avoir besoin, et il retourna dans le couloir, où Higgs l'attendait près de la porte.

Une minute de plus et ils se seraient enfuis, mais à l'instant même où Gimblet, se précipitant tranquillement vers son serviteur, saisit son chapeau et le porta à sa tête, la porte de la bibliothèque s'ouvrit et le visage rose et anxieux de Sir Gregory regarda dehors. sur lui.

"M. Gimblet, cria-t-il, où vas-tu ? Le chauffeur de taxi apporta alors des nouvelles ; et tu partirais sans me le dire ! Non, ne me laisse pas te retarder," alors que Gimblet s'arrêtait, hésitant, "Je t'accompagnerai partout où tu vas, et tu me le diras en chemin," et saisissant son chapeau et son bâton, le baronnet se prépara à accompagner. les autres.

Il n'y eut aucune aide et le détective se rendit immédiatement. En fait, le visage inquiet lui faisait des reproches, et il savait qu'il avait manifestement été un peu moins disposé à supporter la société de Sir Gregory que ne l'était, dans les circonstances, tout à fait charitable. La détresse du pauvre homme, bien qu'elle en faisait un compagnon plutôt déprimant, témoignait de la bonté de son cœur et était plutôt une circonstance entièrement à son honneur ; et le fait qu'il ait ennuyé Gimblet ne devrait pas vraiment l'empêcher de participer au sauvetage de ses amis, si sauvetage devait avoir lieu.

« Venez, Sir Gregory, » dit Gimblet.

CHAPITRE XVI

SCHOLEFIELD AVENUE était une petite rue de maisons de taille moyenne qui, lorsqu'elles furent construites, se trouvaient à l'extrême limite de ce qui était alors une banlieue ; en fait, certains des premiers locataires l'avaient appelé le pays. Leur apparence était très variée, mais ils se ressemblaient sur un point : chacun se tenait à l'écart de ses voisins, sur des terrains dont l'étendue différait d'un petit mètre à un demi-acre. Ainsi le n° 1, à l'angle sud-est, possédait un grand potager s'étendant en arrière, avec des dépendances à l'extrémité, une écurie, avec une remise d'un côté de la porte de l'écurie, et un poulailler et courir sur l'autre. La vieille dame qui vivait au n°1 était très fière de pouvoir s'approvisionner en légumes, œufs et volailles toute l'année, même si, comme elle aimait à le dire, sa maison se trouvait à moins de cinq kilomètres de Marble Arch. . Elle pensait souvent à élever une vache.

Le n° 3, voisin, n'avait presque pas de jardin derrière lui, le terrain qui aurait dû lui appartenir de droit ayant été racheté autrefois par le n° 1 et ajouté au sien ; ce qui provoqua entre les deux maisons un sentiment de voisinage, dont héritèrent chacun des occupants successifs du n° 3. La plupart des autres habitations de la rue étaient plus également dotées de terrains ; et la querelle se terminait par le numéro 17, une toute petite maison entourée de rien de plus intéressant qu'un chemin asphalté, avec une fine haie de lauriers entre elle et la grille extérieure. Certaines maisons présentaient la grande et haute fenêtre d'un atelier. De l'autre côté de la route, la même variété existait.

Le taxi contenant Gimblet, Sir Gregory et Higgs roulait lentement dans la rue et en était à plus de la moitié du chemin lorsque le détective aperçut le panneau « À louer » qu'il cherchait. Il ornait la grille du n° 6, qui se trouvait du côté gauche en direction du nord.

Ils s'arrêtèrent après avoir tourné le coin et descendirent du taxi. Gimblet l'a payé et l'a renvoyé, et ils sont retournés au n°6.

Il n'avait pas l'air très prometteur, présentant au spectateur une façade fermée et ininterrompue, et portant des marques d'âge et de délabrement. Le portail basculait sur une charnière cassée et, dans le vent froid qui soufflait encore, une porte du fond claquait de temps en temps avec une violence incontrôlée et inutile.

Higgs, sur un signe de Gimblet, sonna et s'écarta, pendant qu'ils attendaient que quelqu'un réponde. Pendant quelques minutes, ils n'entendirent plus que le claquement de la porte et le bruissement du vent dans les arbres qui bordaient la rue ; puis ils aperçurent une femme sale, portant un seau en bois à la main, qui essayait d'attirer leur attention depuis le perron de la maison voisine.

« Si vous, messieurs, sonnez », commença-t-elle en s'adressant à eux en criant par-dessus les buissons, « en pensant, même s'il se peut, qu'en agissant ainsi, vous pénétriez dans cette maison-là, ce n'est pas bon ; tu ne peux pas le faire. Il n'y a personne dedans.

"Qui a la clé?" Gimblet lui répondit en criant.

« Je l'ai moi-même. Je viendrai ouvrir la porte.

Tout en descendant les marches, elle se dirigea vers la rue et franchit ainsi la porte battante du numéro 6.

« Avez-vous reçu une commande des hagents ? » » a-t-elle demandé en arrivant. "Non? Eh bien, ça ne me dérange pas que vous jetiez un coup d'œil à la maison quand même, si cela vous tente. Il n'y a pas grand-chose à voir, je pense, mais beaucoup de saleté et de détritus.

Tout en parlant, elle inséra la clé dans la serrure et ouvrit la porte. Sir Gregory, qui était le plus proche, était sur le point d'entrer, mais Gimblet lui posa la main sur le bras.

« S'il vous plaît, Sir Gregory, je dois passer devant vous aujourd'hui », dit-il, et le mettant doucement de côté, il franchit le seuil. La femme était en train de le suivre, mais il lui fit signe de revenir et resta un moment à regarder le sol. Puis il se tourna vers elle.

« Je vois au tableau que la maison doit être louée non meublée, ou serait vendue », a-t-il déclaré, « et je comprends qu'elle est vide depuis longtemps. Pouvez-vous me dire depuis combien de temps personne n'est venu le regarder ? »

« Il est resté vide pendant plus de deux ans, » dit la femme, « donc j'ai entendu dire. Personne n'est venu le voir depuis que je suis ici. Je m'occupe, je le suis, d'une fête qui habite à côté. Il est à l'étranger, c'est là qu'il se trouve, et depuis que je m'occupe de lui, tu es le premier à qui on demande de voir l'intérieur de cette maison.

« Et depuis combien de temps veillez-vous ici, dites-vous ? » s'enquit Gimblet.

"Je suis ici depuis quatre mois, lundi prochain", répondit la femme.

« Merci », dit Gimblet ; et se tourna de nouveau vers l'intérieur du bâtiment. Il se pencha et regarda de près les planches nues du passage, sur lesquelles gisaient la poussière et la saleté qui s'accumulent dans une maison vide. Puis, lorsqu'une idée lui vint, il se redressa.

« Je ne pense pas que nous prendrons la peine de visiter la maison », dit-il à la femme. « Je crains que cela ne me convienne pas. En tout cas, vous pourrez peut-être me dire encore une chose que j'ai hâte de savoir, continua-t-il en sortant de la maison et en se tournant vers la rue. « Il y avait un autre panneau dans cette rue il y a environ une semaine, mais je vois qu'ils l'ont démonté. Savez-vous de quel numéro il s'agissait et si la maison a été louée ?

"Eh bien, monsieur, ils l'ont fait et ont démonté le tableau du numéro 13", a déclaré le gardien, "ils l'ont démonté au début de la semaine, ils l'ont fait. Mais la maison est louée, je crois ; ça ne servira à rien de le poursuivre. Si c'est une maison meublée que vous cherchez, j'ai vu une planche dans la rue d'à côté l'autre jour. Petite rue Cumberland.

"Merci beaucoup", a déclaré Gimblet. « J'y jetterai un œil si je trouve que le n°13 est loué. Bonjour et je suis désolé de vous avoir dérangé.

Ils laissèrent la femme fermer la maison et retourner chez elle, et ils repartirent dans la rue.

Sir Gregory partit à contrecœur, visiblement en retrait.

« Écoute, » dit-il à Gimblet, « pourquoi ne vas-tu pas visiter cette maison ? Cela ne prendrait pas une minute. Supposons qu'ils l'aient enfermée quelque part dans une pièce vide au sommet. Il vaudrait mieux s'en assurer.

« Mon cher Sir Gregory, personne n'est entré dans cette maison depuis des mois ; la poussière était épaisse sur le sol et il n'y avait aucun signe qu'elle ait été dérangée récemment. Croyez-vous que deux femmes en longues robes du soir pourraient entrer sans laisser la moindre trace de leur passage il y a si peu de temps ? Soit leurs robes auraient balayé une partie de la poussière, soit, si elles les avaient tenues haut, leurs traces de pas seraient restées. Il est impossible que le numéro 6 soit la maison, à moins que quelqu'un n'ait répandu de la poussière fraîche dans le hall depuis lundi. Il est d'ailleurs très improbable qu'ils se soient rendus dans un immeuble aussi désert et aussi sale, et, au contraire, plus que probable qu'ils se soient rendus dans une maison qui venait d'être louée. J'étais sûr qu'il devait y avoir une planche dans une autre maison de cette rue lorsque Miss Finner est passée, dès que j'ai regardé le sol. Voyons, voici le n° 13, et je sens que nous y trouverons un terrain de chasse plus rentable.

Gimblet ouvrit, tout en parlant, la porte du numéro 13 et examina rapidement son extérieur tout en parcourant rapidement la courte distance qui la séparait de la route.

Cela présentait un contraste saisissant avec la façade désolée et sombre qu'offrait au monde la maison qu'ils venaient de visiter. Le n° 13 était impeccable ; ses murs et ses volets blancs brillaient de l'éclat d'une nouvelle peinture ; une parcelle d'herbe soignée, avec une petite allée de voitures serpentant en demi-cercle autour, la séparait des grilles de la rue, le tout n'occupant que quelques mètres carrés d'espace. De chaque côté des marches qui menaient à la porte d'entrée, il y avait un petit parterre de fleurs triangulaire, plein de pensées, et, à mesure que les trois hommes approchaient, le soleil brisait pour la première fois de la journée à travers la dispersion dilatoire des lumières. les nuages projetaient un rayon brillant autour de l'endroit et étaient captés et réfléchis par la surface des fenêtres.

Le changement de jour ne fut pas sans effet, même sur Sir Gregory, et alors qu'il regardait Higgs se précipiter pour sonner la cloche, un nouvel et soudain élan d'espoir monta dans son cœur.

"J'ai une excuse pour que nous puissions entrer dans la maison s'ils semblent peu enclins à nous admettre", murmurait Gimblet à son oreille. "Soutenez-moi dans tout ce que je dis, mais laissez-moi l'essentiel de la conversation."

Ils attendaient avec impatience, les yeux fixés sur la porte et les oreilles tendues pour capter le bruit des pas ; mais les minutes passèrent et aucun son de ce genre ne les accueillit. Higgs sonna de nouveau ; Le carillon bruyant de la cloche pouvait être entendu tinter jusqu'à s'arrêter dans la cave et devait sûrement être audible dans toute la maison. Personne n'est toujours venu et il a essayé la zone sans meilleur résultat. Laissant Higgs poursuivre ses efforts, Gimblet traversa la petite pelouse à reculons et leva les yeux vers les fenêtres pour voir s'il pouvait détecter un signe de vie.

Il y avait des rideaux de mousseline aux fenêtres de la chambre et il essaya en vain d'apercevoir deux yeux guettant derrière l'un d'eux ; mais aucun mouvement n'était visible nulle part. Les volets du salon étaient fermés, et le parapet du large balcon les protégeait d'une inspection minutieuse, qui était encore gênée par une large console de bois qui occupait la majeure partie du balcon et s'étendait sur toute sa longueur. On y plantait des fleurs, de hautes pâquerettes et des géraniums, qui paraissaient un peu flétris et négligés, et qui, avec les volets fermés, contribuaient à la seule touche de désordre dans l'aspect propre et gai de la maison.

Le détective se dirigea vers l'arrière. Ici, le sol s'est effondré et le sous-sol est apparu à la surface plutôt qu'en dessous du niveau du sol. Une autre volée de marches en fer, plus longue, menait à une porte qui servait sans doute à donner accès au jardin. Il n'y avait pas de cloche ici, et la porte dont Gimblet essayait d'ouvrir la poignée était verrouillée. Par les fenêtres du sous-sol, il pouvait voir la cuisine, propre et ordonnée comme l'extérieur de la maison, avec des murs carrelés blancs et des rangées de casseroles brillantes. La table était nue, remarqua-t-il, et aucun feu ne brûlait dans la cheminée ; par une soirée d'été comme celle-ci, on aurait pu le laisser sortir. De l'autre côté des marches, il regarda ce qui devait être l'arrière-cuisine, et au-delà se trouvait un garde-manger ; au-dessus de celles-ci se trouvait une petite fenêtre dans laquelle il ne pouvait voir, tandis qu'au-dessus de la cuisine une grande fenêtre était cachée, comme celles du salon, par des volets extérieurs. Cependant la fenêtre arrière du premier étage et toutes les autres fenêtres du fond de la maison étaient sans volets et voilées seulement par des rideaux de mousseline blanche.

Gimblet fit une inspection hâtive du jardin. Elle n'était pas grande, s'étendant sur une soixantaine ou soixante-dix mètres de la maison, mais lumineuse avec des fleurs et verte avec de la pelouse et des feuilles ; des arbres l'entouraient de tous côtés, maintenant dorés sous les rayons du soleil descendant ; et un haut mur lui procurait une certaine intimité face à un monde curieux. Ici encore, les lits étaient constellés de pensées ; il y avait des roses et des coquelicots, des marguerites et de grands pieds d'alouette, avec toutes autres fleurs qui pouvaient être amenées à se nourrir des pluies non rafraîchissantes de charbon, qui étaient leur ration quotidienne. Près du mur du fond se trouvait une cabane dont la porte cédait au contact de Gimblet et révélait une tondeuse dans un coin, des outils de jardinage dans un autre, et un banc de rempotage avec des boîtes de moisissures et quelques paquets de graines ; près de la porte étaient empilés quelques pots rouges. Gimblet resta un moment à regarder à l'intérieur, puis revint devant la maison.

Ici, il trouva Sir Gregory en train de converser avec un homme âgé, dont le manteau de velours et le pinceau qu'il portait derrière l'oreille suggéraient qu'il était un artiste. Il se présenta lorsque le détective arriva.

"M. Gimlet, je crois, dit-il ; «Je m'appelle Brampton. J'habite à côté », et il agita la main vers le sud.

Gimblet grinça des dents en réalisant que Sir Gregory avait révélé son identité, mais il répondit poliment que c'était bien lui.

« Quoique peintre à domicile, j'ai entendu parler de vous », dit le nouveau venu ; « Mais bien sûr, je ne savais pas qui sonnait quand je me suis réveillé. Ma femme a vu vos amis à la porte ici et m'a suggéré de venir vous dire qu'elle pense qu'il n'y a personne dans la maison. Nous avons entendu dire que la maison avait été louée, et l'autre jour un homme est venu démonter la planche, mais ma femme dit que personne n'a été vu entrer ou sortir de la maison depuis plusieurs jours ; elle et les domestiques estiment qu'elle est vide en ce moment et que le nouveau locataire n'est pas encore arrivé.

« En effet, » dit Gimblet, « je suis reconnaissant pour vos informations ; mais j'ai des raisons de penser que le nouveau locataire en a pris possession il y a quelque temps.

« Cela ne peut pas être très long, » observa Brampton, « car les Mills, à qui il appartient, ne sont partis que la semaine dernière. »

"Vraiment," dit Gimblet, "tu m'intéresse. Qui sont les Moulins ? Les connaissez-vous ?

« Très certainement. Ce sont de grands amis à nous, et leur départ ainsi est une triste perte pour nous. Arthur Mill est le fils d'une vieille connaissance , un fabricant de verre, et est employé dans l'entreprise de son père. Sa femme est une femme charmante et nous leur sommes dévoués tous les deux. Il a été récemment décidé qu'il partirait à l'étranger pour s'occuper d'une branche de l'entreprise en Italie, et ils n'avaient que très peu de temps pour prendre des dispositions concernant la location de leur maison. Ils ne sont partis que vendredi dernier et ce fut une grande surprise pour nous d'apprendre lundi que la maison avait été louée.

"Avez-vous entendu qui l'avait pris?" demanda Gimblet.

« Je pense avoir entendu le nom de cet homme, mais j'ai peur de l'avoir oublié. Ma femme a vu entrer lundi matin une femme de ménage qu'elle emploie souvent elle-même, alors elle a couru ici, comme elle me l'a dit, pour lui demander ce qu'elle faisait, car la maison avait été entièrement nettoyée vendredi et samedi après les Moulins. gauche. La femme de ménage a déclaré qu'elle avait été envoyée par les agents de la maison pour voir s'il restait quelque chose à mettre en ordre, car le nouveau locataire, du moins c'est ce qu'elle avait compris, voulait entrer immédiatement. C'est tout ce que nous avons entendu; mais comme personne n'a été vu ni entendu parler de cet endroit depuis ce jour, il semble qu'ils aient changé d'avis.

"Merci beaucoup", a déclaré Gimblet. "Si vous pouviez me dire le nom des agents, je pense que mon meilleur plan serait d'aller essayer de leur récupérer la clé, car il semble impossible de réveiller qui que ce soit ici."

« Ennidge et Pring sont les agents ; dans Sentinel Street, à environ dix minutes à pied d'ici. Vous devrez être rapide, sinon vous ne les attraperez pas. Ils fermeront certainement à six heures.

"Je vais y aller maintenant", dit Gimblet, et il attira Higgs d'un côté. « Higgs », dit-il, « gardez un œil sur la devanture de la maison, et si quelqu'un sort et que vous ne parvenez pas à le retenir, suivez-le, laissant Sir Gregory surveiller la maison. En attendant, laissez-le surveiller l'arrière. Je serai bientôt de retour si je peux prendre un taxi.

Il partit, M. Brampton l'accompagnant jusqu'à sa propre porte et lui indiquant le chemin menant à Sentinel Street. Arrivés au portail, ils jetèrent un coup d'œil aux fenêtres fermées du premier étage et aux fleurs fanées du balcon.

"Mme. Mill serait terriblement bouleversée si elle voyait à quel point ses fleurs sont négligées », a déclaré M. Brampton. « Elle aime beaucoup son jardin et arrose et s'occupe toujours de ses plantes. Un homme doit venir une fois par semaine, le samedi matin, entretenir le jardin et tondre la pelouse, et je lui dirai d'insister pour arroser les bacs du balcon. C'est votre chemin maintenant, montez la rue et tournez à gauche. Ah, il y a un taxi.

Un taxi avait effectivement tourné à ce moment dans la rue, et Gimblet l'arrêta et se dirigea rapidement vers les bureaux de MM. Ennidge et Pring, agents de la maison.

CHAPITRE XVII

M. ENNIDGE était un petit homme d'âge moyen, aux cheveux gris et à l'œil doux et bienveillant qui vous regardait vaguement à travers des lunettes cerclées d'or. M. Pring, son partenaire, grand, mince, nerveux et excité, était tout le contraire de lui, et c'est peut-être pour cela qu'ils s'entendaient si bien. Si M. Pring savait toujours faire preuve d'enthousiasme à l'égard des biens dont il devait disposer, des personnes qui lui demandaient des maisons, et n'était jamais désemparé lorsqu'il fallait expliquer que ce que le futur client prenait pour des oies étaient vraiment des cygnes, il avait tendance à retomber dans la tristesse lorsqu'il était appelé à traiter avec des vendeurs potentiels, ou avec ceux qui avaient des maisons à louer et étaient déçus du loyer disponible, ou encore face à l'échec d'Ennidge et Pring à leur trouver un locataire à n'importe quel prix. Il n'était alors que trop probable, s'il était laissé à lui-même, de révéler son opinion claire et véridique quant à leur propriété. Cela produisait rarement de bons résultats, car, en règle générale, le transfert des biens en question dans les livres d'un autre agent suivait ces éclats ; et, l'entreprise d'Ennidge et Pring étant petite, ils ne pouvaient pas se permettre de perdre des clients.

C'est cependant dans de tels cas que M. Ennidge était mieux vu. C'est lui qui, avec un sourire amical et une parole pleine d'espoir et d'encouragement, réconforta le maître de maison découragé et le renvoya avec une confiance retrouvée, convaincu une fois de plus qu'un locataire allait bientôt arriver pour qui l'absence de salle de bain, de porte dérobée , de gaz ou d'eau chaude posés, et la présence de plafonds noircis, de papier peint suspendu en bandes et de peinture incrustée de saleté, se révéleraient plutôt une véritable incitation à conclure une affaire des plus satisfaisantes pour le propriétaire.

M. Pring avait déjà quitté le bureau lorsque Gimblet arriva sur les lieux, et dans un quart d'heure il l'aurait trouvé complètement désert. Il remit sa carte au seul commis de l'établissement, qui la porta dans la petite pièce intérieure, où il fut immédiatement reçu par le souriant M. Ennidge ; et il lui exposa rapidement son affaire.

"Il ne peut y avoir aucune objection possible à ce que je vous donne toutes les informations en mon pouvoir concernant l'homme qui a pris le 13 Scholefield Avenue", a déclaré l'agent de la maison, "et comme vous ne pouvez pas obtenir de réponse à la maison, je vous enverrai mon commis avec la clé pour vous laisser entrer et aider, si nécessaire, à expliquer les choses au locataire, s'il devait être découvert après tout. Un gentleman très excentrique, à mon avis, et quelque peu reclus. Je ne pourrais bien entendu pas prendre sur moi d'utiliser le double de clé, que le propriétaire nous a laissé par hasard, à la demande d'une personne moins connue et moins responsable que vous, si je puis dire, M. Gimlet ; mais depuis la capture des faussaires au Grand Continental l'année dernière, votre nom, monsieur, a été dans toutes les bouches ; et vous me permettrez d'ajouter que je suis, quoique inconnu jusqu'ici, un de vos plus fervents admirateurs.

Ainsi fut toujours la manière agréable de M. Ennidge d'huiler les rouages des relations sexuelles avec ses camarades.

« Le nom du locataire du n° 13, poursuivit-il, est M. West, M. Henry West. Il a pris la maison pendant un mois avec la possibilité de la prendre pour un an ou plus ; et j'imagine qu'il doit être un homme riche, car l'offre qu'il a faite semble être exceptionnellement élevée – inutilement, puis-je dire, entre vous et moi, M. Gimblet ; mais dans l'intérêt de notre client, le propriétaire du bail, je n'ai pas besoin de vous dire que nous ne lui avons pas brouillé à ce sujet !

« De quel âge est-il ? » demanda Gimblet.

"Je peux vraiment à peine vous le dire", a répondu M. Ennidge. « Le fait est que moi-même je ne l'ai pas encore vu. Mon partenaire et moi étions sortis lorsque M. West est arrivé au bureau et il a pris toutes les dispositions avec notre commis. Peut-être aimeriez-vous qu'il entre ?

"Je serais heureux de lui poser quelques questions", a déclaré Gimblet.

M. Ennidge passa la tête dans le bureau extérieur.

« Tremmels », appela-t-il en mettant la main sur la porte. "Viens ici un instant."

L'employé apparut, un jeune Londonien au visage blanc, montrant très clairement les effets d'une vie intérieure et de longues et chaudes heures passées sur un tabouret de bureau ; il se déplaçait paresseusement, comme si chaque pas était un effort presque trop grand pour être répété, et se tenait devant Gimblet dans une attitude de fatigue tombante.

"M. Gimblet veut avoir des nouvelles du locataire du 13 Scholefield Avenue », lui a dit M. Ennidge.

L'employé se redressa avec un effort perceptible et regarda fixement Gimblet, habitué depuis longtemps à l'intérêt que suscitait ordinairement la mention de son nom. Sans doute ce jeune homme connaissait le détective de réputation ; mais il avait une expression d'une telle stupidité de bois, et en même temps avait l'air si terriblement malade et épuisé, que Gimblet se demanda s'il serait capable de lui tirer beaucoup de sens.

« C'est vous, dit-il, qui avez loué la maison à M. West ? »

«Oui», dit le greffier. "Il est venu un jour la semaine dernière."

«Vendredi», intervint M. Ennidge.

"Oui, il est venu ici vendredi matin dernier et a dit qu'il se trouvait au n° 13 de l'avenue Scholefield, après avoir vu le panneau 'À louer' devant la maison", a répondu l'employé. « Les propriétaires, M. et Mme Mill, n'étaient partis que ce matin-là, et M. West a été conduit par un domestique qui avait été laissé sur place pour nettoyer et suivre un train plus tard. Il m'a dit qu'il avait besoin d'une maison meublée pendant un an. Il disait qu'il aimait beaucoup la solitude ; qu'il avait vécu en Inde toute sa vie et qu'il ne se souciait pas de rencontrer des étrangers, mais qu'il voulait une maison avec un jardin, où il pourrait être privé, pour ainsi dire. Il a dit qu'il pensait que Scholefield Avenue lui conviendrait admirablement, mais qu'il souhaitait d'abord le prendre pendant un mois pour voir à quel point il l'aimerait et avoir la possibilité de l'accepter. Je ne savais pas si M. Mill serait d'accord avec un tel arrangement et j'ai suggéré d'attendre que nous puissions communiquer avec le propriétaire, mais il n'a pas voulu en entendre parler ; a déclaré qu'il souhaitait y entrer immédiatement et qu'il prendrait une autre maison qu'il aurait vue à moins qu'il ne puisse régler l'affaire sur-le-champ. Il fit une offre de quinze guinées par semaine pendant le premier mois, et de huit pour le reste de l'année s'il décidait de l'accepter. C'est un prix tellement élevé pour cette partie de Londres que j'étais sûr que M. Ennidge ou M. Pring, s'ils avaient été ici, ne l'auraient pas laissé s'échapper, mais auraient frappé le fer alors qu'il était chaud, si vous aviez prenez mon sens ; et comme je savais que M. Mill avait laissé à la maison une discrétion absolue en ce qui concerne la location de la maison, et qu'il tenait beaucoup à le faire le plus rapidement possible, je n'hésitai plus, mais acceptai M. .Les conditions de l'Ouest.

« Il a dit qu'il voulait prendre possession de la maison depuis lundi dernier midi ; m'a dit de faire venir une femme de ménage lundi matin, au cas où il resterait du ménage à faire, et qu'il souhaitait que je le retrouve lundi à la maison pour faire l'inventaire. Puis il a sorti un portefeuille qui semblait rempli de billets de banque, m'a payé trente guinées, la moitié du loyer du premier mois, et m'a demandé de lui faire signer le contrat. Je lui ai procuré deux formulaires de contrat comme on en utilise d'habitude pour louer des maisons meublées, il les a signés tous les deux et en a mis un dans sa poche.

"Peut-être que M. Gimblet aimerait jeter un coup d'œil à notre exemplaire", a déclaré M. Ennidge en plongeant dans un tiroir. « Le voici », et il tendit un papier au détective, qui le retourna pensivement. Il n'y avait rien d'autre que les clauses imprimées ordinaires énonçant les termes du contrat. À la fin, le locataire avait signé son nom « Henry West », en gros caractères tentaculaires, dont les traits semblaient un peu incertains, comme si la main qui tenait la plume n'avait pas été absolument ferme. Ci-dessous, dans une écriture soignée et professionnelle, se trouvait la signature du greffier : « A. W. Tremmels, pour MM. Ennidge et Pring.

Gimblet l'a mis dans sa poche. « Je peux le garder pour le moment, je suppose ? » a-t-il demandé à M. Ennidge, qui avait plutôt l'air d'avoir aimé s'y opposer, mais dans l'ensemble a décidé de ne pas le faire.

« Pouvez-vous décrire à quoi ressemblait M. West ? » Gimblet a demandé au greffier. « Mais peut-être feriez-vous mieux de me le dire sur le chemin de la maison. M. Ennidge a promis de vous envoyer avec moi. Une chose cependant avant de commencer : j'aimerais voir l'inventaire, si vous me le permettez.

"Bien sûr", a répondu M. Ennidge. « Prends-le, Tremmels, et la clé aussi. Vous savez où ils sont conservés, » et tandis que l'employé entrait dans le bureau extérieur, il se tourna de nouveau vers Gimblet.

"Si tu veux que je vienne moi-même ?" suggéra-t-il.

"Oh non, merci," répondit Gimblet, "ne vous embêtez pas à venir. Comme le greffier est le seul à avoir rencontré M. West, je pense qu'il me sera vraiment plus utile. Je suppose qu'il peut marcher jusqu'à Scholefield Avenue ? Il a l'air terriblement malade, le pauvre ; quel est le problème avec lui? Phtisique?"

« Il est malade, j'en ai peur », dit M. Ennidge avec regret, « mais cela lui fera du bien de se promener et de prendre une bouffée d'air frais. Le temps chaud que nous avons eu la semaine dernière a été très éprouvant ; Tremmels a certainement l'air très mal depuis la chaleur. Je lui ai dit de prendre des vacances demain, ajouta-t-il gentiment, une journée à la campagne serait pour lui la meilleure chose, et il n'y a pas grand-chose à faire au bureau à cette époque de l'année. Les affaires vont très mal, M. Gimblet. J'ose dire, maintenant, le vôtre vous met le nez dans la meule, à une saison comme à une autre ?

"Eh bien, oui", a déclaré Gimblet. « Je crains que les classes criminelles ne soient pas très régulières dans leurs vacances. C'est très inconsidéré de leur part, mais j'ai bien peur qu'ils soient très égoïstes.

Le sourire toujours présent de l'agent immobilier s'élargit, et à ce moment le jeune Tremmels réapparut avec l'inventaire. En un instant, le nez fin de Gimblet lui avait dit qu'avec le commis, une odeur omniprésente de cognac entrait maintenant dans la pièce, et son œil vif remarqua une teinte de couleur sur la joue pâle du jeune homme, qui n'y était pas visible auparavant. "O-ho," se dit-il, "c'est donc là le problème, n'est-ce pas ?" Puis, avec un mot de remerciement à M. Ennidge, Gimblet ouvrit la voie dans la rue et tourna ses pas vers Scholefield Avenue.

« Maintenant, » dit-il à son compagnon alors qu'ils se précipitaient, « à propos de ce M. West. Comment est-il?"

"C'est un monsieur âgé, à l'air plutôt chevalin, et aux manières étranges", a déclaré l'employé. « Ce que je veux dire, c'est qu'il a une façon très agréable de parler, et pourtant, d'une manière ou d'une autre, il ne parle pas comme le ferait un gentleman ordinaire. Il semble plutôt aimer ce que je pourrais appeler l'habitude d'utiliser un langage grossier.

"À quoi ressemble-t-il?"

« Ce n'est pas ce qu'on pourrait appeler un homme de grande taille ; non pas que je doive le qualifier de petit non plus ; et mince, très mince. Je ne sais pas si je suis clair ?

"Parfaitement," dit patiemment Gimblet, "le connaîtriez-vous à nouveau ?"

"Oh oui. C'est un type très rare à rencontrer. Je le connaîtrais n'importe où. Il a un visage couleur cuir, qui donne l'impression qu'il a été exposé au soleil pendant plus de quelques semaines, et une drôle de petite barbe pointue sur le menton. Dites-vous à quoi il ressemble, dit Tremmels avec plus d'animation qu'il n'en avait montré jusqu'ici, il ressemble plus à un Américain qu'à un Indien ; et, à bien y penser, il a une voix méchante, comme la leur, mais pas très forte.

« Y a-t-il autre chose dont vous vous souvenez à propos de lui ? » demanda Gimblet. Il écoutait avec un intérêt intense.

« Eh bien, il a une façon de se tenir debout, les jambes écartées, et de se mettre sur la pointe des pieds ; puis il se laisse aller d'un coup sec, si je me dis clairement. Sa laine est un peu grise et commence à devenir chauve sur le dessus. Il semble détester voir des étrangers ou faire de nouvelles connaissances, comme on pourrait le dire. Il m'a fait comprendre qu'il était un érudit et qu'il s'adonnait à la lecture et ainsi de suite lorsqu'il s'était installé sur Scholefield Avenue ; dit que sa santé est mauvaise aussi, mais je ne devrais pas me demander si c'était plutôt autre chose. Plus ce genre de choses. L'employé fit un mouvement ascendant avec son bras et sa main droits, dont, comme Gimblet marchait de l'autre côté, la signification lui fut perdue.

"Je vous demande pardon?" » s'enquit-il, dubitatif.

«C'est vrai», dit Tremmels; « Ce que je veux dire, c'est que si vous me comprenez, je ne serais pas surpris si quelqu'un me disait qu'il prend trop une goutte. Plutôt rose au bec, ai-je pensé, et quand il a quitté le bureau, je l'ai regardé descendre la rue jusqu'à ce qu'il soit presque hors de vue, alors que devrait-il faire sinon se faufiler dans le bar privé du *Lion et de la Couronne* .

" Ah, " dit Gimblet, " j'ai observé un certain tremblement dans la signature du bail. " Dans son esprit, il pensait qu'il était plus que probable que le greffier ait accompagné M. West au *Lion et à la Couronne* . "Avez-vous remarqué autre chose?"

"Je ne sais pas si je l'ai fait", a déclaré Tremmels pensivement. « Il portait des vêtements ordinaires. Costume de détente pour homme avec un grand motif à carreaux, des bottes marron et une épingle en diamant très raffinée au centre de sa cravate. Dans l'ensemble, c'est tout à fait un gentleman, très courtois et agréable lorsqu'il ne jure pas. Il m'a dit qu'il ne voulait pas qu'on lui commande du charbon, car sa cuisine se ferait principalement sur le réchaud à gaz dont est équipée la cuisine du n° 13. Il y a toutes les commodités, comme on peut dire, conclut le greffier.

Tandis que Gimblet réfléchissait à ce qu'il avait entendu et réfléchissait que les pouvoirs d'observation dont faisait preuve son compagnon étaient plus grands que ce qu'il lui avait attribué, ils s'approchèrent de Scholefield Avenue et passèrent sous ses rangées de platanes ramifiés jusqu'à la porte de M. .La maison du Moulin. Higgs était à son poste avant et rapporta que rien n'avait bougé pendant l'absence du détective. Sir Gregory arrivait de l'arrière de la maison en compagnie de M. Brampton, qui l'y avait rejoint. L'artiste était visiblement excité.

« Votre ami me dit, » dit-il en s'approchant de Gimblet, « que vous pensez que les deux dames dont les journaux sont si remplis sur la disparition, Mrs. Vanderstein et son compagnon sont venus dans cette maison la nuit où ils ont disparu. Ce sera la plus grande faveur si vous me permettez d'être témoin de vos méthodes d'enquête sur cette affaire.

« Bien sûr, » dit Gimblet sans grâce, « pourquoi toute la rue ne devrait-elle pas venir ? Je pense qu'il est très probable que ce soit le cas, puisque Sir Gregory Aberhyn Jones semble parfaitement incapable de respecter ses propres conseils, que la sécurité de ses amis soit menacée ou non. En disant ces mots, il se retourna et tendit la main au commis, qui, haletant et haletant après sa promenade, s'appuyait maintenant contre la porte, comme s'il ne pouvait plus se soutenir seul.

Sir Gregory et l'artiste, sur lesquels les tirs droit et gauche de Gimblet avaient frappé sans provoquer de blessures permanentes, se retirèrent silencieux pour le moment, bien que résolument déterminés à voir tout ce qu'il y avait à voir. Les yeux vifs et scrutateurs de Brampton se posèrent sur le commis, et il comprit son état lamentable grâce à la rapidité de son métier.

« Ce jeune homme devrait être au lit, dit-il à voix basse à l'oreille de sir Gregory, mais je suppose que, comme nous tous, il ne pourra pas s'arracher à cet endroit excitant. »

Ils suivirent Gimblet, qui avait ouvert la porte et la franchit pour entrer dans le hall. Il regarda autour de lui avec désespoir.

« Vraiment, monsieur, s'écria-t-il, vous devez rester à la porte pour le moment. Si cette maison a quelque chose à raconter, elle ne le fera jamais une fois que vous aurez piétiné toutes les traces du sol avec vos innombrables pieds. Je vais juste voir s'il y a quelqu'un ici ; sinon, vous pourrez entrer après que j'aurai commencé mon examen approfondi, à condition de ne pas me déranger et de faire ce que je vous dis. Sinon, je vous préviens, Sir Gregory, que vous ruinerez toutes vos chances de succès.

«Il parle comme si nous étions des mille-pattes», murmura Brampton.

Sir Gregory lui fit signe de se taire, et ils restèrent docilement dans l'embrasure de la porte pendant que le détective et Higgs couraient à travers la maison, ouvrant toutes les portes et jetant un coup d'œil dans les pièces pour voir s'il y avait quelqu'un à l'intérieur. Quel que soit le secret qui se cachait sous ce toit, pour le moment du moins, il n'y avait aucun occupant humain visible pour le divulguer ; et, s'il voulait parvenir à une réponse au problème de ce qui s'était passé lundi soir après l'arrivée des dames, il était clair pour Gimblet qu'il devait le faire sans autre aide que l'aide stupide qu'il pourrait recevoir de les objets inanimés encore à l'intérieur des murs, ou même des murs eux-mêmes.

Dès qu'il eut achevé la première enquête générale précipitée, le détective commença un examen systématique de la maison, en commençant par le hall et le passage du rez-de-chaussée. Les autres hommes ont dû s'éloigner des marches pendant qu'il était là, car leurs silhouettes rassemblées dans l'embrasure de la porte ouverte bloquaient la lumière, et il voulait tout ce qu'il pouvait obtenir. Il n'y avait pas de lumière électrique. Dans l'avenue Scholefield, a déclaré Brampton à Sir Gregory, toutes les maisons dépendaient du gaz pour leur éclairage. Gimblet s'agenouilla et examina le tapis de la salle à quatre pattes. Il sortit de sa poche une petite loupe et l'appliqua sur certains endroits, sur lesquels il s'attarda plus longtemps que le reste du sol ; au pied de l'escalier, il ramassa un petit objet sous le coin de la natte ; il le tint un instant à la lumière entre le pouce et l'index, puis le rangea soigneusement dans une petite boîte semblable à un pilulier, qu'il sortit également de sa poche. Puis il se releva et examina les meubles avec la même patiente délibération. Bientôt il parla au commis qui se tenait devant la porte, un peu à l'écart des autres.

"Avez-vous cet inventaire?" Il a demandé. « Lisez simplement le contenu de la salle. »

Tremmels monta les marches et ouvrit le livre qu'il portait.

« Deux chaises en chêne, une table en chêne, un miroir, un tapis », lit-il. « Un porte-parapluie ; deux chaises sur le palier, huit gravures dans des cadres.

"Attendez un peu", intervint le détective, "nous n'y sommes pas encore."

Il se dirigea vers la porte et appela Sir Gregory et Brampton.

«J'ai terminé la salle», dit-il. "Si tu veux entrer, tu peux, à condition de rester derrière moi et de ne pas me déranger en parlant."

Puis il se remit à ses recherches et commença à soumettre chaque marche de l'escalier au même examen minutieux que celui dont avait fait l'objet le hall. De temps en temps, il ajoutait un autre petit objet à celui qu'il avait déjà placé dans le pilulier ; quatre ou cinq y furent déposés avant d'atteindre le premier étage.

C'est ainsi que le groupe monta, étape par étape, jusqu'à ce que la curiosité de Brampton commence à succomber à l'ennui d'une progression aussi lente, rampante et ineffable.

"Je pense que je n'infligerai plus ma présence, M. Gimblet", dit-il, "il est temps de m'habiller pour le dîner, ou ma femme devra m'attendre."

Ne recevant aucune réponse de Gimblet, qui était maintenant absolument absorbé par son travail, il murmura à Sir Gregory qu'il reviendrait après le dîner, et se retira de la scène, escorté jusqu'à la porte par Higgs, qui le laissa sortir et la ferma derrière lui. avant de regagner son poste au pied de l'escalier.

Arrivé en haut de la maison, Gimblet se redressa et se tourna vers Sir Gregory et le commis, qui se trouvaient dans l'escalier quelques marches en dessous de lui.

Sir Gregory, qui était presque étouffé par des questions refoulées, saisit l'occasion.

"Avez-vous trouvé quelque chose?" » cria-t-il, et Tremmels, bien qu'il ne dise rien, était un écho vivant de ces paroles, alors qu'il se tendait derrière Sir Gregory pour entendre la réponse.

« Rien de précis encore », dit Gimblet, « mais je peux dire qu'il me semble probable que, si Mme Vanderstein est venue ici lundi soir, elle n'est pas restée longtemps dans la maison. Je dois dire qu'elle n'est pas allée plus haut, en tout cas, que le sol du salon. Et il procéda à l'examen des pièces en descendant.

Les chambres ne rapportaient aucune récolte ; ils avaient l'aspect lugubre de pièces inoccupées et n'avaient apparemment pas été pénétrés puisque, après avoir été balayés et nettoyés avec beaucoup de soin, ils avaient été laissés prêts à l'usage du locataire. Aucun des lits n'était fait, il n'y avait pas d'eau dans les cruches, il n'y avait absolument aucune indication que l'une d'elles ait été utilisée depuis le départ de M. et Mme Mill. Gimblet ne passa pas autant de temps sur eux que sur l'escalier, mais il était huit heures passées quand enfin il sortit du dernier et descendit au premier étage.

« Je peux toujours réessayer à l'étage s'il n'y a rien de concluant ici », dit-il à Sir Gregory pendant qu'ils descendaient.

La main sur la poignée de la porte du salon, il s'arrêta un instant, regardant avec plus de sympathie qu'il n'en avait montré récemment le visage anxieux du vieux soldat. Le sentiment l'envahit qu'il ne serait pas bon que Sir Gregory entre dans cette pièce ; c'était un sentiment vague, impalpable, qu'il ne pouvait expliquer ; et en un instant c'était passé. Il ouvrit la porte et entra dans le salon, laissant le baronnet, conformément aux instructions reçues, fidèlement debout sur le palier, le visage blanc du commis apparaissant par-dessus son épaule, encadré dans le carré de la porte sur les ombres sombres. au-delà.

CHAPITRE XVIII

LORS des recherches préliminaires précipitées dans la maison, il appartenait à Higgs d'atteindre le premier étage plus tôt que son maître. Gimblet lui avait laissé le soin d'examiner, tandis que lui-même se précipitait vers les étages supérieurs ; de sorte qu'il entrait pour la première fois dans le salon.

Il resta un moment debout, tournant la tête à droite et à gauche, observant les principales caractéristiques de l'appartement avec des regards rapides et complets. Puis, tout d'un coup, toute la silhouette de l'homme se raidit ; et il était difficile de reconnaître M. Gimblet, le dilettante, le habitué des magasins de curiosités, le flâneur des galeries de tableaux, sous la forme tendue et immobile de Gimblet, le détective, en ce moment. Il se tenait debout, comme un chien d'arrêt qui attrape le vent du gibier, droit et raide, dans une attitude de mouvement interrompu, un genou encore plié pour le pas qu'il était en train de faire ; toute sa forme était absolument immobile, à l'exception d'une série de respirations courtes et successives, tandis que, la tête rejetée en arrière et les yeux brillants de l'excitation vive et équilibrée du chasseur, il reniflait l'air.

Qu'est-ce qu'il sentait ? Quelque chose de si faible, de si indéfini, qu'après le premier instant saisissant, il l'avait complètement perdu ; et avec cela, la connaissance de ce que c'était — qui en une seconde lui avait semblé presque la sienne — s'éloigna et disparut, et son effort le plus acharné ne parvint pas non plus à s'en souvenir. Oh, encore une bouffée de cette odeur évasive et troublante ! Mais malgré ses reniflements, il ne pouvait plus rien détecter, et lentement son attitude se détendit, et il fit intervenir d'autres sens sur la scène.

La pièce était divisée, par sa forme, en un salon à l'avant et à l'arrière, comme c'est généralement le cas dans les maisons de Londres ; mais les deux avaient été réunis en un seul et la porte donnait sur la partie arrière la plus étroite, de sorte que la lumière de la fenêtre donnant sur le jardin, obscurcie par les arbres, tout en éclairant tout ce qui se trouvait à la droite de Gimblet, pénétrait à peine dans la pièce. partie avant et plus grande de la place. Là, les volets fermés des trois fenêtres qui donnaient sur le balcon empêchaient la lumière de pénétrer, et il faisait très sombre. Le détective a allumé le gaz et a regardé autour de lui.

C'était une pièce gaie et agréable ; pas surchargé de meubles, et faisant preuve de goût et de jugement dans son agencement et sa décoration, bien qu'il n'y ait rien de très original. Aux murs, recouverts de papier de couleur claire, étaient accrochés trois ou quatre bons tableaux modernes ; la cheminée était du XVIIIe siècle, et de chaque côté était placée une armoire Chippendale, avec des étagères pour la porcelaine, dont on voyait quelques belles pièces à travers les petits carreaux des portes vitrées. À l'extrémité opposée de la pièce se trouvait une longue et basse bibliothèque et, à l'exception d'un grand bureau, le reste du mobilier se composait de canapés et de chaises, ainsi que d'une ou deux petites tables. C'était une pièce à la fois délicate et désolée, gaie et abandonnée. Les vases de fleurs vides qui se trouvaient sur les tables, l'absence de livres, d'ouvrages, de papiers ou d'autres signes d'occupation humaine égarés, lui donnaient un air d'inconfort et de tristesse ; mais il était évident, d'après les chintz et les rideaux clairs et le doux luxe du tapis, qu'il suffisait de la présence de ses propriétaires pour prendre un aspect joyeux et vivant.

Gimblet commença son examen de sa manière méthodique habituelle, parcourant le sol à quatre pattes, regardant le tapis à travers son objectif à tout endroit où apparaissait une marque douteuse ou un changement dans l'apparence de sa surface par rapport à celle de l'environnement. les pièces. Lorsqu'il approchait des chaises ou des tables, il les écartait et continuait sa quête à l'endroit où elles se trouvaient. Il y avait deux petits canapés Chesterfield, dont l'un faisait saillie perpendiculairement à la cheminée, devant la fenêtre droite de la partie avant de la pièce, l'autre faisant face à la porte, le dos contre le mur.

Lorsque le détective arriva près du canapé près de la cheminée, il le poussa de côté comme il avait poussé chaque meuble tour à tour, et tandis que ses yeux tombaient sur le sol en dessous, un sifflement sourd lui échappa : il y avait une tache de tache rougeâtre sur le tapis vert Wilton, d'environ trois pouces de diamètre, et une ou deux taches plus petites à proximité de la même couleur rouille.

La tête penchée sur le côté et les lèvres toujours pincées comme pour émettre un sifflement, mais sans qu'aucun bruit audible n'en sorte, Gimblet regardait la tache sur le tapis ; et plus il regardait, plus son visage devenait sévère ; l'expression sifflante disparut, et il ouvrit et ferma la bouche avec un grincement lorsque ses dents se rencontrèrent. Il passa son doigt sur les marques, et la pièce sembla s'effriter sous son contact, jusqu'à ce qu'un trou apparaisse dans le tapis et que les planches blanches du revêtement de sol soient exposées à la vue. Il appliqua sa lentille sur les bords du trou et arracha la laine effilochée avec ses doigts. Un petit morceau qu'il en avait retiré, il le déposa dans l'une des petites boîtes à spécimens dont il s'était muni.

Puis il remit le canapé dans sa position initiale et poursuivit son examen du sol. Sous l'aile, il découvrit un autre des petits objets qu'il avait ramassés dans l'escalier, mais il ne trouva rien d'autre d'intéressant jusqu'à ce qu'il commence à tourner son attention vers les meubles. Presque la première chose qu'il regarda fut le canapé qui cachait le trou dans le tapis ; il y était attiré avec une attirance irrésistible. Un examen minutieux n'a cependant révélé que le fait que la couverture en chintz était plutôt froissée. Gimblet enfonça sa main dans le dossier du siège et en retira la partie qui était repliée. Ce faisant, il sentit une petite boule sous ses doigts et, en la levant, il vit que c'était encore une petite chose brillante pour sa collection de piluliers, et alors qu'il regardait le morceau de chintz qu'il avait retiré, il en aperçut plusieurs autres. du même genre.

Ils brillaient à la lumière du gaz comme de petits diamants, mais ils s'étaient manifestement détachés du tulle pailleté d'une robe de dame. Gimblet se souvenait que la robe de Mme Vanderstein avait été décrite par sa servante comme étant « *diamantée* » ; mais il était alors possible, voire probable, que Mme Mill, ou ses amies, possédaient des robes d'un tissu similaire. Gimblet se baissa de nouveau et tira le reste du revêtement du canapé depuis les profondeurs derrière les coussins. Cette fois, il a tout remonté ; toute la couverture s'étalait devant lui en une masse désordonnée et encombrante, et du bout, alors qu'il l'arrachait, deux petits objets jaillirent, qui tombèrent sur le sol à ses pieds. En un instant, il les avait soulevés du sol et les regardait : il s'agissait d'un morceau de papier écrasé et plié et d'une minuscule houppette.

Le détective déplia le papier et le présenta à la lumière ; c'était une feuille de papier à lettres blanc et épais, sur laquelle étaient gravés une couronne et un symbole en lourdes lettres dorées. Au-dessous de ceux-ci était écrit d'une belle écriture étrangère inclinée

« Très adoré, je compte les heures, les minutes, jusqu'à ce que j'entende pour la première fois le son de ta voix. Dieu soit loué de ce que je n'ai pas longtemps à attendre, et vous, que le ciel m'a envoyé, acceptez les remerciements de mon cœur reconnaissant. Je vous envoie ceci par Madame Q. »

La signature qui suivit fit ouvrir les yeux à Gimblet. « Felipe », en liaison avec la couronne en tête du journal et le caractère étranger de la calligraphie, ne pouvait désigner qu'une seule personne. Gimblet était bien conscient que le prince de Targona honorait Londres de sa présence. Il jeta un coup d'œil attentif autour de la pièce pour s'assurer que personne ne se trouvait à proximité, plia soigneusement le papier et le plaça dans son cahier. Puis il tourna son attention vers la houppette.

C'était une petite houppette ordinaire en soie rose et duvet blanc – très petite, très délicate, bien que très banale. Gimblet le retournait encore et encore, mais ne voyait rien qui le différenciait des autres houppettes. Non pas que ce fût une curiosité dont il connaissait très bien les particularités ; il ne pouvait s'empêcher de se rendre compte qu'en matière de houppettes, son éducation avait été négligée. Un détective français, se dit-il tristement, aurait lu toute une histoire dans cette peluche. Il l'a passé sur le dos de sa main, mais cela n'a laissé aucune marque ; il le secoua dans la paume, mais aucune poudre n'en tomba. Il était clair pour lui que, quels que fussent les usages qu'il eût pu servir aux mains blanches qui l'avaient autrefois serré, il n'était d'aucune utilité dans la sienne, et dans son irritation, il était enclin à le jeter loin de lui. Mais ses habitudes méthodiques l'emportèrent et il chercha dans son manteau une boîte pour le contenir. Et soudain, avec ce qui semblait être un mouvement involontaire, il leva la main qui tenait la houppette et la porta à son nez.

"Ah," soupira-t-il, et c'était un soupir de profond contentement. Puis il rangea le précieux objet moelleux et le mit dans sa poche. Il termina le tour des meubles sans autre découverte ; à la fin, il demanda à Tremmels de lire le contenu de la pièce dans l'inventaire, comme il l'avait fait à la fin de ses visites dans chaque pièce ou palier, cochant chaque objet pendant que l'employé lisait sa description.

« J'espère, » dit-il à sir Gregory, « trouver quelque chose qui ne soit pas mentionné dans l'inventaire, et que nous pourrions considérer comme la propriété de M. West. Mais jusqu'à présent, rien ne peut lui appartenir, pas même une brosse à dents. Il semble certainement être un leader de la vie simple. Puis il se tourna de nouveau vers Tremmels. "N'y a-t-il aucune mention des housses de chaise ?" Il a demandé. Mais le jeune homme se contenta de le regarder bouche bée, et il lui saisit le livre des mains.

"Laisse-moi voir", murmura-t-il en passant un doigt sur la page. "Nous voilà. « Deux canapés Chesterfield et cinq fauteuils avec des housses en chintz lâches. » Ça pourrait vouloir dire n'importe quoi. Regardez ici ! il se tourna de nouveau vers le commis : « vous avez parcouru l'inventaire. De quoi te souviens-tu de ce canapé ? Il montra celui en face de la porte qui, contrairement aux autres canapés et fauteuils, n'avait pas de revêtement en chintz. Tremmels fut troublé par le ton aigu du détective.

« Je… je ne me souviens de rien du tout », balbutia-t-il.

"Quoi, tu ne te souviens pas qu'il y avait une couverture ?"

La deuxième question de Gimblet était encore plus incisive. L'employé lui lança un regard où se mêlaient étrangement suspicion, timidité et perplexité, et il répondit obstinément, répétant ses paroles précédentes, comme s'il s'imaginait qu'on lui tendait un piège.

"Je ne me souviens de rien à ce sujet." Son visage pâle avait une expression plus boisée que jamais.

Le détective se détourna de lui avec un mouvement impatient et resta debout à regarder le canapé avec un froncement de sourcils sur le visage. C'était exactement le même que celui de la partie avant de la pièce, mais, au lieu d'une couverture de chintz rose et blanc, il ne présentait que le revêtement dont il avait été initialement recouvert par les artisans : une sorte de tapisserie blanche avec des fleurs grises et des taches de rouge, dont la coloration générale n'était pas sans rappeler le chintz des autres canapés et chaises, mais qui s'ajustaient étroitement et laissaient apparentes les pieds nus en bois vernis brun, qui étaient d'une forme particulièrement laide.

"Viens," dit enfin Gimblet, "je dois descendre."

"Qu'as-tu trouvé?" Sir Gregory lui demanda anxieusement alors qu'ils descendaient, suivi de loin par l'employé : « Qu'avez-vous trouvé près de l'autre canapé ?

Le détective hésita un instant.

« Sir Gregory, dit-il, il y a quelque chose ici, une histoire à lire, si je peux la lire. Les murs essaient de me parler, je crois, si seulement je pouvais écouter correctement. Il y a des choses très claires que je vois, mais pas assez, et il y a quelque chose que je ne comprends pas. Mais ce que j'ai vu laisse présager des choses sinistres, et je dois vous prévenir que je n'aime pas leur apparence.

"M. Gimlet !» s'écria Sir Gregory. "Que veux-tu dire?"

"Oui, Sir Gregory", dit le détective. « Je suis bien plus inquiet au sujet de votre ami que je ne l'ai été jusqu'à présent. Je crains que, lorsque je serai en mesure de vous donner de ses nouvelles, ce ne soit très mauvais. Vous devrez peut-être supporter un choc. Ne penses-tu pas qu'il serait préférable que tu rentres chez toi et que tu attendes que je vienne vers toi ?

Mais, même si sur le visage de Sir Gregory il y avait une expression de chagrin terrifié, il ne voulait pas y aller.

La salle à manger ne disait rien, les recherches de Gimblet y étaient vaines, et il se rendit bientôt dans la pièce située derrière, qui semblait être une bibliothèque ou un fumoir. Les volets, comme ils l'avaient vu du jardin, étaient fermés, mais à ce moment-là, le dernier crépuscule de l'été s'estompait et la nuit promettait de tomber sombre et venteuse. Le premier acte de Gimblet fut d'allumer le gaz.

C'était une petite pièce, cette arrière-salle, où sans doute M. Mill, lorsqu'il était chez lui, avait l'habitude de fumer sa pipe et de s'occuper de sa correspondance. Deux des murs étaient bordés d'étagères ; un côté était occupé par la fenêtre ; et au quatrième, en face de la porte et au-dessus de la cheminée, étaient accrochées quantité de manières noires encadrées de noir sombre. Ils entourèrent une petite peinture à l'huile qui occupait la place d'honneur juste au-dessus de la cheminée, et qui attira directement l'œil intéressé de Gimblet. Cela semblait être un exemple de la première école hollandaise, et il fut saisi du désir de l'examiner de plus près. La cheminée en dessous était tapissée de vieux carreaux bleus et blancs, et il y jeta également un regard envieux, mais les sentiments du collectionneur étaient à l'instant soumis à ceux du détective, et il se tourna vers les meubles plus quotidiens de la chambre.

Il n'y avait pas grand-chose dedans : deux fauteuils étaient disposés de chaque côté de la cheminée, et devant la fenêtre se trouvait une grande table à écrire avec un encrier et un buvard posés dessus, ainsi que quelques bricoles. . Même avec cela, la table semblait vide ; on manquait les papiers qui, de droit, auraient dû y être éparpillés. Alors que Gimblet se tenait à côté, il était conscient du courant d'air froid qui sifflait à son oreille, et c'est alors qu'il regarda pour la première fois vers la fenêtre.

« Il faut qu'elle soit ouverte », se dit-il, puis, en regardant de plus près : « Par Jingo !

C'était une fenêtre à guillotine de type démodé, avec une douzaine de carreaux à ossature de bois sur chaque moitié, et le loquet métallique habituel retenant le haut et le bas ensemble lorsque la fenêtre était fermée. Elle était maintenant fermée, et l'air froid qui pénétrait dans la pièce entrait par les fissures des volets, et ne rencontrait plus d'obstacle depuis lors, car la vitre supérieure et médiane de l'ouvrant inférieur était dépourvue de verre.

Gimblet repoussa la table et examina soigneusement le cadre vide, touchant les bords d'un doigt imprudent, qu'il retira cependant assez précipitamment et porta à sa bouche. Il regarda le sol ; puis, suivant son habitude habituelle, il s'agenouilla dessus, l'objectif à la main. La lampe à gaz était masquée par l'ombre du bureau, et il eut recours à une lampe électrique de poche. Apparemment, il était satisfait de ce qu'il voyait, car il se leva bientôt et se tourna de nouveau vers la fenêtre. Il détacha le loquet et, plaçant une main sur le cadre, chercha à soulever l'ouvrant, mais celui-ci resta coincé, et il dut exercer ses deux mains et beaucoup de force avant de pouvoir le soulever.

Puis il alluma la lumière de la petite torche sur le rebord de la fenêtre et en sortit un éclat de verre brisé. Après cela, il poursuivit son inspection de la pièce et de son contenu. Il ne contenait, comme on l'a dit, que peu de choses, à l'exception des livres, mais tout ce qui s'y trouvait était soumis à l'examen minutieux habituel ; la corbeille à papier n'a pas été oubliée, ni la grille vide et le seau à charbon. Finalement, après avoir comparé les choses mentionnées dans l'inventaire avec celles de la pièce, Gimblet ferma la porte du hall et passa précipitamment son objectif sur les boiseries. Apparemment, il y vit plus qu'il ne s'y attendait, car il revint plus lentement à sa tâche et passa plusieurs minutes à examiner quelques petites taches de saleté, visibles à l'œil nu sur la peinture blanche.

Finalement, c'était chose faite, et il ne restait plus que le sous-sol à inspecter. Cela a pris du temps et les résultats l'ont déçu, à l'exception d'un placard sous l'escalier où il a découvert la pelle à poussière d'une femme de ménage pleine de morceaux de verre brisé. Il s'en saisit avec enthousiasme et examina très soigneusement la surface de la boîte avec sa lentille ; seulement pour le reposer avec un claquement de langue irrité.

Sir Gregory suivait ces débats dans un silence frappé ; ses espoirs s'étaient transformés en succès aux paroles que Gimblet lui avait adressées en quittant le salon ; à mesure que chaque porte successive s'ouvrait, il ressentait un serrement de cœur et une peur malsaine d'être confronté à un spectacle terrible. Or il aurait presque préféré que le détective ne trouve aucun indice, tant il redoutait la solution vers laquelle il sentait instinctivement que ces petites découvertes le conduisaient irrésistiblement.

Le visage du commis, qui partageait également le rôle de spectateur silencieux, exprimait un intérêt excité, sauf lorsqu'on lui parlait, lorsqu'il se détendait dans son habituelle apathie de bois. D'autres fois, il regardait par-dessus l'épaule de Sir Gregory avec des yeux fiévreux et tendus, manifestement possédé par toute la passion pour les sensations sous toutes ses formes qui est commune à sa classe ; cependant, qu'il était aussi dans l'ignorance que Sir Gregory, en ce qui concerne les conclusions suggérées au détective par les divers objets qu'il examinait, cela ressortait clairement de l'air presque exaltant avec lequel il observait l'attention minutieuse accordée à l'inutile pelle à poussière.

Gimblet remit cet objet à sa place, et sortit un à un les autres objets du placard : un bidon d'eau, un seau, une brosse à récurer, et autres bricoles. La dernière chose qu'il a mise au jour était une boule de papier journal froissé, rangée au fond de balais et de seaux. Cela n'avait pas l'air intéressant ; et, tandis que Sir Gregory voyait avec soulagement la manipulation de tout ce qui lui donnait du répit, le visage de Tremmel tomba.

Gimblet, cependant, était trop méthodique pour ignorer quoi que ce soit, même un objet aussi peu prometteur qu'un vieux journal. Il l'ouvrit sur le sol du couloir, déroulant les pages froissées et les étalant à plat sur les planches. Au milieu de la boule se trouvait une petite quantité de poussière, ou plutôt ce qui ressemblait davantage à de la terre. Gimblet le ramassa dans une main et le laissa tomber entre ses doigts dans la paume de l'autre ; c'était noir et fin, mais granuleux au toucher. Avec une expression perplexe, il en rangea une partie dans une de ses petites boîtes et mit le reste dans sa poche, enveloppé dans un morceau de journal. Puis il disparut dans la cave à charbon, qui était le seul endroit qu'il n'avait pas visité. Il n'y a rien trouvé.

Il était alors presque dix heures.

Ils retournèrent dans le hall et Gimblet ouvrit la porte de la petite bibliothèque.

« Asseyez-vous ici, Sir Gregory, dit-il, vous êtes debout depuis des heures » – et en effet le baronnet tombait de fatigue –. « Je sors juste dans le jardin, et autant te reposer un peu. Quant à toi, ajouta-t-il à Tremmels, tu peux rentrer chez toi si tu veux. J'en ai fini avec l'inventaire.

"Voilà la clé", lui rappela l'employé, "et, si cela ne vous dérange pas, je m'assois ici dans le couloir pendant quelques minutes avant de partir... Je me sens moi-même un peu fatigué, monsieur."

Il en avait certainement l'air, mais il avait l'air si malade depuis le début que l'effet de ces heures passées debout et du manque de nourriture, qui pesaient lourdement sur Sir Gregory, n'ajoutait guère à l'aspect misérable de Tremmels, quel qu'il soit. sentiment.

Gimblet lui dit de s'asseoir et, les laissant, il sortit dans le jardin. Il fit le tour par l'arrière et suivit le chemin qui menait à la remise à outils. En y entrant, il cherchait, à la lueur de sa torche, parmi les instruments appuyés contre le mur ; mais ce qu'il cherchait n'était pas là, et il se retira, insatisfait. En rentrant lentement vers la maison, il déplaçait sa lampe d'un côté à l'autre, de sorte que la lumière brillait sur les parterres de fleurs entre lesquels il marchait et non sur le chemin sous ses pieds ; c'était comme s'il espérait trouver ce qu'il voulait parmi les fleurs.

Tournant le coin du mur, il aperçut une silhouette sombre en train de fermer la porte la plus éloignée ; il est venu vers lui et il a reconnu l'artiste Brampton.

« Vous travaillez tard, M. Gimblet », dit-il en rencontrant le détective. « Des découvertes ? »

Gimlet ne répondit pas ; il regardait sa montre.

« Il *est* tard, dit-il après une pause ; puis à moitié pour lui-même : « en retard ! trop tard et trop sombre, murmura-t-il ; et encore : « C'est peut-être aussi bien. Cela ne ferait aucun mal à Sir Gregory d'attendre jusqu'à demain pour recevoir de mauvaises nouvelles.

" Quoi, " dit Brampton, " vous avez de mauvaises nouvelles pour lui ? "

« Je crains qu'il n'y ait de mauvaises nouvelles demain », dit Gimblet.

La nuit était très sombre, car les nuages s'étaient de nouveau rassemblés et le vent se levait de nouveau. Les feuilles des arbres dans la rue bruissaient bruyamment comme en signe de protestation ; de loin, le tintement d'un orgue de Barbarie résonnait par intermittence entre les rafales de vent.

« Il fait aussi froid que l'hiver », grogne Brampton.

Gimblet regardait la devanture de la maison et, lorsqu'il parla, Brampton fut frappé par le changement dans sa voix.

"Bien sûr!" s'écria-t-il, le journal froissé ! De quoi ai-je fait ? Maintenant, ah, maintenant je sais ! Monsieur Brampton, dit-il en bougeant pour se placer face à l'autre dans l'obscurité, il y a quelque chose de très terrible ici ; quelque chose à faire auquel Sir Gregory ne convient absolument pas. Je ne suis que trop convaincu qu'un crime a été commis dans cette maison, un crime horrible et ignoble, qui, sans le moindre accident, n'aurait peut-être pas été découvert depuis longtemps. semaines. Aucun criminel ordinaire n'est à l'œuvre ici ; nous avons affaire à un scélérat si froid et si ingénieux, si prudent, si plein de prévoyance et de vile ruse, que je ne pense pas avoir jamais rencontré auparavant. À quel point êtes-vous nerveux, M. Brampton ? Je vois que tu es musclé un homme fort, et j'aurai besoin d'aide. Que dites-vous? Pouvez-vous m'apporter l'aide que je souhaite, ou dois-je aller trouver le policier sur ce terrain ?

Les paroles solennelles du détective, et plus encore la note grave et urgente de sa voix, excitèrent l'imagination de l'artiste et éveillèrent en lui une perception horrifiée de la gravité de la situation, qu'il avait jusque-là considérée d'un œil attentif. , à moitié amusé, à moitié moqueur, comme nous pouvons contempler un jeu de Indiens rouges joué par des enfants sérieux et dramatiques. L'esprit d'aventure criait haut en lui et surmontait le rétrécissement d'une nature raffinée au contact de l'horrible.

"Vous pouvez compter sur moi", fut tout ce qu'il dit, et là-dessus Gimblet courut vers la porte, appelant Higgs pour qu'il l'ouvre.

Les autres hommes étaient assis comme il les avait laissés, Sir Gregory dans un fauteuil près de la cheminée de la bibliothèque, et le commis dans le hall ; tous deux tombaient dans des attitudes d'extrême lassitude.

"Veux-tu s'il te plaît rester là où tu es un peu plus longtemps ?" Gimblet a dit à Sir Gregory. « Je monte avec M. Brampton, pour voir s'il peut me dire une ou deux choses que je veux savoir sur la disposition ordinaire des meubles ; et après cela nous rentrerons chez nous, à moins que tu ne me laisses guider et que tu le fasses immédiatement. Non? Eh bien, nous ne tarderons pas. Nous n'aurons pas besoin de vous, ajouta-t-il à Tremmels, qui luttait avec raideur pour se lever de son siège.

Aux mots de Gimblet, il retomba à nouveau et appuya faiblement sa tête contre le mur.

Faisant signe à Higgs et Brampton de le suivre, Gimblet monta à l'étage.

Le gaz brûlait encore dans le salon, et la porte restait ouverte comme il l'avait laissée. Gimblet s'arrêta sur le seuil et attira l'attention de Brampton sur le canapé d'en face.

« Vous souvenez-vous, demanda-t-il, si ce canapé avait une housse comme l'autre avant le départ de M. Mill ?

Brampton l'examina d'un air dubitatif.

"Je ne peux pas vraiment dire que oui", a-t-il déclaré. « Je devrais le savoir, bien sûr, mais je n'en suis pas vraiment sûr. Vous voyez, la coloration ressemble tellement à celle des chintz. On ne le remarquera peut-être jamais. Pourtant, les jambes sont très laides ; Je pense que j'aurais dû les observer. Et ce n'est pas dans les habitudes de Mme Mill de laisser une chose laide si clairement exposée. Mais dans l'ensemble, je n'en suis pas sûr.

« Ne sentez-vous pas, » dit Gimblet, « qu'il y a quelque chose de terrible, quelque chose d'effrayant, dans ces morceaux de bois brun brillant ? Leur laideur devrait être décemment couverte. Malheureusement, j'ai peur de savoir où chercher leur couverture.

Il nous conduisit vers l'une des portes-fenêtres de la pièce de devant et l'ouvrit brusquement. Détachant les volets qui barraient toujours le passage, il les rejeta et sortit sur le balcon, suivi des deux hommes.

C'était, comme il l'avait vu du sol, un espace inhabituellement large et qui s'étendait sur toute la largeur de la maison. Un muret d'environ neuf pouces de hauteur entourait son bord, soutenant une balustrade de pierre. Une grande boîte ou auge en bois peint en vert, longue d'environ dix pieds sur un mètre de large et aussi haute que la balustrade, était plantée de fleurs qui ne semblaient pas être dans un état très florissant.

A la lueur du réverbère, on voyait que les pétales des géraniums devenaient noirs et que les marguerites penchaient la tête sur des tiges d'où toute vigueur semblait avoir disparu. À l'intérieur de la balustrade, les ombres noires s'étendaient comme une mare d'encre, et le sol du balcon était tout à fait invisible, sauf là où la fenêtre ouverte par laquelle ils étaient entrés laissait échapper un étroit filet de lumière.

"Ouvrez les volets des autres fenêtres", dit Gimblet à Higgs.

Quand cela fut fait, ils purent mieux voir. Au grand étonnement de Brampton, l'acte suivant de Gimblet fut de saisir l'un des géraniums et de l'arracher par les racines ; une marguerite suivit, et en quelques minutes il eut arraché toutes les plantes. Brampton, alors qu'il regardait, remarqua avec quelle facilité ils arrivaient.

Puis Gimblet l'appela.

« Maintenant, M. Brampton, si vous et Higgs prenez ce côté-là de la boîte, je peux gérer celui-ci. Je veux l'incliner un peu.

Il fallut tous les efforts des trois hommes pour déplacer la caisse, pleine à ras bord de terre. Haletants et haletants, ils l'écartèrent d'abord de la balustrade et l'inclinèrent vers le mur de la maison. La terre s'est déversée à mesure que l'angle augmentait, et en une minute le sol s'y était enfoncé profondément.

"Doucement, doucement", dit Gimblet. "Ecoute, qu'est-ce que c'est?" et il désigna quelque chose de blanc qui dépassait de la terre dans la boîte.

Sa torche électrique l'éclaira, et les autres, équilibrant le bac à fleurs incliné sur son bord, regardèrent à l'intérieur et virent que c'était un morceau de chintz rose et blanc.

Il fallut un certain temps avant que Gimblet ne parle. Il se tenait comme transformé en pierre, et Brampton sentit une horreur indéfinissable l'envahir, une peur d'il ne savait quoi, mais dont il semblait être conscient qu'elle était en quelque sorte un reflet ou un transfert télépathique des pensées inexprimées de l'autre.

Finalement, avec un effort évident, Gimblet se redressa.

« Nous devons incliner un peu plus de terre, » dit-il à voix basse, « très prudemment maintenant. »

Avec beaucoup de précautions, ils relevèrent de nouveau le côté de la tribune, et un flot de terre se déversa par-dessus le bord ; la petite tache blanche qu'ils avaient vue dans un coin devint un gros morceau, et presque instantanément il fut clair pour tous que la plus grande partie de la boîte en était pleine. Laissant les autres gérer la boîte, qui était maintenant facilement stabilisée, Gimblet courut autour et s'agenouilla à côté, ramassant des poignées de moisissure du jardin et révélant ce qui ressemblait à un très long et volumineux paquet de chintz fleuri.

Soudain, d'une voix à peine supérieure à un murmure, Brampton rompit le silence.

"Mon Dieu!" dit-il en pointant du doigt et en regardant avec des yeux horrifiés.

Du coin de l'emballage dépassait une main à moitié recouverte de terre ; c'était une main blanche et bien faite, une main de femme.

"Est-ce que tu le vois?" murmura encore Brampton en s'appuyant contre le mur en tremblant.

"C'est une main", dit Higgs, troublé mais impassible.

Gimblet était très pâle et il inspira rapidement alors qu'il se préparait à soulever le chintz enveloppant. Les fenêtres éclairées projetaient trois rayons de lumière dans l'obscurité et projetaient les ombres grotesques et déformées des hommes sur le rebord du balcon. Un coup de vent soudain fit gémir et frissonner les arbres de la rue, comme s'ils avaient été balayés par le passage du balai d'une sorcière nocturne ; tout autour d'eux, les ténèbres se rassemblaient comme une chose méchante qui, si elle osait engloutir les minuscules lumières protectrices que les hommes brûlent pour se défendre.

Gimblet se sentait lutté contre certaines de ces influences malveillantes ; des peurs à moitié conscientes, une certaine sensation de présences maléfiques dans l'air, plaisantant, se moquant, se rassemblant pour se réjouir des résultats de la méchanceté terrestre, semblaient le paralyser ; et il dut faire appel à ses réserves de volonté avant, après un instant d'hésitation, de se pencher en avant et de dérouler la couverture de chintz.

A l'intérieur se trouvait le corps d'une jeune femme. De longs cheveux noirs gisaient en masse sur ses épaules et coulaient sur l'unique vêtement blanc qu'elle portait. Le visage était si terriblement défiguré qu'il était méconnaissable.

Avec un frisson, Gimblet ramena l'emballage sur elle.

« Vitriol », murmura-t-il, et il aperçut, tout en parlant, quelqu'un derrière lui, dans l'ouverture de la fenêtre.

Avant qu'il ait pu se retourner, un cri de chagrin retentit à son oreille, et il n'eut pas le temps de rattraper Sir Gregory, qui recula en titubant dans l'embrasure, et de là glissa évanoui jusqu'au sol. Alors que Gimblet sautait à son secours, il eut la vision fugace d'un visage horrible et d'une silhouette accroupie au fond du salon : c'était le visage de Tremmels, l'employé, mais si sauvage et blanc de terreur, si déformé par l'horreur. le choc de ce qu'il avait vu ressemblait presque à celui d'un autre homme.

Soupçonnant au bruit des volets qui s'ouvraient, suivi du silence soudain et prolongé, que quelque chose se passait à l'étage au-dessus d'eux, et ne pouvant plus supporter le suspense et la curiosité accentués par l'attente et l'inactivité, Sir Gregory, suivi du Le commis, s'était glissé à l'étage dans le salon sans attirer l'attention de Gimblet ou de ses assistants, et l'horreur de ce qu'ils avaient vu était trop pour eux deux.

Alors qu'avec l'aide de Higgs Gimblet soulevait la forme inanimée du baronnet d'où elle était tombée, un bruit soudain et fort venant de la rue en contrebas les fit presque lâcher leur fardeau ; et il fallut une seconde avant qu'aucun d'entre eux ne réalise que le son n'était que la première mesure tintante d'un air de music-hall populaire. L'orgue de Barbarie qu'ils avaient entendu un quart d'heure plus tôt s'était promené dans Scholefield Avenue, et, attiré sans doute par les fenêtres éclairées, avait cru bon de s'arrêter devant le n° 13 et de commencer là sa fuite en avant dans la mélodie. La moitié de l'air enjoué qu'il jouait avait été soufflé, avec tout le vacarme habituel des basses frappantes et des gammes cliquetantes, avant qu'aucun de ceux qui se tenaient au-dessus de lui dans la sombre présence de la mort ait suffisamment retrouvé sa présence d'esprit pour pouvoir s'arrêter. il.

Dire sèchement au commis de ne pas être un âne, mais de se ressaisir et de les suivre, Gimblet, avec l'aide de Higgs et Brampton, transporta Sir Gregory hors de la maison fatale et jusqu'au n° 15, la maison de l'artiste. Ici, ils l'ont confié aux soins de Mme Brampton, une femme compétente et active, pleine de bon sens, à qui son mari a expliqué en termes réservés autant de choses que la situation était inévitable.

« Il y a eu une terrible tragédie à côté, ma chère », lui a-t-il dit. « Ce pauvre monsieur s'est évanoui en apprenant la mort de son ami », et la créature au bon cœur et sensée s'est occupée de Sir Gregory sans perdre un temps précieux en questions.

À sa demande, Brampton a conduit le détective au téléphone, tandis que Higgs a été envoyé à la recherche d'un policier.

« Est-ce que c'est Scotland Yard ? » demandait Gimblet, alors que l'artiste lui fermait la porte et retournait vers sa femme.

Le temps que le détective ait fini de téléphoner, Higgs était de retour avec deux policiers, celui qu'il avait trouvé dans la rue voisine ayant sifflé un camarade. Gimblet les accompagna au numéro 13 et ils entrèrent ensemble dans le salon silencieux, où le gaz flambait toujours et où les fenêtres étaient ouvertes sur la nuit comme trois portes noires donnant sur un monde crapuleux et tragique. Avec l'aide des nouveaux venus, le corps de la morte fut retiré du bac à fleurs et transporté dans la maison, où, encore enveloppé dans la couverture de chintz, il fut délicatement déposé sur l'un des canapés. Pendant un instant, ils retournèrent l'emballage, tandis que Gimblet cherchait à la hâte un indice qui aurait dû y être enfermé par inadvertance, mais il n'y avait rien à part le corps et le vêtement dont il était vêtu.

« Voyez, murmura-t-il à voix basse en désignant une incision oblongue au bord de la chemise, ils ont coupé le linge là. Sans doute le nom, ou l'initiale, était-il brodé à cet endroit. Quel fin lin c'est ! et cette bordure en dentelle est aussi délicate qu'une toile d'araignée ! Si nous n'avions rien d'autre, cela montrerait que la femme assassinée était riche et avide de luxe. La plupart des femmes, si elles avaient une telle dentelle, la garderaient pour orner leurs robes.
Il remit la couverture sur elle ; et, remontant au balcon, il resta à regarder la caisse à moitié vide et le monticule de terre qui était entassé sur le sol.

«Ils devaient avoir pour tâche de déblayer le surplus de terre», fit-il remarquer
à Higgs, qui l'avait suivi. «Je soupçonne qu'il a été transporté jusqu'au jardin,
seau par seau, et que les dernières poignées ont été balayées dans un journal.
J'en ai trouvé des traces dans un placard en bas.
Laissant la police garder la maison, ils partirent à la recherche de Sir Gregory
et le trouvèrent si bien rétabli qu'il fut renvoyé chez lui dans un taxi sous la
garde de Higgs. L'employé a également été vu sain et sauf en route vers son
logement, où, pensa Gimblet, il emporterait probablement la bouteille de
cognac avec lui au lit.
« Tu devras assister à l'enquête, tu sais, lui dit-il en partant. – Ce sera peut-
être demain ou après-demain. Bonsoir et ne reste pas éveillé toute la nuit.

Après avoir renouvelé ses remerciements et ses excuses aux Brampton,
Gimblet trouva un autre taxi et, montant à bord, donna au chauffeur l'adresse
des chambres de Joe Sidney.

« Je pense, se dit-il, qu'il est temps que je rende visite à ce jeune monsieur.

CHAPITRE XIX

IL était près de onze heures lorsque le taxi s'arrêta devant la porte du logement de Sidney dans York Street, à St. James's, et, par hasard, Sidney lui-même se tenait sur le pas de la porte, en train d'insérer sa clé dans la serrure. . Gimblet se vit reconnu alors qu'il sautait hors du taxi, et vit également un air de plaisir indubitable dans cette reconnaissance.

«Cet homme est aussi innocent que moi», pensa-t-il alors que le jeune soldat le saluait.

"Entrez," dit Sidney, "vous êtes exactement l'homme que je voulais voir. Je suis allé chez toi ce soir, mais tu venais de sortir, dit le portier. J'ai hâte de savoir si vous avez des nouvelles de ma tante et de Miss Turner.

Il monta les escaliers tout en parlant et conduisit le détective dans un salon au premier étage, allumant la lumière ce faisant.

Gimblet attendit que la porte se ferme derrière eux, puis tourna un visage grave vers son hôte.

"Les nouvelles sont très mauvaises", dit-il lentement, et il attendit un moment pour donner le temps de comprendre la signification de ces mots et de préparer Sidney à ce qui allait arriver.

"Que s'est-il passé?" s'écria Sidney. « Sont-ils blessés ? Est-ce que Miss Turner... »

Il s'arrêta net, agrippant le dossier d'une chaise.

« Je ne sais pas ce qui est arrivé à Miss Turner, » dit Gimblet, « mais j'ai de terribles nouvelles de votre pauvre tante. Mme Vanderstein a été assassinée de manière ignoble et cruelle. Je reviens maintenant de la découverte de son cadavre.

"Assassiné!" s'écria Sidney, assassiné ! Par qui ? Comment? Où?" Il s'assit machinalement et regarda Gimblet. « Et Miss Turner ? L'ont-ils tuée aussi ?

Le détective répéta qu'à l'heure actuelle il ne savait rien de la jeune dame.

"Bon dieu!" dit Sidney, quelle chose épouvantable.

Appuyant ses coudes sur la table, il cacha son visage dans ses mains pendant quelques minutes, et Gimblet resta silencieux en face de lui, attendant qu'il se remette du premier choc de la nouvelle.

Lorsque Sidney releva à nouveau la tête, le visage qu'il révéla était pâle et tiré.

« Pauvre tante Ruth », dit-il. « La pauvre, la pauvre. Dire qu'elle devrait être morte. J'ai du mal à m'en rendre compte, tu sais. Après tout, elle a été tuée pour ses bijoux, je suppose. Les diables ! Vous ne les avez pas attrapés, n'est-ce pas ? et, tandis que Gimblet se contentait de secouer la tête : « Comment une telle chose peut-elle être possible ici, dans un Londres civilisé ? Et penser à ce vieux corbeau bestial, Chark, qui coassait comme il le faisait auparavant, et insinuait que je l'avais tuée ! Penser qu'il a raison après tout ! Je ne parle pas de la tuer, ajouta-t-il, mais voilà, elle est morte ; et j'entre dans son argent juste à temps pour me sauver de la ruine. Je déteste cette idée ! » Il parlait à lui-même plus qu'à son auditeur, et Gimblet le laissait parler. « J'aurais presque souhaité qu'elle modifie son testament, poursuivit-il, c'est une notion bestiale : sa mort étant mon profit, vous savez. Et je suppose qu'ils diront que je l'ai encore plus assassinée maintenant ? Il leva les yeux d'un air interrogateur ; puis, comme il ne recevait pas de réponse, son expression changea et il se releva, alerte et bien éveillé. "Je dis," dit-il, "pensez-vous que je l'ai fait aussi?"

Gimblet hésita un instant avant de répondre.

« En fait, dit-il enfin, je ne le sais pas. Je ne le pense pas un instant. Mais ce n'est que mon opinion personnelle et, à vrai dire, je pense qu'il serait tout aussi bien que vous puissiez rendre compte de vos déplacements depuis lundi à la satisfaction de plus de monde que moi. Je devrais vous soupçonner — c'est mon affaire de soupçonner tout le monde — mais, comme je l'ai dit, je ne le fais pas.

« J'ose dire que les choses semblent plutôt noires contre moi », a déclaré Sidney ; « C'est ma faute si je n'ai pas pris la peine de me défendre. Voyez-vous, cela me semble tellement excentrique que quiconque puisse penser une chose pareille. Cela semble tellement impossible et absurde, si vous permettez que je le dise. On oublie que les autres ne savent pas de quoi on est capable comme on le sait soi-même, et il ne m'a jamais semblé hier que vous, ni Sir Gregory non plus, puissiez me soupçonner. Je suis allé voir le rédacteur en chef du pire des journaux, je lui ai expliqué les choses et lui ai dit de faire savoir au vieux Chark qu'il avait tort. Vous avez peut-être remarqué qu'il a mangé ses mots dans le journal d'aujourd'hui. Mais je n'ai pas jugé nécessaire d'en parler à quelqu'un d'autre. Vous voyez, j'ai ce que vous appelez un alibi. J'étais à la campagne du lundi soir jusqu'à hier matin. J'ai rencontré un ami presque devant la porte de tante Ruth lorsqu'elle m'a chassé de la maison, et il m'a demandé de l'accompagner chez lui près d'Ascot pour jouer au golf, et j'y suis resté jusqu'à mercredi. En fait, je venais tout juste de rentrer quand je suis venu vous voir. Je n'étais pas au courant de la disparition de ma tante jusqu'à ce que je l'apprenne dans le train qui arrivait ; mon ami est arrivé en même temps et est resté avec moi jusqu'à ce que je le laisse à votre porte. C'est une perte de temps de me soupçonner ; J'admets qu'il semble que j'aurais dû assassiner ces pauvres chéris, mais au vu des faits, cette théorie ne tient pas la route.»

« Je suis très heureux d'entendre ce que vous dites, » dit Gimblet, « et j'aurais aimé que vous me le disiez avant, même si je n'ai jamais vraiment pensé que vous aviez une quelconque connaissance directe de l'affaire. Pourtant, vous devez avouer, M. Sidney, que vous n'avez pas été tout à fait ouvert avec moi : il y avait quelque chose que vous saviez et que vous gardiez pour vous lorsque nous en parlions.

"Je suis béni s'il y en avait !" s'écria Sidney. "Qu'est-ce que c'était ?"

Pour répondre, Gimblet sortit de son carnet le formulaire télégraphique de Barbara et le tendit au jeune homme.

« Vous ne m'avez pas dit que vous aviez reçu ce télégramme de Miss Turner, dit-il, même si je vous ai cité l'essentiel de son contenu à titre d'indice.

Sidney prit la forme et la regarda pendant un moment.

« C'est son écriture », dit-il enfin. "Je me demande ce qu'elle voulait dire."

Il sortit également un papier plié de sa poche et le poussa sur la table vers le détective.

C'était le message tel qu'il l'avait reçu.

« Vous remarquerez, dit-il, qu'il n'y a pas de signature. Comment pouvais-je savoir de qui ça venait ? En fait, j'ai deviné, ou du moins j'ai pensé qu'il était possible qu'elle l'ait envoyé, car personne d'autre ne se soucie de savoir si j'irai aux incendies ou non. Mais je ne comprends pas du tout pourquoi elle a choisi de penser que je devrais recevoir de l'argent ou de bonnes nouvelles mercredi. Inutile de dire que non. Et je ne voyais aucune raison de vous parler de ce qui ne concerne qu'une jeune dame et moi. Cela ne peut avoir aucune incidence sur sa disparition, ni sur celle de ma tante.

« Vous ne pensez pas ? » Gimblet le regarda bizarrement.

« Comment est-ce possible ? Je ne peux pas imaginer quel lien il pourrait y avoir. Mais bien sûr, vous êtes le genre de personne capable de lire le secret des sombres mystères dans n'importe quoi, du Tower Bridge à une pomme de terre au four, n'est-ce pas ? Alors peut-être y a-t-il une conclusion occulte que je n'arrive pas à tirer. Au fait, tu ne m'as pas encore dit grand-chose. Comment avez-vous découvert le meurtre et où ?

« J'ai trouvé le corps de la pauvre dame enterré dans une maison au nord de Londres », a déclaré Gimblet. « Non. 13, avenue Scholefield. Quant à la façon dont je l'ai découvert, c'est à l'aide de deux ou trois faits dont j'ai pu tirer certaines conclusions.

"J'aimerais que tu me racontes tout ça."

" Eh bien, " dit Gimblet, " comme Sir Gregory vous l'a dit au téléphone ce matin, j'ai appris, à la suite de l'annonce que je vous ai fait insérer hier dans les journaux, que les deux dames ont été vues par une actrice lundi. nuit, debout sous un panneau « À louer », devant une maison individuelle dans une rue sur le chemin de Carolina Road. Je n'ai pas pu retrouver cette rue hier, et ce n'est que lorsque j'ai pu joindre le cocher qui avait conduit l'actrice que je me suis assuré que Scholefield Avenue était la seule rue qu'il avait traversée lundi soir qui contenait des maisons individuelles. J'y suis allé aussitôt et j'ai découvert que le n°13 avait été récemment loué, le panneau ayant été retiré mardi matin. J'ai sonné, mais personne n'est venu à la porte, alors après avoir obtenu le nom de l'agent immobilier d'un voisin, je suis allé au bureau et j'ai interviewé l'agent. De lui, j'appris que la maison n'était louée que depuis lundi et que le locataire était un homme nommé West qui était prêt à payer un loyer élevé pour une possession immédiate et qui disait qu'il était un reclus, ne désirant rien tant. comme la solitude et l'intimité. L'agent avait par hasard une clé de rechange du n° 13 Scholefield Avenue et il a envoyé son employé avec moi pour ouvrir la porte.

« Dès que je suis entré, j'ai parcouru la maison avec mon domestique, qui m'avait accompagné ainsi que Sir Gregory, mais il n'y avait personne à l'intérieur, et j'ai donc procédé à un examen attentif et approfondi. Pour ne pas vous fatiguer avec des détails, j'ai bientôt trouvé un nombre considérable de petites paillettes en pâte, ou imitations de diamants, comme celles qui sont cousues sur les types plus élaborés et plus magnifiques de robes de soirée pour dames. Comme j'en ai trouvé plusieurs dans l'escalier entre l'entrée et le salon et un bon nombre d'autres dans le salon lui-même, mais aucun dans aucune autre partie de la maison, j'ai pensé qu'il était probable que, s'ils se détachaient, La robe de Mme Vanderstein, c'était la seule pièce qu'elle avait visitée. Il y avait, bien sûr, la possibilité qu'ils soient tombés de la robe de quelqu'un qui se trouvait dans la chambre avant la location, mais j'oppose à cela l'improbabilité que la maîtresse de maison ou ses amis soient des gens riches qui je porterais des étoffes si richement ornées, et aussi le fait que la femme de chambre de votre tante, en me décrivant sa toilette, l'avait qualifiée de « *diamantée* ».

« La découverte suivante fut des plus alarmantes. En déplaçant le canapé, j'aperçus en dessous une grande tache sur le tapis, dont diverses indications m'assurèrent qu'elle était le résultat d'un acide renversé. De par la nature des dégâts, j'étais à peu près certain qu'ils avaient été causés par de l'acide sulfurique ou du vitriol. Or c'est une chose étrange d'en trouver des traces dans le salon d'une dame, et quand on en trouve dans une maison vide où on a vu entrer une jeune et belle dame, mais dont on ne l'a jamais vue sortir, et quand vous réfléchissez en outre que la disparition de cette dame semble être complète et que, la dernière fois qu'elle a été vue, elle portait une fortune en bijoux, l'une des deux conclusions suivantes semble inévitable, à moins que vous ne supposiez que tous ces faits sont totalement sans rapport et que le résultat par pure coïncidence. Supposons-les au contraire liées les unes aux autres, et vous êtes amené, comme je l'ai dit, à envisager deux possibilités. Je me demandai donc immédiatement si Mme Vanderstein avait été attirée dans la maison par quelque créature démente déterminée à apaiser une folle jalousie en lui jetant du vitriol, ou si elle avait été incitée à s'y rendre pour satisfaire l'avidité encore plus fatale d'un homme. voleur. Et plus je le regardais, plus il me semblait probable que la pauvre dame avait été assassinée pour ses bijoux et que le vitriol servait à faire de la reconnaissance de son corps, s'il devait être découvert, un danger négligeable. Quelques minutes plus tard, je suis tombé sur une houppette parfumée du parfum particulier que votre tante avait l'habitude d'utiliser - j'ose dire que vous le savez - et cela a dissipé tous les doutes que j'avais encore quant à sa présence dans la pièce.

«J'espérais encore contre tout espoir qu'elle aurait pu le laisser en vie, et j'ai trouvé en bas des preuves qui m'ont amené à penser qu'elle avait été enfermée dans l'une des pièces inférieures pendant un certain temps; mais si c'était le cas, cela devait être avant qu'elle ne soit emmenée au salon. Dans la bibliothèque, un carreau de la fenêtre a été brisé, sans doute par quelqu'un qui essayait de s'échapper ou d'attirer l'attention, et évidemment cela avait été fait par une femme, comme un homme aurait pu ouvrir la fenêtre, qui était si raide qu'il fallait plus de force. que la force d'une femme. Le verre brisé avait été soigneusement retiré du cadre, de sorte que, sans le courant d'air, il aurait pu passer inaperçu.

« Qu'elle était cassée depuis la location de la maison était évident, puisque j'ai trouvé une pelle pleine de verre brisé, qui n'auraient pas été laissés ainsi par les domestiques du propriétaire, ni par la femme de ménage qui a fait le ménage après leur départ. La vue de cette pelle à poussière m'a rempli d'espoirs voués à la déception. Rien n'offre un meilleur support pour l'impression et la rétention des traces de doigts qu'un morceau de métal brillant, et je m'attendais à en trouver toute une collection sur la surface en étain de la poêle. Mais à mon grand étonnement et dégoût, je n'en ai pas trouvé un seul ; et cela a renforcé mon opinion selon laquelle j'avais affaire à un crime délibéré et non ordinaire, car il était clair que non seulement quelqu'un avait nettoyé et poli la pelle après l'avoir utilisée, mais que la personne qui l'avait fait avait porté gants. Et c'était pareil partout dans la maison. Pas une empreinte digitale visible, sauf dans la pièce à la vitre cassée, sur la porte peinte en blanc dont j'ai trouvé plusieurs traces de doigts distinctes. Quoi de plus probable que la pauvre dame, se trouvant enfermée dans une pièce inconnue, ait brisé la vitre et frappé la porte avec ses mains dans une panique soudaine ? Dans le même placard que la pelle à poussière se trouvait un vieux journal froissé en boule, que j'ai trouvé contenant une poignée ou deux de ce qui semblait être de la moisissure de jardin, et je ne pouvais pas au début imaginer pourquoi il devrait être là, même si je peux l'expliquer. pour ça maintenant. À ce moment-là, j'avais parcouru toute la maison et effectué les recherches les plus approfondies et les plus exhaustives, mais le seul autre indice que j'ai pu découvrir était négatif.

« Je dois vous dire que je m'étais assuré qu'il n'y avait aucun article dans la maison appartenant au locataire, M. West, comme il s'appelait ; tout était comptabilisé à l'inventaire et appartenait à M. Mill, le propriétaire. Il m'est apparu clairement que West avait dû prendre cet endroit dans un but précis autre que celui habituel d'y vivre, et comme je savais qu'il avait été occupé lundi soir, son objectif s'est sans doute alors réalisé d'une manière terrible et il s'est probablement enfui des lieux de son crime au moment où il en a, au mieux de ses capacités, effacé toute trace. Dans sa hâte, il avait laissé les petites paillettes qui s'étaient éparpillées dans le sillage de sa victime ; et, même s'il nettoyait la pelle comme s'il craignait qu'elle ne raconte des histoires malgré les gants de précaution, il semblait avoir pensé que le verre brisé ne pouvait pas le trahir, ou bien, peut-être, il n'avait pas le temps de s'en débarrasser. Mais s'il n'avait rien laissé derrière lui, c'était comme s'il avait emporté quelque chose.

« Les chaises et les canapés du salon étaient pourvus de housses en chintz amples, à une exception près. Il y avait un petit canapé qui se tenait en face de la porte, nu et sans honte, dans toute la laideur du revêtement d'origine et laid. Non seulement la tapisserie qui la recouvrait était d'un dessin méticuleux du XIXe siècle, tout à fait en désaccord avec le bon goût affiché partout dans la maison dans le choix des motifs et de la décoration, mais les jambes et les bras, qui étaient très visibles, étaient fabriqués en bois verni marron d'apparence particulièrement désagréable. Il me semble tout à fait improbable que, dans une pièce aussi pleine de beauté et de raffinement tranquille, cette seule chose ait pu afficher sa vulgarité et retenir l'œil du visiteur avec une fascination terrible. J'étais convaincu que West était responsable de sa nudité, et il était fort probable que lui, un homme sans doute dépourvu de tout sens artistique, imaginerait que l'absence de cette couverture pouvait passer inaperçue, tant la tapisserie ressemblait aux chintz dans leur coloration générale. »

« Mais pourquoi devrait-il le supprimer ? Que pourrait-il vouloir avec une housse de canapé en chintz ample ? » demanda Sidney alors que le détective faisait une pause.

« Je me suis posé ces questions, » continua Gimblet, « et j'ai vu qu'il n'y avait que deux explications qui répondaient à tous les faits. Il se peut que le chintz porte des traces de son crime qu'il faut à tout prix détruire ; il peut être, par exemple, taché de sang. Mais dans ce cas, il aurait probablement essayé de le brûler ; ce serait un travail difficile, et il n'y avait aucun signe d'incendie allumé récemment dans aucune des grilles. Pas de charbon dans la cave et pas de bois de chauffage. Il aurait eu besoin de brosses et de noircissement pour que tout retrouve sa forme de navire, et son nettoyage de grille aurait probablement été un travail d'amateur. Ou bien il aurait pu avoir une utilité pour le chintz. Ce serait une chose pratique d'envelopper un cadavre avant de l'emporter jusqu'à la tombe qu'il creuserait pour lui dans le jardin. Car il me semblait certain qu'après avoir tué sa victime, il l'aurait enterrée dans le jardin. Il y avait un hangar à outils au bout, et j'y cherchais une bêche qui devait montrer des signes d'usage récent ; mais à ma grande surprise, il n'y avait pas de chat du tout.

« À ce moment-là, il faisait nuit et tard, et je retournai à la maison avec l'intention de remettre à demain la recherche de la tombe, que j'étais sûr de trouver si elle était là. J'avais peu d'espoir que la pauvre dame s'était échappée, mais il était encore fort possible que mes théories fussent erronées, et que même les signes de vitriol ayant été utilisés étaient susceptibles d'une autre interprétation ; et j'ai admis avec plaisir que je n'avais aucune preuve réelle d'un acte criminel. Et puis, juste au moment où j'étais sur le point de partir pour la nuit, un souvenir insaisissable qui me troublait depuis mon entrée dans la maison apparut soudain clairement dans ma mémoire consciente, et je compris que je ne m'étais pas trompé.

« Lorsque j'ouvris pour la première fois la porte du salon, j'avais senti une légère odeur, qu'il me semblait sentir en passant, pour ainsi dire, et que je perdais aussitôt. Pendant la seconde où je l'ai perçu, son nom était sur ma langue, mais avant que je puisse le prononcer, l'odeur avait disparu et avec elle ma connaissance de ce que c'était. Je me suis creusé la tête pour m'en souvenir sans le moindre résultat ; mais, bien que j'aie renoncé à cette tentative et concentré tous mes efforts sur l'investigation de ce qui était apparent à mes autres sens, cette chose m'a gêné et je ne l'ai pas entièrement oublié. Alors que je me tenais devant la maison après ma vaine recherche d'un chat, l'idée de ce que j'avais senti m'est soudain venue à l'esprit : c'était l'odeur incontournable du chloroforme.

« Je regardais distraitement le balcon du salon lorsque la nouvelle m'est venue, et en un instant une autre lumière m'est apparue avec la même soudaineté. Il y avait un grand bac ou support à plantes sur le balcon, et la voisine qui m'avait donné quelques renseignements sur le locataire avait fait remarquer que la maîtresse de maison serait triste de voir ses fleurs si négligées. En fait, ils étaient tous fanés et flétris, et il avait laissé entendre que c'était faute d'eau. Maintenant, la pensée qui m'est venue à l'esprit aussi rapide et éclairante qu'un éclair était celle-ci : Pourquoi les fleurs devraient-elles mourir faute d'eau alors que nous avons eu une pluie constante ces deux derniers jours ? De toute évidence, ce n'était pas la sécheresse dont ils souffraient. Mais que se passerait-il si le *soidisant* West, après avoir cruellement assassiné votre malheureuse tante, entreprenait de déraciner les fleurs et de l'enterrer, enveloppée dans la housse du canapé, dans le jardinière ? C'était assez grand pour un tel usage, et s'il avait ensuite replanté les fleurs, il était assez probable qu'elles ressentiraient les effets de sa tentative de jardinage.

« Je suis monté immédiatement et j'ai mis cette théorie à l'épreuve. Je suis vraiment désolé de dire que cela s'est avéré exact dans les moindres détails.

Gimblet cessa de parler, et Sidney, qui avait écouté dans un triste silence, releva la tête et posa une question.

« Le vitriol ? Ils l'avaient utilisé… comme vous le pensiez ? Sa voix était rauque et son visage sévère et sombre.

"Hélas, oui."

« La pendaison est trop belle pour de telles brutes ; mais je ne me reposerai jamais jusqu'à ce qu'ils soient pendus pour cela. Avez-vous une idée de qui sont les démons qui ont fait ça ?

"Une idée? Dites plutôt que j'ai un soupçon, répondit Gimblet. « Vous pouvez sûrement voir la direction dans laquelle les circonstances pointent ?

"À moins que ce ne soit le chauffeur", a déclaré Sidney, "je ne peux pas imaginer qui a pu faire ça."

« Je ne pense pas qu'il y ait quoi que ce soit dans la théorie selon laquelle le chauffeur ou l'un des domestiques aurait été impliqué dans cette affaire. Il y a plusieurs choses qui font que cette idée ne vaut guère la peine d'être prise en considération. Mais il y a une personne contre laquelle les choses semblent très noires. Voulez-vous dire que vous ne pouvez pas voir de qui il s'agit ?

"Non, je ne peux pas", répéta Sidney.

"M. Sidney, dit lentement le détective, où pensez-vous que Miss Turner soit ?

«J'aimerais seulement savoir», répondit le jeune homme; « C'est horrible de ne pas savoir. Où pensez-vous qu'elle peut être ? Dites-moi la vérité, M. Gimblet : croyez-vous qu'elle est morte ? Il parlait durement et détournait les yeux.

"Non", a déclaré Gimblet, "je ne pense pas qu'elle soit morte."

Quelque chose dans son ton fit lever les yeux à Sidney. Gimblet le regardait avec une expression étrange, et alors que leurs regards se croisaient, il se détourna avec inquiétude. Pendant une minute, Sidney le regarda avec étonnement, puis une illumination incrédule l'envahit.

« Vous ne pouvez pas dire, » dit-il lentement, « que vous imaginez qu'elle était au courant de l'attaque de ma tante ?

Gimlet restait silencieux ; et son silence était plus éloquent que les mots.

« Mais il est impossible, s'écria Sidney, que quelqu'un sortant d'un asile d'aliénés pense une chose pareille. Vous ne la connaissez pas, M. Gimblet, c'est la fille la plus douce et la plus chère. La fille la plus altruiste, la plus dévouée et la plus fidèle du monde ! Comment pouvez-vous y faire allusion ? Oh, je sais que c'est à toi de soupçonner les gens, mais tu vas trop loin ! Je n'entends pas un mot contre elle.

Gimblet se tourna et lui fit face.

« Soyez raisonnable, M. Sidney, dit-il, et acceptez comme un fait que la jeune femme sera suspectée. Si elle est innocente, il vaudra mieux essayer de la blanchir plutôt que de refuser d'entendre ce qu'on peut dire sur sa possible complicité. Je comprends vos sentiments, mais vous devez comprendre qu'il n'y a rien à gagner à dissimuler la vérité. C'est parce que j'ai cru possible que vous éprouviez un vif intérêt pour Miss Turner que je vous ai dit que je la soupçonnais. J'espère que vous pourrez m'aider à me convaincre de son innocence, et la meilleure façon d'y parvenir est sûrement d'essayer de découvrir la vérité.

« Je vais essayer d'être raisonnable, comme vous dites, » dit Sidney après une pause, « et je suppose que vous entendez par là écouter vos abominables accusations. Eh bien, écoutons votre témoignage, et si je peux m'empêcher de vous étrangler, je le ferai ! Personne ne pourrait en dire davantage, ajouta-t-il avec une tentative de sourire. "Et je me sens bête même pour vous permettre de parler de la chose."

« Je suis extrêmement désolé de devoir le faire », a déclaré Gimblet, « mais il n'a jamais été bon de fermer les yeux sur les faits, et ce sont les faits qui me font soupçonner Miss Turner. En premier lieu, il y a le fait qu'elle pourrait profiter de la mort de Mme Vanderstein à hauteur de 30 000 £.

"Cela s'applique à moi aussi, mais encore plus", interrompit Sidney.

"Oui, et je ne pense pas que cela ait beaucoup d'importance", a admis le détective. « Je le mentionne comme un des points qui sort du domaine de la spéculation, et donc non négligeable. Le deuxième fait est que vous étiez à bout de nerfs pour l'argent.

"J'ose dire! Mais ce que cela a à voir avec vos soupçons sur Miss Turner me dépasse, s'écria Sidney.

« Il y a ceci à faire, même si je crains que vous n'aimiez pas que je fasse allusion à vos affaires les plus privées : Miss Turner est amoureuse de vous. Nous pouvons appeler ce fait n°3.

"Il n'y a absolument aucun fondement à cette affirmation", dit Sidney en rougissant vivement, alors qu'il ne pouvait s'empêcher d'être conscient d'une étrange accélération des battements de son cœur.

"N'est-ce pas?" » demanda Gimblet en le regardant pensivement. « Eh bien, nous renoncerons à ce point si vous le souhaitez. Disons que Miss Turner éprouve des sentiments inhabituellement amicaux pour vous. Si amicale qu'elle ferait tout son possible pour vous fournir les fonds nécessaires. Vous-même, vous m'avez presque dit beaucoup de choses. Vous ne pouvez pas nier que c'est elle qui vous a poussé à essayer d'obtenir de l'argent par de faux prétextes.

"Je suis sûr qu'elle ne l'a pas vu sous cet angle", protesta Sidney, tandis qu'intérieurement il se maudissait pour le lapsus par lequel, la veille, il avait laissé lui échapper le sexe de son ami.

"Je t'ai vu avec elle dans le parc dimanche dernier, n'est-ce pas ?" dit le détective ; «J'ai remarqué son expression. Je suis plutôt un type observateur à ma manière, vous savez. Je n'ai vu cet air que sur les visages de gens très amoureux. Je crois que je dois y revenir, après tout, malgré votre objection à cette suggestion.

«Je m'y oppose beaucoup. Miss Turner n'éprouve pas de tels sentiments pour moi, j'en suis sûr, et je ne peux pas vous laisser les lui imputer.

"J'ai bien peur que ce soit nécessaire", dit tranquillement Gimblet. « Les gens qui sont follement amoureux, continua-t-il, comme je la crois, sont capables de n'importe quel sacrifice, de n'importe quel héroïsme ou de n'importe quelle scélératesse. Dans cet état d'exaltation, ils sont susceptibles de perdre le sens des proportions et de confondre les extrêmes ; ils peuvent voir dans les profondeurs les plus basses de l'infamie seulement un autre aspect des nobles hauteurs de l'abnégation de soi ; si l'objet de leurs affections est en danger, ils ne peuvent considérer aucun expédient trop honteux si cela peut être un moyen de l'en dégager.

« Il n'y a rien d'impossible en soi à imaginer que Miss Turner, consciente de rien d'autre que votre besoin, s'efforçait aveuglément de le subvenir et n'était pas d'humeur à hésiter sur une méthode réalisable. Je ne sais pas si vous connaissez le caractère porté par son père. C'était un homme de la pire réputation : un escroc absolument impitoyable et sans scrupules. Sa fille n'a peut-être pas échappé à la souillure de l'hérédité ; il est, en tout cas, concevable que ses principes aient souffert de sa première association avec lui. On dit qu'il est mort en Amérique du Sud, où il a été obligé de fuir pour échapper à ses justes déserts, mais il n'y a aucune preuve qu'il soit réellement mort.

«Je sais que je parle pour le moment de théorie, si je dis, supposons que cet homme soit secrètement à Londres et en communication secrète avec sa fille. Supposons qu'elle lui laisse voir à quel point elle a cruellement besoin d'argent à ce moment-là. Un scélérat de sa nature ne pourrait-il pas saisir l'occasion pour la persuader de l'aider dans une affaire aussi néfaste que le vol de Mme Vanderstein, et s'assurer de son silence, sinon de son aide, dans une affaire encore plus ignoble ? Pour revenir au domaine des faits ; l'ordre au moteur de ne pas aller chercher les dames de l'opéra fut donné par Miss Turner. Elle est revenue seule en courant pour le dire au chauffeur, après que votre tante soit entrée au théâtre. Elle vous avait déjà envoyé ce télégramme dans lequel elle était très sûre que l'argent dont vous aviez besoin serait bientôt disponible.

« Elle a été vue par Miss Finner debout à la porte de la maison de Scholefield Avenue en compagnie de votre tante, et il n'est pas exagéré de présumer qu'elle y est ensuite entrée avec elle. Il n'y aurait aucun motif imaginable pour inciter un voleur ou une bande de voleurs à l'attirer dans la maison : elle n'avait pas de bijoux dont elle pouvait être privée. Il y aurait au contraire toutes les raisons pour qu'on lui interdise de s'approcher de cet endroit. Puisqu'elle s'y est certainement rendue de sa propre initiative, il semble probable que Mme Vanderstein ait été persuadée de l'accompagner par la jeune fille elle-même.

« Pour revenir pour le moment à la spéculation, on peut imaginer que c'était le vieux Turner qui se faisait passer pour West, le locataire, décrit comme un vieil homme à l'allure chevaline qui avait beaucoup vécu dans un climat chaud. Ceci concorde avec une description de Turner que j'ai pris la peine d'obtenir hier, à l'exception de la barbe ou impériale portée par West, qu'il a peut-être facilement fait pousser ces dernières années. C'est peut-être donc le père de la jeune fille qui a ouvert la porte aux deux femmes et qui, une fois qu'il l'a mise en sécurité à l'intérieur, a d'abord enfermé votre tante dans la bibliothèque pendant qu'il terminait ses préparatifs à l'étage, puis l'a conduite au dessin. -pièce, car à une époque plus en harmonie avec ses actes, il aurait pu la conduire à l'arbre le plus proche.

« Enfin, à l'appui de cette théorie, ou du moins de la complicité de Miss Turner dans l'affaire, nous avons les faits que les deux dames ont été vues ensemble pour la dernière fois, et que, tandis que l'une a été retrouvée volée et assassinée, l'autre est partie. sans un mot ni un signe. Il est fort probable qu'elle soit à mi-chemin de l'Amérique. Les ports sont surveillés, mais il est probablement trop tard.»

Gimblet finit de parler et s'assit en regardant le visage du jeune homme. Sidney avait l'air troublé, mais son attitude était confiante lorsqu'il donnait son opinion.

« Si on n'a pas entendu parler d'elle, dit-il, c'est parce que, pour une raison quelconque, elle est incapable de communiquer avec qui que ce soit. J'ai entendu attentivement tous vos arguments, Monsieur Gimblet, et je dois avouer que vous ne m'avez pas du tout convaincu qu'il y ait quoi que ce soit dans votre idée. Tout cela semble très plausible, sans doute, mais si vous connaissiez la jeune femme comme j'ai le plaisir de la faire, vous verriez que tout cela est ridicule. Personne ne peut être ce qu'elle est et agir comme vous le suggérez. Sa nature est telle qu'elle le met hors de question. Je ne peux que répéter que la chose est ridiculement impossible, et que si vous la connaissiez, vous seriez le premier à le voir. Cependant, je suis d'accord avec vous que la meilleure façon de prouver ce que je dis est de trouver le véritable meurtrier. Ma seule crainte est que demain vous découvriez qu'elle aussi a été tuée et enterrée dans le jardin.

« Cela ne me fait pas peur, » dit Gimblet, « parce que, comme je vous le dis, si sa présence n'avait pas été désirable, elle n'aurait jamais été près de cet endroit. Elle aurait été aussi ignorante de son existence que vous l'étiez vous-même. Le premier élément essentiel d'un tel plan que le meurtrier a dû concocter serait de mettre la main sur Mme Vanderstein seule et sans que quiconque ne soit soupçonné par quiconque n'était un complice.

Sidney fit un mouvement d'impatience.

"Je suis absolument convaincu que Miss Turner n'a rien à voir avec cela", a-t-il déclaré.

"Eh bien," répondit Gimblet alors qu'il se levait pour partir, "J'espère que vous avez raison et que des investigations plus approfondies m'amèneront à partager votre point de vue. Si nous pouvons mettre la main sur M. West, nous découvrirons la vérité, et à moins qu'il ne fasse très attention à la façon dont il se débarrasse des bijoux, nous sommes sûrs de l'attraper. D'après ce que j'ai entendu, le collier de perles de Mme Vanderstein est bien connu de tous les bijoutiers d'Europe ; et s'il essaie d'en vendre un seul, il se trouvera une corde d'une tout autre sorte autour du cou. Maintenant, je dois partir ; ils m'attendent à Scotland Yard.

CHAPITRE XX

IL était plus d'une heure quand Gimblet se coucha enfin. Il avait eu une journée longue et fatigante, pleine de tension et d'excitation, et à peine sa tête reposait-elle sur l'oreiller qu'il dormait profondément et sans rêves. Il lui sembla qu'il venait à peine de fermer les yeux lorsque Higgs le réveilla le lendemain matin en entrant avec son eau chaude. Il se retourna en bâillant et en se frottant les yeux, pendant que son domestique remontait les stores et préparait ses vêtements. Lorsqu'il eut fini et parti, le détective se retourna de nouveau pour une autre sieste ; mais une minute plus tard, Higgs était de retour.

« Le jeune homme d'Ennidge et Pring a appelé, monsieur, dit-il, l'employé qui est venu avec la clé hier soir, vous savez, monsieur. Il veut savoir si l'enquête doit avoir lieu aujourd'hui, car sinon il a reçu un congé et il va le passer à la campagne.

« Il peut y aller, » dit Gimblet ; l'enquête n'aura lieu que demain.

Il était maintenant complètement réveillé et alla prendre son bain dès que Higgs fut parti.

Le petit déjeuner était sur la table lorsqu'il entra dans la salle à manger, et il se servit une omelette, s'assit et versa son thé avant de prendre le journal du matin qui se trouvait à côté de son assiette.

Alors qu'il repliait la feuille et jetait son regard sur la page, il poussa une exclamation surprise et resta assis à regarder le papier avec incrédulité pendant qu'il lisait :

LE MYSTÈRE DES DAMES DISPARUES S'EST MYTHIQUE.

Mme Vanderstein séjourne à Boulogne.

« Notre correspondant à Boulogne télégraphie que Mme Vanderstein, du 90 Grosvenor Street, séjourne à l'Hôtel de Douvres dans cette ville. Ayant observé son nom dans le livre d'or de l'hôtel, notre correspondant a demandé au directeur si la dame pouvait être celle qui avait été portée disparue depuis deux ou trois jours, et a appris que, même si le directeur ignorait l'inquiétude ce qui a été ressenti en Angleterre à cause d'elle, c'est certainement Mme Vanderstein, du 90 Grosvenor Street, qui se trouve actuellement sous son toit. Une nouvelle conversation avec l'hôte affable et obligeant de l'Hôtel de Douvres nous fit apprendre que la dame était arrivée tôt mardi matin avec l'intention de ne rester qu'une nuit. Elle se plaignit cependant d'un malaise et fit appeler un médecin qui ordonna un repos complet ; de sorte que Mme

Vanderstein garda sa chambre jusqu'à ce soir, lorsque, sa santé s'étant améliorée, elle dîna dans son appartement comme d'habitude, mais sortit ensuite au Casino.

« Par chance, le directeur racontait ces détails à notre correspondant au moment même, vers 23 heures, qu'une voiture s'approchait de la porte et que la dame elle-même rentrait dans l'hôtel. Lorsque notre correspondant s'est présenté et a expliqué qu'une grave inquiétude était ressentie à son sujet dans ce pays, elle a exprimé un grand étonnement et a déclaré que cela expliquait le fait que les lettres qu'elle avait écrites n'avaient pas reçu de réponse. Elle a en outre supposé qu'ils n'auraient même pas pu être livrés, faisant remarquer que le système postal français laissait beaucoup à désirer. En réponse à d'autres questions, la dame proclama sa répugnance à être interviewée et dit simplement qu'elle enverrait des télégrammes dans la matinée ; sur quoi notre correspondante se retira, et elle entra dans l'ascenseur et monta au premier étage, où elle a une suite de chambres.

"Mme. Vanderstein, qui semblait entièrement rétablie, était élégamment vêtue d'un costume de casino noir et blanc, avec une toque rose ornée d'un balbuzard pêcheur, ce qui convenait très bien à ses cheveux noirs et à son superbe teint. Elle portait quelques-uns des magnifiques bijoux dont la rumeur a tant couru ces derniers jours.

Gimblet lut le paragraphe deux fois, puis, repoussant sa chaise, il se promena sans relâche dans la pièce. Son appétit avait disparu pour le moment ; ses yeux brillèrent à nouveau de l'excitation d'un nouveau problème. Il lui accorda une seconde pour se réjouir que Mme Vanderstein soit encore en vie ; il était heureux pour l'amour de Sir Gregory, et pour l'amour de Sidney, et même un peu pour elle-même, bien qu'à sa connaissance il ne l'ait jamais vue. Mais dès le début, il avait ressenti une sympathie indéfinissable pour la dame exigeante dont la maison embaumait le parfum délicat et délicieux qu'il associait à son nom. Mais, en fait, Mme Vanderstein, bien vivante et se déplaçant à Boulogne, s'est rapidement glissée hors de la place dans l'intérêt de Gimblet jusqu'alors occupé par Mme Vanderstein morte et cruellement assassinée. Son esprit s'occupait maintenant activement et avec impatience des questions soulevées par ce changement de rôle dans la tragédie de Scholefield Avenue.

Si Mme Vanderstein n'avait pas joué le rôle pitoyable de la victime en ce lundi soir fatal, qui l'avait fait ? Pas Mlle Barbara Turner, car elle a été décrite comme ayant les cheveux très blonds, alors que ceux de la femme assassinée étaient très foncés. Et si Miss Turner ne fuyait pas la justice, où était-elle ? Est-ce qu'elle et Mme Vanderstein auraient pu s'associer pour tuer leur hôtesse, alors qu'ils visitaient la maison louée par M. West d'origine tropicale ? Quoi qu'il en soit, il y avait là un nœud à dénouer et un crime noir à ramener à son auteur. Gimblet comprit qu'il n'était pas susceptible de résoudre l'énigme de lui-même et pensa qu'en attendant, il ferait mieux de se fortifier avec de la nourriture pendant qu'il en avait l' occasion. Son petit-déjeuner était plutôt froid lorsqu'il se rassit.

Qu'est-ce que, au nom du ciel, Mme Vanderstein et Miss Turner avaient fait dans cette maison lundi soir ? Miss Finner s'était-elle trompée, après tout, et n'était-ce pas eux qu'elle avait vus devant la porte ? Si oui, par quelle étonnante coïncidence avait-il été amené à fouiller cet endroit, par quel incroyable phénomène la Fortune l'avait-il amené sur les lieux de ce crime noir et de sang-froid ? Son cerveau, pendant qu'il mangeait, s'occupait de toutes ces énigmes.

Peu après le petit-déjeuner, un haut fonctionnaire du Yard l'appela conformément aux arrangements pris la veille, et ils partirent ensemble dans un taxi pour chez Fianti.

« Car, » dit le fonctionnaire pendant qu'ils partaient, « que ce soit Mme Vanderstein ou quelqu'un d'autre dont vous avez trouvé le corps, nous voulons tout aussi mal l'homme qui l'a fait, et nous avons besoin de votre aide pour le retrouver. Je suppose que votre commission de Sir Gregory Aberhyn Jones meurt de mort naturelle maintenant ?

« Je suppose que oui, » dit Gimblet, « mais je vais le voir tout à l'heure et je vous le ferai savoir. Il y a encore Miss Turner dont il faut s'occuper, mais j'ose dire qu'elle est aussi à Boulogne.

« Très probablement », approuva son compagnon. "C'est juste le genre de petit détail qu'ils oublieraient de mentionner."

"Eh bien, nous le saurons bientôt", fut le seul commentaire de Gimblet.

Chez Fianti, ils envoyèrent leurs cartes par le détective de la force régulière qui était toujours au service du prince et de la princesse de Targona, avec une demande de faveur pour audience. Ils n'eurent pas longtemps à attendre, et furent très gracieusement reçus par le prince Felipe, qui écouta avec une sérieuse attention l'explication de l'objet de leur visite, et lut avec une vive curiosité le billet présenté à son inspection par Gimblet.

Non, Son Altesse craignait de ne pas pouvoir les aider dans cette affaire. Le papier à lettres était certainement le sien – il ne pouvait faire aucune suggestion quant à la façon dont il l'avait obtenu – l'écriture était bien sûr un faux, si l'on pouvait appeler cela un faux qui ne prétendait absolument pas ressembler à l'original. Il n'avait aucune idée à qui pouvait faire référence l'appellation de Madame Q. Sans doute plus d'une dame dont le nom commençait par cette initiale lui avait été présentée à différentes occasions, mais il ne s'en souvenait pas pour le moment... Peut-être que certains membres de sa suite pourraient lui être plus utiles.

Mais aucun membre de la maison du prince ne pouvait leur venir en aide. En ce qui concerne le papier à lettre, il a été suggéré que les domestiques de l'hôtel savaient peut-être comment il avait été obtenu, mais rien de précis n'a pu être découvert à ce sujet.

Le prince les fit appeler de nouveau avant leur départ, mais c'était seulement pour leur dire qu'ils avaient ses meilleurs vœux pour le succès de leurs enquêtes, et pour leur poser quelques questions sur les points de procédure de la police anglaise qui paraissaient l'intéresser.

"Vraiment, un pays étrange !" murmurait-il de temps en temps en recevant les réponses à ses questions.

Avant qu'ils ne soient renvoyés, Gimblet sortit une fois de plus le papier froissé qui portait les armes de Targona sur le nom du prince, et demanda au prince s'il pouvait détecter une certaine odeur qui s'y accrochait.

« Délicieux, dit le prince Felipe après l'avoir porté à son nez, un parfum délicat et piquant ! Mais non, je ne sais pas ce que c'est.

Le fonctionnaire quitta Gimblet à la porte de chez Fianti et tandis que l'un retournait en taxi en toute hâte à son sanctuaire de Scotland Yard, l'autre traversait la rue jusqu'à la maison de Mme Vanderstein.

Il trouva une famille soulagée et joyeuse.

"Vous avez vu les nouvelles, bien sûr, monsieur", a déclaré Blake, ouvrant lui-même la porte en réponse à la sonnerie du détective. « Et nous avons reçu un télégramme ce matin. C'est ici."

Il le tendit à Gimblet, qui lut :

«Blake 90 Grosvenor Street London W. Je pense que les lettres ont dû manquer, je reste à l'Hôtel de Douvres Boulogne jusqu'à nouvel ordre.

" Vanderstein. »

Le télégramme avait été envoyé à 8 h 14 ce matin-là.

«Je suppose que Miss Turner est avec elle, monsieur», disait Blake tandis que Gimblet lui rendait le journal, «de journal ne mentionne pas d'elle.»

"Non", a déclaré Gimblet. « Pourtant, comme vous le dites, j'ose dire qu'elle est quand même là. Ce sont Mme Vanderstein, et surtout ses bijoux, qui intéressent le public.»

Il retourna à son appartement, où il trouva Sidney et Sir Gregory, tous deux radieux.

« Quelle magnifique nouvelle ! Sir Gregory le salua alors qu'ils se rencontraient avec un cri de joie. « Je ne pouvais pas y croire au début ; cela semble trop beau pour être vrai. Mais oh, M. Gimblet ! quelle nuit j'ai passée ! J'enverrai cinq dollars à ce journaliste. Ces types de journaux ont parfois leur utilité, après tout !

"J'espère que vous voyez maintenant", a fait remarquer Sidney, "quelle erreur c'est de soupçonner les gens de faire des choses impossibles."

Sir Gregory les regarda avec une expression perplexe. Gimlet, cependant, se contenta de sourire.

« Je suis ravi d'avoir tort, M. Sidney », fut tout ce qu'il dit.

« Elle rira quand elle apprendra tout ce que j'ai fait, » reprit Sir Gregory, poursuivant ses propres pensées. « Je crois que je courrai demain à Boulogne pour la voir. Je vous assure, M. Gimblet, que je me sens dix ans plus jeune. Quel cauchemar cela a été !

« J'ai trouvé un télégramme pour moi au club », répondit Sidney ; « Elle dit qu'elle regrette que nous ayons été inquiets et que sa lettre ait dû manquer la poste. C'est très gentil de sa part de me télégraphier ; Je ne pensais pas qu'elle avait l'intention d'avoir autre chose à voir avec moi la dernière fois que je l'ai vue.

"On dirait qu'elle t'a pardonné, n'est-ce pas ?" dit Gimblet.

Il pensait que tous les jeunes hommes dans la situation de Sidney n'auraient pas eu l'air si ravis d'apprendre que sa tante était en vie après tout, alors que toutes ses difficultés semblaient supprimées par sa prétendue mort.

"Elle ne dit pas un mot à propos de Miss Turner", a poursuivi Sidney. « Elle l'aurait peut-être fait, penserait-on. Bien sûr, elle ne se rend pas du tout compte que nous l'imaginons assassinée.

« J'ai télégraphié ce matin dès que j'ai vu le journal, » dit Sir Gregory, « et je lui ai dit que nous avions été très inquiets et que j'espérais qu'ils allaient tous les deux bien. J'espère que j'aurai une réponse à mon retour. En fait, je dois y aller maintenant. Vous voyez, elle a été malade ; a gardé sa chambre jusqu'à hier soir, a dit l'hôtelier.

"C'est une affaire très étrange", a déclaré Gimblet. « J'ai télégraphié un peu pour mon propre compte, puis-je vous le dire, car je veux savoir si Mme Vanderstein s'est effectivement rendue à Scholefield Avenue, ou si Miss Finner a pris quelqu'un d'autre pour elle. Je devrais avoir la réponse d'une minute à l'autre. Et la police envoie un de leurs hommes la voir, près du bateau de l'après-midi. Ils veulent que je les aide dans leurs enquêtes sur la tragédie que nous avons découverte hier. Je suppose, Sir Gregory, que je ne peux plus vous être d'une utilité ?

"Merci, M. Gimblet, j'espère que je ne vous dérangerai plus."

Après quelques félicitations mutuelles, les deux visiteurs s'éloignèrent et Gimblet se composa d'attendre la réponse à son télégramme, qui était maintenant due.

Il était assis, contemplant ses Téniers, dont il n'avait pas eu beaucoup de loisir d'admirer les beautés ces derniers temps, et grignotant des friandises en songeant, lorsque la sonnerie attendue retentit à la porte de l'appartement ; mais au lieu du message qu'il pensait recevoir, c'était l'inspecteur Jennins de Scotland Yard, un officier astucieux et de bonne humeur, qui avait auparavant été son associé dans plus d'une affaire importante.

« Je suis venu vous dire, M. Gimblet, s'écria-t-il en entrant, que la jeune femme a été retrouvée.

« Quoi, Miss Turner ?

"C'est ça. Elle est à l'hôpital de Middlesex et, en plus, elle y est depuis toujours.

« Alors, comment diable se fait-il que personne ne le sache ? C'est l'un des premiers endroits où je me suis renseigné, et j'ose dire que vous l'avez fait aussi.

"Oui; elle a été amenée mercredi matin vers 3 heures du matin par un agent de police qui était en service de nuit à Regent's Park. Il l'a vue renversée par un homme et l'a récupérée inconsciente, et elle l'est depuis lors. L'homme s'est enfui dans l'obscurité et, à l'hôpital, personne n'a reconnu la jeune femme d'après la description donnée lors des enquêtes effectuées, car la description des vêtements qu'elle portait était totalement fausse. Mais il y a eu beaucoup de photographies d'elle et de Mme Vanderstein dans les journaux aujourd'hui et hier, et ce matin, une des infirmières qui avait étudié son portrait a reconnu l'original malgré ses blessures. Les autorités hospitalières ont communiqué avec nous et je pars maintenant à l'hôpital. J'ai pensé que tu aimerais peut-être venir.

"Je devrais certainement le faire", dit Gimblet, et ils furent bientôt en route.

"Je n'ai vu Miss Turner qu'une seule fois, et ce n'était qu'un aperçu passager", a déclaré Gimblet alors que le taxi accélérait. « Ne pensez-vous pas que ce serait une bonne idée d'emmener avec nous l'un des domestiques de Grosvenor Street pour identifier la jeune femme ? Il est possible que l'infirmière se trompe ; les gens ont l'air si différents en position horizontale.

Et le fait qu'ils disent que ses vêtements ont été mal décrits me semble comme s'il y avait une erreur quelque part.

"Je pense que c'est une très bonne idée de votre part", approuva Jennins, et en passant la tête par la fenêtre, il dit au chauffeur de se rendre au 90 Grosvenor Street.

Ils appelèrent Amélie, la femme de chambre de Mme Vanderstein, qui apparut au bout de quelques minutes, ravie et excitée à l'idée d'aider la police. Elle regarda Gimblet avec un certain reproche, comme si elle eût voulu lui faire remarquer qu'il était regrettable qu'il n'ait pas jusqu'ici apprécié à quel point sa coopération pouvait être précieuse. « Ah ! cette pauvre demoiselle », murmura-t-elle en montant dans le fiacre ; et son attitude indiquait qu'elle aurait aimé ajouter : « Comme cela aurait été différent si vous m'aviez consulté plus tôt.

À l'hôpital, il fallut un peu de temps avant qu'ils soient conduits à l'étage et remis aux conseils d'une infirmière au visage agréable qui les conduisit vers une salle remplie de blessés, qui avaient subi diverses blessures aux mains de Fortune.

Dans un lit se trouvait une femme qui avait été renversée par une camionnette ; dans la suivante, un enfant tombé dans le feu de la cuisine ; dans la troisième, une femme que son mari lui avait frappée à coups de pied jusqu'au bord de la tombe ; le quatrième tenait une jeune fille dont le bras était écrasé dans les machines de l'usine où elle travaillait — c'est ce que l'infirmière a informé l'inspecteur.

Elle conduisit le groupe à travers la salle, continuant de commenter à mesure qu'ils avançaient, jusqu'à ce qu'ils atteignirent le lit du bout, dans lequel gisait une jeune fille dont la tête était couverte de bandages et qui restait tranquille et immobile comme endormie.

«La voici», dit leur guide.

Gimblet regarda Amélie.

"Mais oui, monsieur," répondit-elle à sa question tacite. « C'est bien Mademoiselle Turner. Ah là là ! la pauvre, qu'est-ce qu'on lui a fait ?

Barbara avait l'air terriblement blanche et fragile. Son visage était devenu amaigri et il y avait des rides d'un bleu profond sous ses yeux.

« Pauvre demoiselle, dit l'infirmière, elle a une commotion cérébrale, et ce doit être un coup épouvantable qui l'a provoquée. »

Lorsqu'ils quittèrent la salle, Gimblet demanda : « Comment se fait-il que Miss Turner n'ait été reconnue qu'aujourd'hui ?

«Eh bien, dit l'infirmière, vous voyez, les photos dans les journaux ne sont pas très belles, et ses cheveux sont tellement cachés par les bandages qu'il est assez difficile de voir la ressemblance. Mais ce qui nous a vraiment rebutés ici, c'est la description des vêtements qu'elle était censée porter. Bien sûr, personne n'a jamais pensé à la mettre en relation avec une jeune femme vêtue d'une robe de soirée blanche et d'un manteau d'opéra rouge !

"Pourquoi", a demandé Jennins, "ce ne sont pas les couleurs qu'elle portait ?"

« Attendez un instant, » dit l'infirmière ; "Je vais te montrer ses affaires."

Elle s'est dépêchée et est revenue une minute plus tard avec un paquet de vêtements.

«Regardez-les», dit-elle en les brandissant pour qu'ils les voient. « Regardez ce vieux manteau et cette jupe noirs ; voyez-vous à quel point c'est usé et démodé ? Ce n'est même pas très propre. Et cet horrible chapeau, dit-elle en montrant une paille battue, il est presque en morceaux ; et les bottes le sont, tout à fait. Ses sous-vêtements étaient en calicot si grossier et si rigide qu'on les prendrait pour des affaires d'atelier, et tous reprisés et raccommodés jusqu'à ce qu'on puisse à peine voir l'étoffe originale. Les bas n'étaient même pas réparés. Ce n'était qu'un grand trou. Et il n'y avait pas de chemisier du tout sous le manteau. Rien qu'une chemise. Comment imaginer que c'était là la jeune femme recherchée ? Il y a énormément d'apparences, et elle semblait être la plus pauvre des pauvres.

Gimblet s'empara des misérables vêtements et les examina avec impatience. Mais ils ne lui ont fourni aucune information. Rien n'était marqué, les bottes étaient bizarres et d'une époque préhistorique ; il n'y avait aucun trait distinctif dans aucune de ces choses.

Avec l'injonction de leur téléphoner si Miss Turner revenait à elle, ils quittèrent l'hôpital et renvoyèrent Amélie, qui retourna à Grosvenor Street pour faire ses valises et retourner à l'hôpital avec certaines affaires de Barbara, afin qu'elle puisse les y retrouver si ils étaient nécessaires.

"Maintenant, ce que je veux, c'est voir le gendarme qui a amené cette jeune femme à l'hôpital", a déclaré Gimblet à Jennins.

«Moi aussi», dit l'inspecteur. « Il a été appelé et devrait être au Yard à l'heure actuelle », et ils repartirent dans un autre taxi.

L'agent de police Matterson, de la division S, était déjà arrivé et les attendait lorsqu'ils atteignirent Scotland Yard. Jennins l'a appelé dans son bureau privé et là, en réponse à leurs questions, il a raconté son histoire.

« Vers 2 heures du matin mercredi, dit-il, la nuit était sombre et humide, la pluie tombait comme l'eau d'un seau et le tonnerre grondait aussi près de nos têtes et aussi souvent que jamais j'en ai entendu. , j'étais de service près de l'église Saint-Marc, juste à l'extérieur de Regent's Park. Il y a un petit pont pour les piétons sur le canal en face et je l'ai traversé pour me rendre au cercle extérieur du parc. Je me reposais juste une minute sur le pont, car je n'aimais pas rester sous les arbres plus que nécessaire avec cet orage si proche, quand un éclair qui devait être presque au-dessus de moi, si brillant, me montra en remontant le canal en contrebas, appuyé sur le parapet, si clair que j'aurais pu compter chaque brin d'herbe. Il y avait le canal qui serpentait à perte de vue, et dont la surface sautait et sifflait sous les gouttes de pluie ; et il y avait les berges de chaque côté et les troncs des arbres éclairés comme le jour. Mais ce qui a attiré mon attention, c'est la vue de deux personnes se débattant sur la berge, à quelques mètres de l'eau. C'était un homme et une femme, et il semblait essayer de la saisir par le cou, tandis qu'elle esquivait et se défendait de son mieux. Tout fut très clair pendant une demi-seconde, puis l'obscurité engloutit à nouveau tout et le tonnerre éclata, semble-t-il, juste sur ma tête.

« En dehors de ce que j'avais vu, il me semblait que les gens ne sortiraient pas pour rien par ce temps, à cette heure et à cet endroit ; et quand le bruit du coup s'éloigna, j'entendis le son de la queue d'un cri qui m'en rendit sûr. J'ai tourné ma lanterne vers l'endroit et j'ai crié en retour, courant pour franchir la clôture et descendre vers le canal.

« Alors que je m'approchais de l'endroit où j'avais vu les deux hommes, deux éclairs successifs se rapprochant l'un après l'autre les représentèrent à quelques mètres à peine, et ils m'aperçurent au même instant. L'homme avait une grande bêche à la main et, lorsqu'il m'a aperçu, il l'a soulevée de côté et a porté un coup terrible sur la femme avec le tranchant. Elle esquiva et esquiva à nouveau – elle était très active, la pauvre – et il manqua son coup, de sorte que la lame jaillit de son épaule et qu'il perdit presque l'équilibre. Mais il se reprit aussitôt et leva de nouveau les bras, la pelle à deux mains, comme je l'ai vu au deuxième éclair, et l'abattit de toutes ses forces à plat sur le sommet de sa tête.

« Je ne l'ai pas vue tomber, car la lumière s'est éteinte avant que le coup ne soit tombé, et dans l'obscurité je l'ai perdu, et il s'est enfui.

« Pendant que je tâtonnais avec ma lanterne, je suis tombé sur le corps de la jeune fille, étendu là où il l'avait frappée à terre, et au premier élan j'ai pensé qu'il avait bien fait pour elle. Alors je l'ai laissée mentir pendant quelques minutes, tout en sifflant et en continuant à chercher le scélérat. Deux autres de nos hommes sont arrivés au bout d'un moment et nous avons eu une chasse régulière, mais il avait pris un bon départ et nous ne l'avons jamais vu. En reportant notre attention sur la jeune fille, nous avons constaté qu'elle était toujours en vie, bien qu'inconsciente, alors nous avons pris une ambulance et l'avons emmenée à l'hôpital. Rien ne montrait qui elle était, mais d'après ses vêtements, je la considérais comme appartenant à la classe la plus basse et la plus pauvre. J'ai signalé l'événement à ce moment-là et j'ai effectué de nouvelles recherches sur place à la lumière du jour. J'ai ramassé la bêche à proximité, là où l'homme l'avait visiblement laissé tomber en courant ; il y avait un morceau de corde solide attaché au manche d'environ quatre ou cinq pieds de long, mais autrement il était sans marque distinctive d'aucune sorte. C'est dehors, si vous désirez le voir, monsieur.

Jennins lui a dit de l'apporter.

«Bien sûr», dit-il à Gimblet, «personne n'a jamais pensé à relier cette histoire de violence et de brutalité aux deux dames disparues. Le rapport ne m'est pas parvenu, comme il se trouve, mais je ne pense pas un seul instant que j'aurais été un peu plus sage s'il l'avait été. Pourtant, on se sent un peu idiot maintenant, je l'avoue.

Matterson revint avec la bêche et la corde, ce qui se révéla très ordinaire ; et l'objectif curieux de Gimblet ne put rien découvrir de remarquable à leur sujet.

« Comment était cet homme ? » il a demandé au policier.

"Je n'ai pas eu beaucoup de temps pour le remarquer, monsieur", répondit Matterson, "mais c'était un homme brun avec une barbe noire et grand."

"Avez-vous vu s'il portait des gants?"

« À bien y penser, maintenant vous me demandez, monsieur, je crois que oui. J'ai vu ses mains assez clairement lorsqu'il soulevait la bêche, et je devrais le savoir. Mais je ne pouvais pas le jurer, j'en ai bien peur, même si j'ai l'impression que oui, et que cela m'a paru curieux à l'époque, de la manière dont une chose vous frappe un instant puis vous échappe. de votre mémoire comme le fait un rêve.

CHAPITRE XXI

"Je parie que c'est notre homme", dit Gimblet, alors que Jennins renvoyait le gendarme.

"Eh bien, il a dû changer d'apparence s'il est M. West, le gentleman d'Amérique du Sud, à moins que le récit de Matterson ne soit vraiment très faux", fut le seul commentaire de Jennins. « N'allez-vous pas un peu trop loin, M. Gimblet, » demanda-t-il, « pour voir un lien entre cette violente tentative d'assassinat de Miss Turner et le meurtre réel qui a eu lieu au 13 Scholefield Avenue ? Pour ma part, je ne vois aucune raison de penser que les deux affaires ont quelque chose à voir l'une avec l'autre. J'admets qu'il semblait que Miss Turner et Mme Vanderstein étaient dans la maison, mais cette théorie est sûrement écartée maintenant et il est clair que votre amie l'actrice s'est trompée en pensant que c'était elles qu'elle voyait. Rappelez-vous, elle ne les connaissait même pas de vue, mais devinait simplement leur identité à partir de la description dans l'annonce : deux dames en blanc, l'une portant un manteau rouge et l'autre mauve. Eh bien, il y a peut-être eu des dizaines de couples habillés dans ces couleurs qui se sont promenés à Londres lundi, ou n'importe quelle autre nuit !

"Mais les bijoux," dit Gimblet, "elle les a vus aussi, vous savez."

"Mme. Vanderstein n'a pas le monopole des diamants. Et d'ailleurs, à cette distance et au rythme où allait Miss Finner, elle ne pouvait de toute façon avoir qu'une vague impression.

"Je suppose que j'ai la tête pleine de Scholefield Avenue", a déclaré Gimblet. « J'avoue que j'ai beaucoup de mal à me rappeler que Mme Vanderstein, en tout cas, est très loin de cet endroit. Et j'ose dire que vous avez raison, et Miss Turner n'a jamais été aussi proche de cela. Pourtant… » Gimblet tomba dans un silence introspectif dont il se réveilla bientôt en sursaut. "Dites-moi ce que vous en pensez, Jennins", dit-il. "Avez-vous une théorie?"

— Je n'ai aucune théorie sur l'affaire Scholefield Avenue, répondit Jennins à contrecœur, mais l'autre affaire ne semble pas beaucoup de mystère, à mon avis. Il est sûrement clair que lorsque Mme Vanderstein partit si secrètement à Boulogne, pour une raison quelconque, elle souhaitait laisser entendre que Miss Turner l'accompagnait, alors qu'en réalité la jeune femme restait à Londres. Dix contre un, nous constaterons que Mme Vanderstein avait avec elle en France une compagne plus compromettante qu'elle n'en avait laissée en Angleterre. Miss Turner se retira sans aucun doute dans un endroit isolé jusqu'à ce que sa présence soit de nouveau requise, probablement dans un logement près de Regent's Park. Très probablement, elle restait à l'intérieur toute la journée, de peur de rencontrer des connaissances qui pourraient lui demander des explications gênantes sur sa présence là, et, ayant besoin d'exercice et d'air frais, elle se promenait la nuit pour s'en procurer. Est-il surprenant que ce voyou que Matterson a aperçu, la rencontrant à pareille heure et dans un endroit si solitaire, ne lui ait pas épargné ses avances importunes ? Matterson l'a vu essayer de lui passer un bras autour du cou, et il était tout à fait naturel qu'elle crie dans de telles circonstances. Alors que notre homme accourait, le fainéant à barbe noire, se croyant attrapé, s'en est pris à la jeune fille dans un accès de colère, puis s'est enfui juste à temps pour se sauver.

« Tout va très bien, Jennins, » dit Gimblet, « mais je peux trouver des failles dans cette théorie jusqu'à ce que vous la preniez pour une passoire. Laissant de côté la question de savoir si une jeune femme telle que Miss Turner se prêterait à la tromperie que vous suggérez, est-il concevable que, si elle sortait chercher l'air frais après la tombée de la nuit, elle diffère de le faire jusqu'à deux heures ? le matin et choisir ensuite un orage particulièrement violent pour se promener ? Son désir d'exercice l'aurait-elle amenée à se tenir debout à mi-hauteur de la digue du canal alors que la pluie tombait à torrents, et ce depuis minuit ? Il y a une autre chose aussi inexplicable, c'est la tenue vestimentaire dans laquelle elle a fait cette promenade de minuit. Les vêtements que nous avons vus à l'hôpital n'étaient que des haillons. Il semble incroyable que cette jeune femme, dont nous savons qu'elle était vêtue lundi soir de pourpre et de fin lin, ait pu se promener mercredi matin avec des vêtements non seulement râpés et d'une indescriptible antiquité, mais en réalité sales. L'état abîmé du chapeau peut être dû au coup de pelle, et tous les vêtements ont bien sûr été trempés par la pluie, mais il y a quelque chose de plus dans leur caractère répugnant. Je ne peux pas imaginer comment elle a pu se résoudre à porter de telles choses.

« En dehors de son comportement, qui est en soi un mystère, que faisait celle à barbe noire au même endroit, à la même heure et dans les mêmes conditions peu propices ? Il est peu probable qu'ils aient erré là tous les deux dans le but inoffensif que vous attribuez à Miss Turner. Et, remarquez-le, cet homme n'était pas un dénué de ressources, dépourvu des moyens de se procurer un abri contre la pluie. Il portait une pelle en bon état de service qui lui aurait valu le prix d'une nuit d'hébergement chaque fois qu'il aurait voulu la mettre en gage. Maintenant, le genre de brut auquel vous pensez ne comporte pas de pique ou quoi que ce soit d'aussi évocateur d'un travail dur et honnête. D'un autre côté, qui utilise cet outil dans une ville comme celle-ci ? Un jardinier pourrait en avoir un, ou un charognard ; ou une ou deux autres personnes. Je pense que l'un des plus probables, surtout la nuit, serait un fossoyeur.

"Voilà!" s'écria Jennins ; « Votre esprit tourne autour des corps enterrés dans les pots de fleurs ! Je suppose que vous pensez que cet homme allait enterrer la jeune fille dans l'un des lits du parc ! »

"Tout cela est très étrange", songea Gimblet, sans prêter attention aux propos moqueurs de l'inspecteur. « La corde maintenant. C'est une énigme. Que pourrait-il faire avec une corde ? Et pourquoi était-il attaché à un chat ? Avait-il pris l'objet dans ses mains alors qu'il essayait de passer ses bras autour du cou de Miss Turner ? Cela a dû le gêner beaucoup et peut-être l'avoir aidée à échapper à ses griffes. Gimblet, les yeux aveugles, regardait fixement son compagnon, l'esprit occupé par le problème. Soudain, une lumière parut tomber dessus. "Par jupiter!" il s'est écrié : « Je crois que je vois tout cela. Si seulement Matterson était sûr de ses gants.

"Qu'est-ce que c'est?" » demanda Jennins avec impatience.

"Non, non", a déclaré Gimblet. « C'est une idée trop folle pour le moment, même si je ne pense pas pouvoir me tromper. Mais vous avez tous les faits devant vous, Jennins, et vous êtes aussi capable que moi de parvenir à la bonne conclusion. Je vous laisse réfléchir à l'énigme, pendant que je retourne à mon appartement et vois si la réponse au télégramme que j'ai envoyé à Mme Vanderstein est déjà arrivée. Il devrait être là maintenant.

Mais il ne trouva aucun télégramme qui l'attendait. Il en fut agacé et surpris, mais le temps que prennent les télégrammes étrangers est toujours incertain, et Mme Vanderstein aurait pu être absente lorsque le sien arriva à Boulogne. Le déjeuner lui était gardé au chaud et il lui prépara un copieux repas de bécasse écossaise et d'asperges ; avec lequel il buvait du café glacé et mangeait de la génoise à la place du pain. Il y avait des fraises pour finir, et il quitta la salle à manger avec un sourire paisible sur le visage.

Il était trois heures et le télégramme n'était toujours pas livré.

Gimblet décida d'attendre et, ayant maintenant le loisir de penser aux autres, appela Sidney au téléphone pour lui faire part de la découverte de l'endroit où se trouvait Barbara Turner.

Des questions incohérentes lui parvinrent par fil, mais après une minute ou deux, Sidney dit « au revoir » et raccrocha précipitamment. Le détective sourit en raccrochant le combiné. Dans son esprit, il voyait le jeune homme se précipiter et rouler rapidement en direction de l'hôpital, et en effet, l'image que son imagination lui dessinait n'aurait pas pu être plus précise.

L'après-midi passa et la soirée s'écoula, et pourtant aucun fil ne parvint de Mme Vanderstein. C'était fastidieux et Gimblet se sentait irrité contre la dame pour son manque de courtoisie. Elle aurait sûrement déjà répondu. Il sentait qu'elle détenait la clé de beaucoup de choses qui le rendaient perplexe, et il ne pouvait pas comprendre qu'elle n'ait pas réussi à la lui donner. Son propre télégramme était très urgent. Eh bien, la police envoyait un homme la voir ; il devait passer par la route de 14 h 20 depuis Charing Cross, et il arriverait désormais à Boulogne. Il ne pourrait y avoir beaucoup plus de retard, télégramme ou pas de télégramme.

Gimblet abandonna l'attente et repartit. Il sentit qu'il devait retourner sur Scholefield Avenue. La tragédie qui s'y était déroulée remplissait ses pensées ; et, étant convaincu, malgré l'incrédulité méprisante de Jennins, que les deux mystères étaient liés d'une manière lointaine, il était enclin à aller voir s'il n'y avait pas quelque détail insignifiant dans les choses du numéro 13 qu'il avait négligé, au lieu d'attendre. plus longtemps pour la petite lueur de lumière que Mme Vanderstein pourrait jeter sur les ténèbres qui enveloppaient toute l'affaire.

L'avenue Scholefield paraissait très calme et paisible dans la lumière du soir ; les quelques garçons qui rôdaient encore autour de la porte, survivances de la foule que la nouvelle du meurtre avait rassemblée là plus tôt dans la journée, avaient l'air tranquille de ceux pour qui le temps n'a pas d'importance, et Gimblet, regardant de haut en bas la route. , où les ombres s'étendaient longuement et où l'air était frais dans le crépuscule vert des arbres en surplomb, pensa encore une fois quel bon endroit le meurtrier avait choisi pour son acte. Qui aurait pu soupçonner le mal dans une oasis aussi calme et lumineuse, parmi les dédales de rues poussiéreuses et embouteillées qui l'entouraient de toutes parts ?

La maison était tenue par deux policiers, qui laissaient entrer Gimblet sans hésitation lorsqu'il leur montrait sa carte, et le suivaient des yeux avec des regards où se mêlaient curiosité et admiration. Il parcourut de nouveau le jardin, examinant les traces de pas à moitié effacées et fouillant entre les plantes en fleurs, de peur que quelque chose n'y soit jeté et n'ait échappé à son attention. Puis dans la maison, où il recommença ses recherches, mais sans résultat. Il regarda de nouveau dans le salon, où tout était comme il l'avait laissé, sauf que le corps avait été transporté dans une chambre, puis entra dans la bibliothèque et regarda de nouveau les traces de doigts sales sur la peinture blanche de la porte. À qui étaient ces doigts, se demanda-t-il, qui avaient laissé tant d'empreintes ? Était-ce la femme assassinée qui avait été enfermée dans cette pièce ? Mme Vanderstein et son compagnon étaient-ils là aussi, ou Jennins avait-elle raison, et leur présence dans les environs lundi soir n'était-elle que le produit de l'imagination excitée de Miss Finner ?

Ses pensées revinrent à la houppette et au faux billet, et il sortit le papier plié de son portefeuille et le renifla de nouveau. L'odeur du parfum, désormais certes faible, mais toujours accrochée doucement aux mots passionnés, était sans aucun doute celle qui planait autour de la maison de Grosvenor Street. Il se souvenait qu'on l'appelait Arome de la Corse, et Amélie avait dit que Mme Vanderstein le lui faisait envoyer directement de Paris. Des choses si extraordinaires se produisent chaque jour que tout ce qui n'est pas un miracle attire à peine l'attention, mais ce serait certainement mettre à rude épreuve le bras long de la coïncidence de supposer que, s'étant égaré sur les lieux d'un meurtre en raison de l'idée erronée qu'il était sur la trace de Mme Vanderstein, il devrait alors découvrir que non seulement la morte ressemblait à cette dame et portait des vêtements similaires mais qu'elle utilisait même le même parfum peu commun ! L'âme entière de Gimblet était révoltée devant une telle impossibilité. Au nom du bon sens, se dit-il, ce devait être Mme Vanderstein qui avait été vue sur le pas de la porte lundi soir, et aucune autre, malgré toute probabilité du contraire ; mais ce qu'elle faisait dans cette *galère* paraissait certainement incompréhensible à presque tous les points de vue.

Aucune éventualité n'a jamais été écartée par Gimblet comme trop farfelue pour être envisagée, et la seule explication raisonnable de sa présence, selon lui, était qu'elle était d'une manière ou d'une autre mêlée au meurtre, du moins complice, sinon l'auteur réel du meurtre. acte; mais ce point de vue impliquait un changement d'idées si complet, qu'il le laissa de côté pour un examen plus approfondi à la lumière des informations que l'homme envoyé par Scotland Yard à Boulogne pourrait fournir. Si seulement les murs pouvaient parler ! pensa-t-il en comprenant enfin qu'il n'y avait plus rien à rassembler, et, avant de quitter la chambre, il se dirigea vers la cheminée pour voir de plus près le tableau qui y était accroché et qu'il avait remarqué la veille.

C'était une petite peinture à l'huile, sombre à cause de la saleté et du vieillissement, et dont la plupart des détails étaient perdus dans l'obscurité générale. Cependant les figures, celles d'un homme en bleu et d'un autre en brun verdâtre en train d'allumer une longue pipe, pouvaient être assez clairement distinguées, ainsi que suffisamment de fond pour faire comprendre qu'il s'agissait d'un intérieur. Gimblet l'a étudié avec la plus vive appréciation ; c'était justement le genre de tableau qui lui plaisait le plus. Il avait envie de le retirer de son clou et de le porter à la lumière, et avec un regard plutôt coupable vers la porte, qu'il avait cependant fermée en entrant. , il leva la main et l'enleva.

Alors qu'il baissait délicatement son prix, il aperçut quelque chose qui le fit presque le laisser tomber.

Sur le carré de papier peint caché par le tableau se trouvait une écriture au crayon, griffonnée irrégulièrement d'une grande écriture ronde :

«Je suis enfermé dans cette pièce. J'écris ceci en espérant que ce soit le moyen de traduire ces personnes en justice, car je suis sûr qu'elles n'ont aucune intention bonne. Je le constate au fait que l'homme à la barbe noire a promis de m'aider à m'enfuir. Pourquoi faudrait-il s'échapper ? Mais je ne crois pas qu'il tiendra parole. Je suis ici depuis si longtemps, je ne sais combien de temps, mais plusieurs heures, peut-être des jours, et Dieu sait quelle chose horrible ils font dans le salon à M. »

L'écriture s'est brusquement interrompue à mi-chemin du carré de couleur plus foncée, là où le papier avait été empêché de s'estomper grâce à l'image protectrice. Gimblet l'a regardé avec toutes les émotions du scientifique dont la théorie a résisté à l'épreuve décisive. Ses mains tâtonnaient sous l'effet de son excitation, alors qu'il s'empressait de sortir son carnet et d'y chercher le formulaire télégraphique que Higgs avait obtenu du bureau de Piccadilly. Il l'aplatit contre le mur, au-dessous des mots écrits au crayon, plus pour se réjouir de cette preuve de la justesse de ses déductions que pour comparer les deux écritures, car il n'avait eu besoin que du premier coup d'œil pour lui faire comprendre que ils étaient une seule et même personne. L'écriture sur le mur était plus grande ; les lettres se suivaient inégalement, et tandis que certaines lignes descendaient de plus en plus bas à mesure qu'elles avançaient, d'autres s'élevaient de manière tordue pour les rencontrer, de sorte qu'en fait une ou deux se chevauchaient et étaient plutôt difficiles à déchiffrer, mais le caractère essentiel de la main était clairement identique à celle du télégramme. Il n'y avait aucun doute sur l'inclinaison de la ligne courte des h ou sur les lignes ovales convergentes des w et le croisement bas des t, outre une centaine d'autres petits points qui ne laissaient aucun doute à l'œil exercé quant à la paternité du message. .

"Je me demande ce que Jennins va dire à ce sujet", pensa Gimblet en copiant les mots sur une page de son cahier. "Cette Scholefield Avenue m'a trotté dans la tête, je suppose."

Aussi excité qu'il fût, il n'oublia pas son objectif initial en démontant le tableau, mais le porta jusqu'à la fenêtre et l'examina de près dans la lumière désormais déclinante. En y regardant de plus près, il se révéla moins intéressant qu'il ne l'avait imaginé, et il le raccrocha avec moins de regret.

"Mais même Jennins devra admettre qu'un penchant pour l'art s'avère parfois très utile", pensa-t-il en cachant une fois de plus le message griffonné à la vue.

Il était huit heures passées lorsque le détective retourna à son appartement et constata qu'il n'y avait toujours pas de réponse à son télégramme à Boulogne.

"Rien n'est arrivé et personne n'est venu nous voir depuis que vous êtes sorti, monsieur", lui dit Higgs.

Higgs parlait toujours de lui-même comme de « nous » lorsqu'il s'occupait des affaires de Gimblet, tout comme il faisait allusion, avec une belle impartialité, aux questions dans lesquelles son maître seul était concerné comme étant « les nôtres ».

« Ils nous ont appelés depuis la cour, poursuivit-il, depuis une demi-heure à intervalles réguliers, et ils m'ont dit que je devais vous demander de leur parler au téléphone dès votre arrivée. Les voilà repartis », conclut-il, alors que la cloche tintait violemment dans la bibliothèque au moment même où on sonnait à la porte d'entrée.

Gimblet se précipita vers l'instrument et Higgs alla ouvrir la porte.

"Es-tu là?"

« Oui, est-ce M. Gimblet ? Gardez le cap, s'il vous plaît, monsieur.

En un instant, la voix de Jennins résonna à son oreille.

"M. Gimlet, c'est toi ? Oh, M. Gimblet, notre homme a télégraphié depuis Boulogne et il semble que les choses aient pris une tournure très inattendue. Je suppose que vous avez vu un journal du soir ?

Gimblet avait tant entendu lorsque la porte de la bibliothèque s'ouvrit brusquement et Sir Gregory se précipita dans la pièce.

«Regardez ça», a-t-il presque crié, visiblement hors de lui avec une émotion douloureuse. "Regarde ça!"

Il agita un journal du soir.

« Oh ! partez, Sir Gregory, » dit Gimblet ; « tu ne vois pas que je suis occupé ? Bonjour, Jennins! Jennins, tu es là ?

Mais Sir Gregory ne se laisserait pas refuser. Saisissant le bras de Gimblet, il l'arracha du téléphone et, tenant le journal sous ses yeux, le montra d'une main tremblante. Il aurait voulu parler, mais les sanglots étouffèrent sa voix, et, lui jetant un coup d'œil pour la première fois et avec un humour peu amical, Gimblet fut surpris de voir que des larmes coulaient sur son visage rose et bienveillant.

"Pourquoi, qu'est-ce qu'il y a ?" » dit-il, mais Sir Gregory montra seulement le drap déplié. Les yeux du détective suivirent enfin le doigt tendu, et il lut :

«Meurtre de Mme Vanderstein.

«Une dame disparue retrouvée morte dans son hôtel à Boulogne.»

CHAPITRE XXII

« Que pensez-vous d'aller à Boulogne, M. Gimblet ?

C'était le lendemain matin et Jennins était assise dans les appartements de Gimblet. Il était venu pour discuter des choses et discuter des plans et des méthodes pour les réaliser.

"Je pense que je pourrais être plus utile si je reste ici", a déclaré Gimblet en réponse à sa question. « Votre camarade Burford, qui est là-bas, est un bon homme du son qui, au moins, ne négligera pas les évidences, et Bonnot, le détective français qu'on dit avoir été convoqué, est un maître dans son métier. Ces meurtres sont certainement l'œuvre de la même bande, et il sera peut-être plus facile de les retrouver ici à Londres, si tel est, comme cela semble être leur point de départ, que de le faire dans un pays étranger. Il n'y a plus de nouvelles de Burford, je suppose ?

« Rien de nouveau depuis hier soir. Et pas plus que les journaux, de toute façon. Ces journalistes sont nuls.

"Ils le sont", acquiesça Gimblet. « Voyons encore ce qu'ils en disent. » Il prit un journal, se tourna vers le sinistre titre et lut à haute voix :

« Une suite surprenante a suivi la mystérieuse disparition de Mme Vanderstein et de Miss Turner, qui ont quitté leur domicile en début de semaine et dont on a découvert hier où elles se trouvaient. Une de ces dames, Mme Vanderstein, dont nous avons constaté, on s'en souvient, qu'elle résidait à Boulogne, a été retrouvée morte dans sa chambre à l'Hôtel de Douvres hier après-midi, et un acte criminel est fortement soupçonné. Des traces de violence étaient clairement visibles et il est probable que la pauvre dame ait été étranglée à mort. Un aspect curieux de l'affaire est que, même si Mme Vanderstein avait avec elle une grande quantité de ses bijoux de valeur, dont certains se trouvaient effectivement sur la table à ce moment-là, à notre connaissance, aucun d'entre eux n'a été volé.

« Un page du service de l'hôtel rapporte qu'il a montré à un visiteur la chambre de Mme Vanderstein peu après le déjeuner, et cet inconnu, décrit comme un homme de grande taille avec une barbe noire, a quitté l'hôtel peu avant trois heures. après avoir délivré un message de la dame indiquant qu'elle ne souhaitait plus être dérangée ce jour-là. L'ordre fut dûment donné aux domestiques de l'hôtel, et si un messager de Londres n'était pas arrivé par le bateau de cinq heures pour des affaires importantes et n'avait pas insisté pour se rendre en présence de Mme Vanderstein, il est probable que le meurtre n'aurait pas eu lieu. été découvert jusqu'à aujourd'hui. Les autorités enquêtent avec la plus grande énergie sur cette affaire et on pense qu'elles sont sur la trace de l'homme à la barbe noire.»

Gimlet posa le journal. « Il y a plusieurs autres paragraphes qui disent la même chose avec des mots différents », a-t-il fait remarquer.

"On dirait certainement que vous aviez encore une fois raison", observa Jennins d'un ton réfléchi, "sur le fait que tout cela est l'œuvre du même gang, je veux dire."

"Cela ne fait aucun doute", a déclaré Gimblet. « J'en étais sûr dès le début, même si j'avoue que je n'avais pas grand-chose à faire. Une simple bouffée de parfum. Voyons ce que nous savons maintenant. Pour revenir à lundi soir, Mme Vanderstein et Miss Turner sont entrées volontairement dans la maison de Scholefield Avenue, mais nous ne savons pas si c'était en réponse à une invitation du soi-disant Ouest, malgré une théorie que j'ai sur le sujet. sujet. Ils se sont ensuite probablement séparés, Miss Turner étant emprisonnée dans la pièce du rez-de-chaussée, bien contre sa volonté et à sa grande inquiétude puisqu'elle a cassé une fenêtre dans l'espoir de s'échapper, et lorsque cette tentative a échoué, elle a écrit un message désespéré sur le mur : dans lequel elle exprimait sa crainte que quelque chose d'horrible soit fait à quelqu'un dans le salon. Vous conviendrez, j'en suis sûr, avec moi que, bien que le message indique que son alarme était destinée à « M. » puis s'arrête, un s aurait été ajouté si Miss Turner n'avait pas été interrompue, et son intention était d'écrire » Mme.' Mais il n'est pas clair si cela faisait référence à la femme enterrée dans le jardinière ou si elle pensait à son amie, Mme Vanderstein.

« Est-ce que Mme Vanderstein se trouvait dans le salon au moment du meurtre, et si oui, quelles étaient ses affaires là-bas, c'est la prochaine question sur laquelle nos connaissances nous font défaut. Nous savons qu'elle était dans cette pièce à un moment ou à un autre - je le savais au moment où j'ai senti son parfum sur la houppette et la note - mais nous ne pouvons pas dire si elle était là ou non au moment du crime. Dans les deux cas, sa procédure ultérieure est extraordinaire. Si elle a été retenue dans la maison contre son gré et a réussi à s'enfuir par un moyen inconnu, pourquoi a-t-elle pris l'avion pour Boulogne, au lieu de se rendre chez elle ou au commissariat le plus proche ? Pourquoi, en arrivant à Boulogne, n'a-t-elle communiqué avec ses amis qu'hier ? Il est vrai qu'elle disait qu'elle avait déjà écrit, mais il eût été plus naturel qu'elle télégraphiât, et si elle ne recevait pas de réponse, elle télégraphiait de nouveau. Pourquoi n'a-t-elle montré aucune inquiétude à propos du récit de Miss Turner ? Ses actions semblent actuellement inexplicables et étranges au dernier degré. Avait-elle soudainement perdu la tête ? C'est la solution la plus probable, à mon avis. S'il en est ainsi, il se pourrait bien que ce soit elle qui ait commis le crime terrible que j'ai découvert dans Scholefield Avenue, puis, avec le mélange de ruse et d'insouciance commun aux fous de type criminel, je me suis retiré à Boulogne pour attendre que l'affaire se termine. renversé. Il y a cependant plusieurs inconvénients à une telle théorie, et l'un d'entre eux est qu'elle ne tient pas compte de l'homme à la barbe noire, à moins qu'il ne soit un amant, et il semble en effet très probable qu'il l'était.

« Nous ne savons pas quel a été le rôle qu'il a joué lundi soir. Peut-être a-t-il aidé Mme Vanderstein à s'échapper plus efficacement que Miss Turner, malgré la promesse qu'il lui avait faite.

« Tout ce que nous savons, c'est qu'il a emmené la jeune fille hors de la maison mardi soir ou mercredi matin et qu'ils se sont rendus ensemble au bord du canal à Regent's Park, où Matterson les a croisés. Nous savons que « Barbe-Noire » portait avec lui une lourde pelle. Pourquoi? Ne pas l'utiliser comme il l'a fait, je pense ; il ne s'agissait pas non plus de creuser une tombe après que Miss Turner ait été éliminée d'une autre manière. Pensez, Jennins, il y avait une corde attachée au manche, et le canal était à quelques mètres d'eux. Ces deux faits ne vous suggèrent rien ? Il est sûrement évident que son intention était de jeter la jeune femme à l'eau, après lui avoir préalablement attaché la bêche pour être sûr qu'elle coulerait. Sans doute avait-elle deviné ce qu'il avait en tête, et c'est pour cela que Matterson la voyait se défendre, la pauvre fille, et l'entendait crier. C'est du moins mon opinion.

« Je ne devrais pas me demander si vous avez mis le doigt sur le problème cette fois-ci », approuva l'inspecteur. « La question est : quelle est la prochaine chose à faire ? »

"Il est grand temps que je donne suite à un indice contenu dans la lettre censée provenir du prince Felipe", répondit Gimblet. « J'aurais dû le faire il y a longtemps, si je n'avais pas attendu la version de Mme Vanderstein sur l'affaire. Vous vous souvenez qu'une Madame Q. est mentionnée comme porteuse du billet. Eh bien, qui est Madame Q. ? Hier, j'ai télégraphié à Mme Vanderstein pour lui dire : « Étiez-vous au 13 Scholefield Avenue lundi soir, et qui d'autre était présent ? Une lettre y a été trouvée, apparemment adressée à vous par le prince F., mentionnant Madame Q. Veuillez nous envoyer un courrier très complet et donner le nom complet et l'adresse de Madame Q.. Il s'agit de questions très graves. Si la dame avait répondu à mon télégramme, nous aurions sans doute évité bien des ennuis, même si nous n'aurions peut-être pas pu lui sauver la vie ; mais, dans l'état actuel des choses, je me propose d'essayer d'examiner par moi-même la question de l'identité de Madame Q.. »

Jennins s'en alla ; et Gimblet, après avoir été retenu par une courte visite de Sidney, qui était en route pour prendre le train de onze heures pour Boulogne, prit également son chapeau et quitta la maison.

Un quart d'heure plus tard, il se trouvait sur le pas de la porte de la maison de Mme Vanderstein, Grosvenor Street.

Il trouva, comme cela était naturel, un foyer bouleversé et bouleversé. La cuisinière et Blake étaient assis dans la salle du matin, où la cuisinière brandissait un mouchoir et répétait ses observations selon lesquelles elle avait toujours su que quelque chose de terrible allait se produire depuis que le second valet de pied avait brisé le miroir de la salle. garde-manger; tandis que le jeune homme en question se tenait juste devant la porte et passait la tête dans la pièce de temps en temps pour faire remarquer avec un air de défi, quoique avec une certaine inquiétude, qu'il n'était pas dans la nature qu'un événement aussi formidable soit provoqué par un morceau de verre aussi insignifiant que celui avec lequel il avait eu le « malheur ». Du salon montait la voix aiguë et pénétrante d'Amélie, complétant apparemment le récit du meurtre dans le journal, avec tous les détails embellissants qu'une imagination sans recul et horrible pouvait suggérer, pour le bénéfice du reste des servantes, dont les gémissements en chœur pouvaient également être distingué. Mais, dans l'ensemble, il y avait plus de perturbation quant à l'effet que la tragédie serait susceptible d'avoir sur leur propre avenir que de détresse face au sort effroyable de leur maîtresse ; et Gimblet, s'il devait écouter beaucoup de lamentations, se trouvait également assailli de nombreuses questions inquiètes.

Il lui fallut quelques minutes avant de pouvoir présenter son propre objectif en venant là ; mais finalement il prit Blake à part et lui demanda si Mme Vanderstein avait tenu un livre de visite avec une liste des personnes qu'elle rendait visite.

Elle l'avait fait, et le document fut produit, mais à la grande déception de Gimblet, il ne contenait aucun nom commençant par la lettre Q. Il y avait cependant les noms de deux ou trois dames françaises, et il se demanda si Q n'était qu'un chiffre pour Gerady ou Kerigoet. . Blake, interrogé contre-interrogé, ne pouvait penser à aucune dame étrangère avec laquelle Mme Vanderstein entretenait des relations familières.

Gimblet se souvint de la connaissance approfondie d'Amélie en matière de correspondance de sa maîtresse et l'appela pour venir lui parler.

« Mme Vanderstein avait-elle une amie de votre nationalité ? Il a demandé. « Y avait-il une Française qu'elle connaissait bien et dont le nom commençait peut-être par un Q ?

"Une dame? Non, dit Amélie. "Un ami? À peine! Il ne manquait plus que cela ! Mais elle connaissait une Française dont le nom commence par Q. Sans doute, c'est de cette Justine que vous parlez.

"Justine?"

«Eh! Oui. Justine Querterot. Mais Madame Querterot, comme elle se dit, pour moi, je n'ai jamais vu qu'elle avait un mari. On dit qu'il s'est suicidé, le pauvre homme, et je ne vois pas ce qu'il aurait pu faire de mieux avec une femme comme celle-là ! Ah ! monsieur, une méchante et mauvaise femme !

« Il y a des gens comme ça, » acquiesça diplomatiquement Gimblet ; « mais dites-moi, comment Mme Vanderstein a-t-elle connu cette Mme Querterot ?

« Elle est venue un temps *coiffer* Madame, et rajeunir son teint, ce qui n'avait besoin de rien de tout cela, je vous l'assure. Mais elle a eu l'idée de se faire masser, et pendant quelques mois cette femme était quotidiennement dans la maison. Je n'ai jamais compris comment Mme Vanderstein pouvait la tolérer. Une femme si vulgaire, si familière, et qui ne cessait de parler, de parler et de parler !

Amélie parlait avec une vertueuse indignation, comme celle à qui le don du silence a été accordé.

« Elle est masseuse, alors ? »

« Pas une vraie masseuse, même si c'est ainsi qu'elle se dit ; mais, à vrai dire, ce n'est qu'une coiffeuse qui essaie de faire croire qu'elle s'y connaît en soins de la peau. Pour une raison quelconque, elle semblait amuser Madame, et je pense que c'est principalement pour cette raison qu'elle la laissa venir.

« Est-elle venue tous les jours et est-elle ici depuis que Mme Vanderstein a quitté la maison ?

« Depuis deux ou trois mois, elle venait tous les jours », répondit amèrement Amélie. — En effet, je pensais qu'elle venait toujours, mais lundi dernier seulement, le jour même du départ de Madame, j'ai entendu la Justine dire que c'était sa dernière visite ; et, en vérité, elle n'est plus venue depuis, je suis bien heureux de le dire.

"Ah," dit Gimblet. « Eh bien, je vais devoir aller la voir. Laissez-moi voir, vous avez dit que c'était une femme grande et brune, n'est-ce pas ?

"Mais non, s'écria Amélie, au contraire, elle est petite et a les cheveux jaunes du pire goût possible."

« Qu'est-ce qui te fait tant détester cette femme ? Savez-vous quelque chose contre elle, par hasard ?

Mais il semblait qu'Amélie ne savait rien contre Mme Querterot. De vagues accusations et de sombres accusations de caractère général étaient tout ce qu'elle avait à apporter ; et, après avoir écouté longtemps une tirade de ce genre, Gimblet y coupa court en demandant l'adresse de la masseuse.

« Votre maîtresse lui a laissé une lettre, dit-il, qui nous a été transmise par la police française. Cela n'a aucune importance et ne contient, je crois, qu'une référence au récit de Mme Querterot, mais j'ai hâte de le livrer ; et comme la pauvre dame n'était pas allée plus loin que Madame Q dans l'adresse, sans votre aide, cela aurait été assez difficile.

Il était regrettable que le détective ait trouvé ce prétexte pour expliquer ses interrogatoires, car l'idée que même la mort n'avait pas mis un terme aux relations sexuelles entre Mme Vanderstein et son ennemi faillit étouffer Amélie, dont les soupçons jaloux se réveillèrent au défi.

«Voici l'adresse, monsieur, dit-elle en la lui donnant, mais je ne compterais pas retrouver l'oiseau dans le nid. C'est dans les environs de Boulogne qu'il faut chercher cette infâme femme. Une de son espèce est capable de tout ; et, à mon avis, rien n'est plus probable que que ce soit elle qui soit la véritable assassine de ma pauvre Madame ! Une barbe noire, en effet ! Elle n'est pas coiffeuse ?

Gimblet s'enfuit devant la tempête de paroles qu'il avait provoquée et se précipita vers l'adresse de Pimlico qu'il avait obtenue.

Malgré lui, les paroles d'Amélie résonnaient à ses oreilles : « Elle n'est pas coiffeuse ? Une barbe noire était un déguisement assez simple et les cheveux blonds pouvaient être couverts. Mais on lui avait également dit que la masseuse était une femme de petite taille et que la taille n'était pas si facile à simuler. Telles étaient ses pensées en tournant la poignée de la porte du magasin.

Il n'y avait personne à l'intérieur, et Gimblet avait eu le temps de remarquer les étagères vides et l'aspect désolé de la fenêtre – que la dame de cire n'ornait plus de sa présence – auparavant, en réponse au coup de sa main sur le comptoir et à son cri répété. de « Boutique, s'il vous plaît », la porte menant à l'arrière-boutique s'est ouverte et Julie Querterot a fait son apparition.

C'était une silhouette assez triste qu'elle lui présentait ce jour-là : plus pâle, plus maigre, plus fatiguée que jamais. Il y avait maintenant un regard effrayé dans ses yeux, et des lignes noires en dessous. Elle s'avança lentement, presque timidement.

"Vouliez-vous quelque chose?" dit-elle. "J'ai bien peur que notre stock soit presque entièrement épuisé."

"Merci", dit Gimblet. – J'ai appelé madame Querterot... est-il possible que je lui parle ?

"Oh non," dit Julie avec un petit sourire. «Je suis sa fille. Mais je crains que vous ne puissiez pas voir ma mère pour le moment. Elle est dehors."

"Peu importe", répondit Gimblet. "J'attendrai. Peut-être qu'elle sera là à l'heure du déjeuner ? J'ai un message pour elle.

"Je ne sais pas quand elle reviendra", a déclaré la jeune fille. "Tu ne peux pas me laisser le message?"

"C'est pour sa propre oreille", a déclaré Gimblet. "Si cela ne vous dérange pas, j'attendrai un peu."

Il s'assit tout en parlant, et Julie, après un regard hésitant, retourna dans la chambre intérieure, laissant la porte entrouverte entre eux deux.

Gimblet, livré à lui-même, fut surpris de constater à nouveau combien les articles exposés à la vente étaient très peu nombreux. Aussi nue que la boutique avait paru lorsqu'il y entra pour la première fois, il la voyait maintenant encore plus vide qu'il ne l'avait pensé. Un almanach de commerçant sur un mur, une image tirée d'un journal illustré sur l'autre, deux ou trois bouteilles de lotion pour cheveux et quelques paquets d'épingles à cheveux semblaient constituer tout le stock du commerce.

Gimblet se demandait encore si le massage était aussi mauvais que le côté coiffure de l'entreprise Querterot, lorsqu'un bruit sourd venant de la pièce voisine attira son attention.

Qu'est-ce que c'était, cette sorte de halètement sourd et sourd ?

Le détective se leva doucement et se dirigea vers la porte.

Jetant un coup d'œil sans vergogne par la fente, il vit qu'une chaise avait été rapprochée de la table et que Julie était assise là, la tête penchée et appuyée sur ses mains. C'était d'elle que venait le son qui avait frappé son oreille, car tout son corps tremblait de sanglots qu'elle essayait en vain d'étouffer.

Gimblet ouvrit la porte et passa hardiment.

« Je suis vraiment désolé, dit-il, d'être venu à un moment où vous êtes malheureux. Mais tu ne veux pas tout me raconter ? Qui sait, je pourrai peut-être vous aider.

A sa vue, la jeune fille se releva, avec un nouvel effort pour vaincre sa douleur ; mais le ton aimable de la voix de Gimblet mit la touche finale à ses émotions : perdant toute tentative de contrôle d'elle-même, elle posa la tête sur la table devant elle et se laissa aller à des larmes effrénées et passionnées.

Gimblet la laissa pleurer pendant un moment, puis il s'assit près d'elle et essaya de la réconforter. Il prit une de ses mains et la tapota doucement, comme si elle avait été une enfant.

« Là, là, dit-il, ne pleure plus. Dites-moi quel est le problème et voyons si quelque chose ne peut pas être fait.

Peu à peu, ses larmes coulaient plus lentement ; les sanglots convulsifs qui l'avaient secouée s'éteignirent, et elle se redressa et s'essuya les yeux, le regardant de temps en temps avec une timidité furtive.

« Vous êtes très gentil, monsieur », dit-elle enfin, succombant à contrecœur à ce sentiment de confiance que Gimblet réussissait toujours à inspirer s'il essayait. "C'était... c'était uniquement parce que tu avais demandé à voir ma mère."

« Comment ça ? »

« Elle… elle… je ne sais pas où elle est.

"Non? Mais tant pis. Vous saurez où elle était quand elle rentrera à la maison.

« Vous ne comprenez pas. Cela fait quatre jours qu'elle n'est pas rentrée et je ne sais pas quand elle reviendra. Elle ne m'a rien dit.

"Cher moi!" Gimblet avait l'air grave. "Quand dis-tu que tu l'as vue pour la dernière fois?"

«C'était mardi matin», a expliqué Julie. « Elle est venue me réveiller de très bonne heure ; elle semblait être sortie, car elle portait toujours son chapeau et à la main elle tenait un sac noir. Après cela, elle est partie. Je l'ai entendue bouger pendant un certain temps, jusqu'à ce qu'elle descende enfin et que j'entende la porte d'entrée claquer. J'ai sauté du lit, j'ai regardé par la fenêtre et je l'ai vue descendre la rue avec un gros sac dans chaque main. Et je n'ai plus rien vu ni entendu parler d'elle depuis. Mais je suis sûr, oh, je *sais* qu'elle n'avait pas l'intention de revenir !

"Comment sais-tu ça?" » demanda Gimblet.

"Je le sais par ce qu'elle a dit et par ce qu'elle a fait avant de partir."

"Tu ne veux pas me le dire?"

Julie le regarda dubitativement.

« Bert – c'est un de mes amis – a essayé de me faire promettre de ne rien dire à ce sujet, mais je lui ai dit que je devrais aller voir la police si je n'avais pas de nouvelles rapidement. Et je sens que je dois le dire à quelqu'un, car quelque chose de terrible peut lui être arrivé, ajouta Julie à moitié pour elle-même. « Avez-vous quelque chose à voir avec la police ? elle a demandé.

« Eh bien, oui, en fait, je l'ai fait ; de manière indirecte. »

« Vous saurez alors quoi faire, si je vous le dis. Bert ne semble pas savoir quoi faire ; il fait seulement rage. Eh bien, je pense que ma mère est partie pour de bon, parce qu'avant de partir, elle a demandé à un homme de venir à la maison et d'acheter presque tous les objets portables qui s'y trouvaient. Il ne reste presque rien à part ces chaises, cette table et mon lit à l'étage. Peu de temps après son départ, ils sont venus et ont emporté les choses.

"Est-ce qu'elle ne t'a pas laissé d'argent?"

« Non, mais elle m'a laissé la maison, voyez-vous ; seul le loyer est dû et je n'ai rien pour le payer. Et elle m'a dit de recouvrer toutes les factures dues pour ses services, et qu'elle m'a fait cadeau de l'argent. Alors, quand elle est partie, j'ai regardé dans le grand livre et j'ai constaté que tout ce qui lui était dû avait été payé ces derniers jours, sauf un compte. C'était celui de Mme Vanderstein, la pauvre dame qui a été assassinée hier à Boulogne, comme peut-être l'avez-vous vu dans les journaux ?

Gimblet inclina gravement la tête et elle continua.

«Ma mère avait l'habitude d'aller masser le teint de Mme Vanderstein, et le montant dû était important, plus de vingt livres. J'étais reconnaissant qu'une telle somme me soit donnée ; mais, quand je vis le lendemain matin que la dame avait disparu, je m'assurai que c'était parce qu'elle n'était pas en mesure de payer ses factures, et il semblait probable que ma mère l'avait su lorsqu'elle était si généreuse envers moi. Je m'assurais de ne jamais voir un centime de cet argent, et j'étais au désespoir, car je ne savais pas quoi faire avec le loyer, ni même comment vivre en attendant. Je suis allé chez Mme Vanderstein pour voir si elle était vraiment partie, et un gentil vieux monsieur m'a dit que la facture serait quand même payée. C'était un grand réconfort, mais je savais que ce ne serait pas avant un certain temps, en tout cas, et peut-être pas avant de mourir de faim. Cela n'avait pas vraiment d'importance, ajouta fidèlement Julie, car j'ai hâte d'entrer dans une confrérie religieuse, et elles m'accepteront, j'en suis sûre, même si je n'ai rien à leur apporter. Mais je ne supporte pas d'aller vers eux en mendiant, et j'aurais aimé, j'aurais aimé qu'elle ne me laisse pas complètement démunie sans aucun avertissement », a-t-elle conclu, les yeux remplis à nouveau de larmes.

"Alors qu'est-ce qu'elle t'a dit en te réveillant tôt mardi matin?"

« Je t'ai dit qu'elle avait un sac à la main ? Elle en a sorti des vêtements et me les a donnés. Elle m'a dit de les brûler et qu'elle m'expliquerait pourquoi à son retour. Mais elle a dit que je pourrais garder les doublures pour me faire des jupons. De si beaux jupons ne me serviraient à rien. Pourtant, c'était gentil de sa part. Et puis elle a sorti ça et me l'a donné pour que je m'en occupe. » — Julie porta la main à son cou et sortit de dessous son chemisier un long collier d'énormes perles. "Elle a dit qu'un de ses clients lui avait demandé de s'occuper d'eux pendant son voyage", a poursuivi la jeune fille en soulevant le collier au-dessus de sa tête et en le tendant à Gimblet. «Je ne sais pas s'ils sont réels, même si elle m'a dit d'en faire très attention et de toujours les porter. Mais je pense que s'ils avaient été réels, elle ne les aurait pas quittés.

Gimblet prit le collier sans un mot. Il était pour le moment incapable de parler.

« C'est tout ce que ma mère m'a dit, reprit Julie, mais elle avait l'air très contente de quelque chose ; et en même temps excité. Quand j'ai regardé par la fenêtre et que je l'ai vue s'éloigner, elle portait des vêtements que je n'avais jamais vus auparavant ; ils devaient être assez neufs. Ils étaient simples, certes, juste un manteau, une jupe et un petit chapeau ; mais ils étaient magnifiquement confectionnés et lui allaient si bien, pas du tout comme ce qu'elle portait habituellement. Il y a quelque chose dans les vêtements chers qui rend les gens si différents. Je ne l'aurais guère connue sans sa façon de marcher. Je ne pouvais voir que le haut de sa tête, mais le chapeau était très élégant, avec un magnifique balbuzard pêcheur dedans. D'une certaine manière, elle avait l'air d'une personne allant à un mariage, et je ne peux m'empêcher de penser que c'était peut-être son propre mariage qu'elle allait assister. Elle a peut-être épousé quelqu'un au-dessus de nous et n'a pas voulu qu'il connaisse mon existence. C'est ce que je pense, mais Bert dit que non.

Gimblet s'éclaircit la gorge. «Je me demande», dit-il, «si cela vous dérangerait de me montrer les vêtements dont vous avez parlé et que votre mère vous a donnés avant de partir.»

"J'ai bien peur de ne pas pouvoir le faire", a déclaré Julie. « Je... vous voyez, je n'avais pas d'argent – je les ai vendus à une friperie de Victoria Street. Bert voulait les voir aussi. Il pense que ma mère devait avoir une raison particulière pour dire qu'ils allaient être brûlés, mais je ne pense pas qu'elle m'aurait dit que je pouvais garder les doublures si elles avaient été contagieuses.

"Comment etaient-ils?" » demanda Gimblet. Il lui fallait toute sa maîtrise de soi pour garder l'empressement hors de sa voix.

« Deux belles robes de soirée blanches, dit Julie, et deux manteaux d'opéra en soie rouge et mauve, le tout recouvert de jolies broderies et dentelles. Bien sûr, je n'aurais jamais pu les porter et cela me semblait dommage de les découper. Je n'aurais tout simplement pas pu les brûler. Le magasin ne m'a donné que cinq livres pour le lot, mais cela me gardera pendant un certain temps jusqu'à ce que je décide quoi faire. Pourtant, Bert dit que je n'aurais pas dû les vendre.

"Au fait," dit Gimblet, "qui est Bert ?"

La fille rougit. «C'est juste un garçon que je connais», dit-elle. « Il allait à l'école avec moi et il est toujours gentil avec moi. Je n'aurais pas dû l'ennuyer ni le blesser, et je n'aurais pas dû parler de lui, car lorsqu'il m'a conseillé de ne pas aller voir la police, et je ne le promets pas, il a dit que je devrais le voir. il en résulterait du mal. Alors je lui ai dit que si ma mère revenait et me reprochait d'avoir parlé de son absence, comme il semble le penser, je dirais qu'il m'avait conseillé de ne pas le faire. Et puis il s'est mis très en colère et m'a dit de faire ce que je voulais, mais de ne pas le mélanger, et alors j'ai dit que bien sûr, je ne prononcerais jamais son nom s'il ne le voulait pas ; mais maintenant je l'ai fait. Elle s'arrêta, essoufflée.

« Eh bien, donnez à Bert un message de ma part », dit Gimblet ; « Dis-lui que je suis d'accord avec lui jusqu'à présent et que tu n'as pas besoin d'aller voir la police pour l'instant. Mais tu ferais mieux de ne pas lui dire que j'ai quelque chose à voir avec eux, car il semble tellement les détester. Le reverrez-vous bientôt ?

« Oui, je pense qu'il viendra ce soir quand il aura quitté son travail ; il le fait généralement. Et je pense que je ne lui dirai rien de toi. En réalité, ce ne sont pas ses affaires et je n'aime pas qu'on me fasse toujours des leçons.

"Je pense que vous avez tout à fait raison", a déclaré Gimblet. « Maintenant, une question. Avez-vous une idée de l'homme avec qui, selon vous, votre mère est partie ? Aviez-vous des soupçons auparavant qu'elle envisageait de se remarier ?

La jeune fille hésita un instant. "Non", a-t-elle répondu, "je n'ai aucune idée de qui cela pourrait être."

CHAPITRE XXIII

GIMBLET était en retard à l'enquête, qui avait été fixée à deux heures. Au moment où il arriva, les témoignages de Higgs et du policier qu'il avait fait venir, ainsi que ceux de Brampton, de l'artiste et du commis de l'agent immobilier avaient déjà été recueillis, et il ne restait plus que le sien et celui du médecin à être entendus.

Rien de nouveau n'a été révélé et le jury a rendu un verdict de « meurtre intentionnel contre une ou plusieurs personnes inconnues ».

Gimblet ne jugea pas opportun de révéler les théories qu'il s'était formées au sujet du crime. Alors qu'il s'éloignait de la maison en compagnie de Jennins, qu'il y avait trouvé à son arrivée, l'inspecteur lui dit :

« Un marchand de vieux vêtements de la rue Victoria a communiqué avec nous. Ils ont acheté ce qu'ils pensent, d'après la description publiée, être les robes et les manteaux portés par Mme Vanderstein et Miss Turner lundi soir. Je vais demander à leur servante française de venir avec moi sur place et de voir si les gens ont raison dans leur hypothèse. Ils disent avoir acheté les choses à une jeune femme qui a donné une adresse à Pimlico et le nom de Julie Querterot. Peut-elle être la Madame Q. de la note ? Si c'est le cas, il est étrange qu'elle ne donne pas un faux nom ; mais tout dans cette affaire est mystérieux.

« Ce n'est pas elle, dit Gimblet, c'était sa mère. Je viens d'aller chez eux et je l'ai vue. Quant aux mystères, il n'en reste qu'un en ce qui me concerne, c'est celui de savoir où se trouve West, et la question de savoir s'il n'a pas à ce moment-là troqué son déguisement de barbe noire contre un autre dans lequel il sera plus difficile de deviner. l'identifier. Tout le reste, je pense, est tout à fait clair, à l'exception de quelques détails insignifiants, et je ne pense pas qu'il faudra longtemps avant que nous puissions espérer mettre la main sur M. West lui-même.

Gimblet refusa cependant de communiquer les informations récemment acquises à Jennins, lui disant, au grand dégoût de l'inspecteur, qu'il saurait tout cela bien assez tôt.

« Et vous le trouverez, Jennins, une toile enchevêtrée », dit-il.

Ils furent interrompus par un messager qui informa Jennins que Miss Turner était consciente et impatiente de faire une déclaration.

Gimblet et l'inspecteur se rendirent ensemble à l'hôpital, où ils trouvèrent Barbara en bien meilleure forme que la veille. Elle se remettait à merveille, leur disait-on, mais il ne fallait pas s'exciter plus qu'on ne pouvait l'éviter. En fait, elle n'aurait pas encore eu le droit de les voir, si elle n'avait pas eu tellement envie de raconter son histoire qu'on avait jugé préférable de la laisser faire. Il ne faut cependant pas qu'elle soit informée du décès de son amie s'il était possible de le lui cacher pendant les prochains jours.

Elle salua les deux hommes avec un faible sourire. « J'ai entendu dire que j'ai été secourue par l'un de vos hommes, dit-elle à Jennins, et je lui suis plus reconnaissante que je ne peux le dire, même si je ne me souviens pas de grand-chose après avoir réalisé que cet homme essayait d'attacher son corps. une pelle autour de mon cou.

"C'est une chance que vous ayez été vu à temps", répondit Jennins. "Nous ne voulons pas vous déranger aujourd'hui, mais en même temps, nous sommes bien sûr impatients d'entendre tout ce que vous pourrez nous dire sur le scélérat avec lequel vous étiez."

« Oh, je veux tout vous raconter pour que vous puissiez l'attraper – ainsi que la femme. Je suppose que vous ne les avez pas encore ?

Jennins secoua la tête.

« Je pensais que Mme Vanderstein avait peut-être réussi à vous mettre sur la bonne voie. Comme je suis heureux qu'elle se soit échappée. J'avais peur, mais peu importe maintenant. Vous a-t-elle raconté comment elle a réussi à s'enfuir ?

"Mme. Vanderstein est parti immédiatement à l'étranger, dit évasivement Gimblet ; «Nous n'avons pas encore entendu parler d'elle. Mais ne nous raconteras-tu pas tes aventures depuis le début ? Comment vous êtes-vous retrouvés sur Scholefield Avenue ?

Barbara le regarda d'un air vide. « Scholefield Avenue, répéta-t-elle, où est-ce ?

« La maison dans laquelle vous avez été emprisonné est là, » dit Gimblet ; "As-tu oublié? Vous y êtes allé avec Mme Vanderstein lundi soir après l'opéra. Je veux que tu nous dises pourquoi tu y es allé.

« Je ne savais pas où c'était », a déclaré Barbara, « mais je ne pense pas pouvoir vous dire pourquoi nous y sommes allés. Je ne pense pas que Mme Vanderstein aimerait que je fasse ça.

«Comme vous voudrez», répondit Gimblet; mais cela vous montrera que je connais déjà quelque chose des affaires privées de votre ami. Il sortit la feuille de papier à lettres aux armes de Targona et la lui tendit.

"Elle t'a donné ça!" » s'écria la jeune fille, et tandis que Gimblet restait silencieux : « Alors, elle ne se soucie pas que j'en parle. Oui, c'est vrai que nous sommes allés dans cette maison pour rencontrer le prince Felipe, mais je ne sais pas s'il y est venu ou non.

"Non, il n'y est pas allé."

« Alors tout était faux ! Je le pensais au début, mais après je n'en étais plus sûr. C'est lundi matin que Mme Vanderstein m'en a parlé. Depuis une semaine, elle avait l'air étrange : excitée, heureuse – je ne sais quoi exactement – plus heureuse, plus jeune, quelque peu différente de son apparence habituelle. Et lundi, elle est venue dans ma chambre et m'a dit, en rougissant et en souriant, que c'était son bonheur d'être aimée du prince Felipe de Targona et que, selon toute probabilité, elle allait l'épouser. Ils ne s'étaient vus que de loin, dit-elle, mais cela avait été un coup de foudre pour eux deux, et elle était si heureuse, si heureuse ! Et ne dirais-je pas que j'étais content ? Je lui ai demandé comment elle savait ce qu'il ressentait pour elle, s'ils ne s'étaient jamais rencontrés, et elle m'a répondu qu'elle avait reçu des lettres de lui et lui avait écrit elle-même, et qu'elle allait le retrouver le soir même après l'opéra, à la maison d'un de ses amis. Elle a dit qu'ils ne pouvaient pas se rencontrer en public, ni à son hôtel, ni dans sa propre maison, car il était entouré de sa suite et sa mère, qui était également avec lui, surveillait chacun de ses mouvements, de sorte que toutes ses allées et venues ont été vus et marqués.

« Ils logeaient à l'hôtel Fianti juste en face de nous dans Grosvenor Street, vous savez, donc il aurait été plutôt difficile pour le prince de venir chez nous sans se faire remarquer. Il était prévu qu'il se marie pour des raisons politiques, et au moindre signe d'affection accordée à un particulier, un tollé aurait été soulevé, qu'il aurait été difficile d'ignorer. C'était le plan du prince Felipe, m'a dit Mme Vanderstein, qu'ils se marient tranquillement et qu'il abdique ensuite ; ce à quoi on ferait moins d'objection lorsqu'on savait qu'il était irrémédiablement disposé au point de vue matrimonial. Toute cette histoire m'a paru si invraisemblable et fantastique que je n'ai pu m'empêcher d'en rire, ce qui a beaucoup offensé mon amie, et pour m'en convaincre, elle a fini par me montrer quelques lettres du Prince, dont celle que vous avez là. Je ne pouvais plus douter après les avoir vus, même si j'étais surpris et, je dois le dire, choqué d'apprendre que l'intermédiaire dans l'affaire et porteur de tous les billets était une Française, coiffeuse employée par Mme. Vanderstein, et aussi, semble-t-il, par un membre de la suite du prince Felipe.

"Quand j'ai appris que Mme Vanderstein n'avait aucune idée de l'endroit où se trouvait la maison où elle devait se rendre ce soir-là, mais qu'elle avait laissé tous les détails à Madame Querterot et au Prince, j'ai essayé de la convaincre de la folie d'un tel arrangement, mais rien de ce que je pouvais dire n'avait d'effet. Enfin je lui dis que je devais l'accompagner dans cette escapade ; et, même si l'idée ne lui plaisait pas et qu'elle en était même très en colère contre moi, je suis resté fidèle à mon point de vue et j'ai été si ferme sur le sujet qu'à la fin elle a cédé et m'a dit que je pouvais venir si je le voulais. C'est tout de même avec de sérieuses appréhensions que je partis ce soir-là avec elle pour

Covent Garden, où nous allions pour la première fois assister à la représentation de gala. Nous étions à peine entrés dans le théâtre que Mme Vanderstein m'a dit de revenir en courant et de dire au moteur de ne pas venir nous chercher. Nous devions partir dans une voiture envoyée par le prince, dit-elle.

« J'étais trop inquiet pour apprécier l'opéra. Je ne sais pas si Mme Vanderstein l'a fait ou non, mais elle n'arrêtait pas de regarder sa montre et de s'agiter, donc je pense que ses pensées étaient ailleurs. Avant que le dernier acte ne soit presque terminé, nous quittâmes la loge et descendîmes dans le hall, qui était presque vide, et demandâmes à un homme d'appeler la voiture de M. Targon, car il semblait qu'il fallait faire allusion au prince à cette occasion. Quelques minutes plus tard, un coupé arriva, tiré par un cheval brun, qui roulait mal et avait une étrange flamme blanche sur le nez et un œil. J'ai remarqué aussi qu'elle était conduite par un homme d'apparence très étrange, qui portait un chapeau beaucoup trop grand pour lui, enfoncé sur ses yeux, et une grande écharpe enroulée autour de son cou et haut sur son menton et ses oreilles ; mais je pouvais quand même voir qu'il portait une barbe, ce qui est pour le moins inhabituel chez un cocher.

« Un instant », l'interrompit Jennins ; « Pensez-vous que vous pourriez reconnaître le cheval, Miss Turner, si vous le revoyiez ?

"Je suis presque sûre que je devrais le faire", répondit Barbara. « Il ne peut pas y en avoir beaucoup avec un tel incendie. J'en suis plus sûr que du conducteur. Il conduisait très mal, continua-t-elle, s'arrêtant sous l'arche d'un coup sec et levant les mains, chacune agrippée à une rêne, presque au-dessus de sa tête. «Il y a sûrement une erreur», dis-je. « Êtes-vous de M. Targon ? « Je viens de M. Targon, » répondit-il d'une voix rauque, « mais je pense qu'il y a une erreur, comme vous le dites ; Je devais aller chercher une dame, pas deux. « Oh, tout va bien », dit précipitamment Mme Vanderstein. « Sautez, Barbara. Et elle est montée elle-même dans le coupé, de sorte que je n'ai eu d'autre choix que de la suivre, et nous sommes partis.

« Oh mon Dieu, comme cet homme a mal conduit ! Heureusement, il n'y avait pratiquement pas de circulation, mais nous sommes tombés sur trois choses avant d'arriver en haut de Regent Street et avons traversé le trottoir aux coins je ne sais pas à quelle fréquence. Une fois la voiture arrêtée, le cocher se pencha et cria par la fenêtre qu'il avait ordre d'aller chercher une dame et que je devais descendre. J'ai absolument refusé de le faire, et à ce moment-là, Mme Vanderstein était tellement alarmée par la manière imprudente avec laquelle il conduisait que je ne pense pas qu'elle m'aurait permis de la quitter même si j'avais souhaité le faire. Après une vive dispute, une petite foule a commencé à se rassembler autour de nous, et le cocher, voyant, j'imagine, l'ombre d'un policier qui s'approchait, a soudainement abandonné la lutte, et fouettant son cheval, nous avons de nouveau fait une embardée alors que l'animal partait d'un bond.

«C'était un long trajet et vers la fin, j'ai perdu toute notion de direction et je n'avais aucune idée de l'endroit où nous allions. Enfin, dans un dernier cahot, nous arrivâmes devant le portail d'une petite maison qui semblait en retrait de la route, dans un petit jardin, et nous nous arrêtâmes d'un coup devant un escalier, au sommet d'une rue. dont une porte s'ouvrit aussitôt que nous nous arrêtâmes, et je reconnus la silhouette de Mme Querterot qui se tenait en retrait dans la pénombre du couloir.

«Nous sommes sortis et Mme Vanderstein, qui conduit timidement à tout moment, a commencé à insulter l'homme sur un ton très colérique. Elle avait été complètement effrayée, la pauvre chérie, et était restée assise, me tenant la main, le visage blanc pendant tout le trajet, comme je pouvais le voir de temps en temps à la lumière d'une lampe qui passait. « Qu'est-ce que tu veux dire par conduire comme ça ? » cria-t-elle depuis le trottoir. «Je pense que tu es ivre. Une bonne chose, en effet. Je me plaindrai de vous, n'ayez crainte. C'est vraiment honteux d'être dans un tel état. Jamais, jamais je n'ai été conduit comme ça ! C'est étonnant que nous n'ayons pas tous été tués ! L'homme a donné un coup de pied au cheval et est parti, mais Mme Vanderstein était tellement en colère contre lui qu'elle a fait mine de le suivre. Elle n'a cependant fait que quelques pas, puis, en riant, elle s'est retournée et nous avons gravi les marches jusqu'à la maison.

« Nous avons été reçus par Mme Querterot, l'air, je dois le dire, plus soignée que d'habitude, dans une robe noire soignée et un grand tablier, mis, je suppose, en harmonie avec son rôle de femme de chambre. J'ai été frappé par l'expression étrange de son visage lorsqu'elle m'a aperçu pour la première fois, et elle a murmuré quelque chose comme quoi Mme Vanderstein avait promis de venir seule ; mais mon amie, encore rouge de sa rencontre avec le cocher, ne lui répondit pas du tout et marcha le menton en l'air. Madame Querterot retrouva en un instant son amabilité habituelle, et avec beaucoup de sourires et de caresses nous conduisit au salon, où elle nous quitta en disant que Son Altesse n'était pas encore arrivée.

« Là, nous avons attendu ce qui nous a semblé long ; vingt minutes peut-être, ou une demi-heure. Mon ami était très nerveux et ne pouvait pas rester assis, mais il marchait de long en large, sans relâche, tout le temps. Maintenant, elle s'allongeait sur un canapé et s'arrangeait dans une attitude gracieuse ; une minute plus tard, elle sautait sur ses pieds et courait vers le miroir pour mettre en place ses boucles ou se tamponner le nez avec de la poudre. 'A quoi je ressemble?' elle me l'a demandé plus d'une fois et a à peine semblé m'entendre lorsque je lui ai répondu.

« Enfin, il y eut un léger bruit en bas ; la porte d'entrée s'est fermée et j'ai pu entendre des marmonnements de voix qui parlaient à voix basse. Après ce qui parut encore une fois un délai interminable, la porte s'ouvrit et madame Querterot entra. « Si Mademoiselle veut bien m'accompagner dans une autre chambre pour un moment », dit-elle. « Son Altesse vient d'arriver. » J'ai seulement hésité une seconde. Il y avait un regard si implorant dans les yeux de Mme Vanderstein que je ne pouvais pas refuser d'y aller, même si je désapprouvais tout cela. Je lui ai pris la main et l'ai embrassée pour l'encourager, puis j'ai quitté la pièce sans un mot ; car en effet il y avait quelque chose de pathétique dans son émotion, et j'en étais moi-même trop ému pour me fier à ma voix.

« Madame Querterot m'a conduit jusqu'à une petite pièce du fond qui semblait être une bibliothèque et m'a quitté en fermant la porte derrière elle. J'entendis des pas monter les escaliers, la porte du salon s'ouvrir et se fermer, et puis tout se tut un instant.

« Soudain, cependant, il y eut un bruit venant d'en haut. Quelque chose semblait avoir été renversé, puis il y eut un bruit de pas courant et enfin un bruit traînant comme si un objet lourd était tiré sur le sol au-dessus de sa tête. J'ai démarré alarmé. Que se passait-il à l'étage ? Il y avait sûrement quelque chose qui n'allait pas ! Sans attendre de réfléchir, je me précipitai dans le couloir, montai à l'étage et pénétrai par la porte du salon. Je me suis retrouvé confronté à un homme de grande taille avec une épaisse barbe noire et un visage pâle et taché. Derrière lui, au fond de la pièce, j'aperçus Mme Vanderstein, apparemment allongée sur un canapé, et Mme Querterot penchée sur elle. 'Qu'est-ce que c'est. Est-elle malade ? J'ai pleuré. « Emmenez-la, emmenez-la », s'écria Mme Querterot en levant les yeux par-dessus son épaule, et avant que j'aie eu le temps de parler de nouveau, je fus poussé hors de la pièce par l'homme de grande taille et traîné en bas jusqu'à la bibliothèque. J'étais tellement furieux qu'il ose me toucher que je pouvais à peine parler, mais je parvins à balbutier à nouveau : « Est-elle malade ? Est-ce que Mme Vanderstein est malade ? "Elle ne se sent pas très bien", répondit-il, "elle sera mieux sans toi."

«Je l'ai regardé avec curiosité. J'avais vu le prince Felipe, et ce n'était pas lui. En effet, j'ai cru reconnaître le conducteur du coupé. C'était un homme d'apparence étrange, vêtu de vêtements de jour ordinaires, et j'ai remarqué avec étonnement qu'il portait d'épais gants de cuir marron aux deux mains. «Je pense qu'elle sera meilleure avec moi», dis-je d'un ton de défi, et je m'avançai vers la porte, mais il me barra le passage. « Vous devez rester ici », dit-il. 'Doit!' J'ai dit; 'que veux-tu dire? Laissez-moi partir tout de suite. Il ne répondit pas, mais resta juste dos à la porte, souriant d'une manière idiote.

« Laissez-moi sortir, laissez-moi sortir », m'écriai-je, au bord des larmes à ce moment-là, j'ai peur. « Laissez-moi sortir ou… ou… je mets le feu à la maison !

« J'ai attrapé mon foulard et je l'ai tenu en direction du gaz, mais l'homme a bondi en avant et, avant que je sache ce qu'il faisait, il a complètement éteint la flamme, nous laissant dans le noir. Alors que j'étais toujours debout, abasourdi, j'ai entendu la porte s'ouvrir et en un instant il avait disparu et la clé était tournée dans la serrure à l'extérieur.

« Cela fut suivi par un bruit de pas dans les escaliers, et dans le silence qui suivit, il n'est pas exagéré de dire que le bruit de mon pouls palpitant dans mes oreilles était aussi fort que le piétinement d'une armée entière en marche . Je me dirigeai vers une chaise et restai assis pendant un moment dans un silence tremblant, secoué et libéré par la terreur la plus déconcertante, bien que la plus vague.

« Pourquoi ne me laisseraient-ils pas aller chez Mme Vanderstein si elle était malade ? Quel était son problème ? Pourquoi Mme Querterot avait-elle eu cet air lorsqu'elle m'avait vu sur le pas de la porte ? Que faisait-elle, agenouillée près du canapé ? Et surtout, que signifiait pour moi le comportement de cet homme ? C'est, je pense, le contact de sa main, alors qu'il me traînait en bas, qui m'a complètement enlevé mon courage.

« Je suis resté assis longtemps, immobile dans l'obscurité. De temps en temps, des bruits venaient de la pièce du dessus, mais ils ne me transmettaient aucune signification. Enfin, je me calmai et l'indignation commença à remplacer mes craintes. Je me levai et me déplaçai dans la pièce, tâtonnant au fur et à mesure. De cette manière, j'eus bientôt une idée de la position et du caractère des meubles, même du foyer et du seau à charbon ; et j'ai dû bien me noircir les doigts dans le processus. J'avais la folle idée qu'il pourrait m'être utile de savoir où se trouvait le poker, même si je n'avais aucune idée précise de ce que j'allais en faire. Pourtant, d'une manière ou d'une autre, j'étais déterminé à échapper à cet emprisonnement. Que voulaient-ils dire en m'enfermant dans cette pièce ? Ils doivent, ils devraient me laisser sortir !

« J'ai commencé à appeler à l'aide. Je me dirigeai vers la porte à tâtons et la frappai avec mes mains, mais aucune réponse ne vint. Puis j'ai eu une idée géniale : la pièce était au rez-de-chaussée, je pourrais sûrement sortir par la fenêtre. Je l'ai atteint et j'ai essayé de l'ouvrir, mais il était raide et lourd. Malgré tous mes efforts, je n'ai pas pu relever l'ouvrant. Je cherchai de nouveau le tisonnier et, reculant de peur des éclats de verre, je pointai un coup à l'endroit où je connaissais la fenêtre et j'entendis avec délice le fracas d'une vitre brisée. Alors même que je portais le coup, je fus curieux qu'aucune lumière ne pénètre dans la pièce de la nuit extérieure ; et, en enfonçant le tisonnier dans le trou que j'avais percé, je constatai avec consternation qu'il y avait de solides volets en bois au-delà. Mais le bruit que j'avais fait semblait avoir enfin attiré l'attention, car j'entendis une porte s'ouvrir et le bruit de quelqu'un qui descendait les escaliers en courant.

« Un instant plus tard, la clé fut tournée et la porte s'ouvrit juste assez pour laisser entrer le grand homme, qui la referma derrière lui dès qu'il fut à l'intérieur. Il avait une petite lampe électrique qu'il tournait dans ma direction, de sorte que la lumière m'aveuglait et que je ne pouvais pas le voir du tout. « Cela ne sert à rien de faire toute cette querelle, Miss Turner, » dit-il, « ce n'est pas une sorte de truc terrestre, de donner des coups de pied comme une jeune femme comme vous devriez avoir honte d'élever. En plus, dit-il, et il y avait maintenant quelque chose dans son ton qui me rendait malade, ce n'est pas *sûr* . Est-ce que tu comprends? Ce n'est pas *sécuritaire* . Maintenant, vous voyez, je ne vous veux aucun mal ou je ne devrais tout simplement pas prendre la peine de vous avertir. Mais non, j'aime ton look, et je suis désolé de te voir dans cette maison, où je te répète qu'il est dangereux de rester. Mais soyez une jeune femme sensée et faites ce que je vous dis, et je serai époustouflé si je ne vous aide pas à vous échapper le moment venu. Qu'en dis-tu ? Je ne peux pas dire plus juste, n'est-ce pas ?

« Je suppose que vous me considérerez comme un terrible lâche, mais il y avait quelque chose chez cet homme qui m'effrayait horriblement. Je pense que c'était parce qu'il semblait être lui-même dans l'extrême peur. Comment j'ai recueilli cette impression, je ne suis pas sûr. C'était peut-être l'agitation basse et précipitée de sa voix, ou la façon dont sa main tremblait, de sorte que la lumière derrière laquelle il était caché dansait et vacillait entre nous comme un feu follet ; ou peut-être s'agissait-il d'une simple infection télépathique de la peur. En tout cas, j'étais prêt à accepter tout ce qu'il disait et j'ai sauté sur l'idée de m'enfuir. «Je ferai n'importe quoi, je serai aussi silencieux qu'une souris», criai-je en suppliant, «si seulement vous me laissez partir.» « C'est vrai, » dit-il avec approbation. « Je t'aiderai, n'aie crainte. Et pour montrer que je le pense, poursuivit-il, voici des vêtements de rechange pour vous. Tu ne t'échapperais jamais dans ce costume blanc et rouge, tu sais. Il jeta un paquet sur la table. « Dépêchez-vous, enfilez ces vêtements et laissez-moi emporter vos propres affaires. Je vous laisse la lampe pour vous changer, mais vous devez avoir l'air vigilant et faire attention à tout changer, jusqu'à votre chemise de travail.

«Cela dit, il posa la lampe et quitta la pièce. A peine la porte fut-elle fermée que j'attrapai la lampe et courus à la fenêtre. Regardant à travers la vitre, j'essayais de distinguer la fermeture des volets et de voir si je pouvais y accéder en passant le bras à travers la vitre cassée ; mais c'était tout à fait hors de portée et j'ai réalisé que je ne pouvais rien faire sans briser encore du verre, et je n'osais plus le faire maintenant. Alors j'ai reposé la lampe et j'ai commencé à changer de vêtements comme l'homme l'avait suggéré.

« C'étaient des vêtements horribles qu'il avait apportés, et ça me rendait malade de les enfiler ; mais je sentais qu'il avait raison de dire que je ne pouvais pas m'échapper en tenue de soirée. Donc, même si je ne voyais pas pourquoi je devrais changer tous mes sous-vêtements, j'ai pensé qu'il pourrait y avoir une raison à cela aussi, et de toute façon, je pense que j'avais trop peur pour ne pas faire ce qu'on me disait. Ce fut bientôt fait, mais pas trop tôt, car sans même frapper, le malheureux entra de nouveau au moment où j'étais en train d'attacher le dernier bouton de mon manteau miteux sur une chemise si rugueuse que ma peau me picotait partout. Il m'a regardé avec une certaine satisfaction. « Vous devez modifier vos cheveux, dit-il ; "Faites-le bien et clairement, afin qu'il ne montre pas plus que ce qui peut être aidé."

« Sur ce, il rassembla mes vêtements et s'en alla, emportant cette fois la lampe avec lui, et je ne le vis plus pendant longtemps. Il n'était pas nécessaire de m'enrouler les cheveux si précipitamment, car après cela, je me suis assis et j'ai attendu ce qui semblait être des jours. C'était terrible d'attendre, d'attendre, d'attendre dans l'obscurité que mes peurs peuplaient de présences invisibles, de sorte que je me retrouvais à retenir mon souffle de peur que la poignée de la porte ne tourne encore et que quelqu'un, ou quelque chose, n'entre sans que je l'entende. A cette pensée, je me levai et traînai une lourde chaise à travers la pièce, où je m'assis dessus, le dos contre la porte, mon anxiété de sortir complètement oubliée et submergée par la terrible possibilité de ne pas être sûr si j'étais ou non. étaient seuls.

« Si seulement Mme Vanderstein avait encore été avec moi. Mais, croyez-moi, ce n'était pas seulement égoïstement que je la désirais : la vision d'elle, malade et sans doute en danger égal au mien en tant qu'habitante de cette horrible maison, m'assit sur moi comme un cauchemar ; et si j'étais effrayé par le péril de ma propre situation, je tremblais encore davantage du danger auquel mon ami pouvait être exposé. Pourquoi l'homme avait-il peur ? C'était le souvenir de sa terreur qui m'intimidait, de sorte que je restais assis là, rigide, paralysé par la peur de je ne savais quoi. De temps en temps, des bruits rompaient le silence, des bruits de gens qui bougeaient dans la pièce du dessus ; et bientôt quelqu'un descendit les escaliers et s'approcha de la porte contre laquelle je m'accroupis.

« Un violent tremblement me saisit et mes dents claquèrent si convulsivement que j'entendais à peine les pas dehors ; mais ils passèrent, et j'entendis une porte s'ouvrir au fond du couloir. Une minute plus tard, ils revinrent, le son bruyant sur le linoléum du hall et étouffé en montant les escaliers ; pour redescendre dans quelques instants. Ce processus se répétait encore et encore : quelqu'un descendait apparemment les escaliers, descendait le couloir et franchissait une porte à l'arrière de la maison, puis revenait sur ses pas et, au bout d'une minute ou deux, tout recommençait. Cela a duré, je pense, pendant plus d'une heure, puis après un intervalle, j'ai entendu deux personnes descendre et se diriger vers la porte ; Bientôt, il fut doucement refermé et une seule paire de pieds revint.

« Soudain, un autre bruit commença – plutôt un bruit familier et réconfortant – le bruit du balayage et du brossage, à la fois dans les escaliers et dans la pièce au-dessus. Il me semblait qu'une femme de ménage était là, commençant le travail de la matinée, car je pouvais maintenant voir à travers un petit espace dans les volets qu'il faisait jour. J'ai crié une fois : « Y a-t-il quelqu'un là-bas ? à quoi le bruit du balayage cessa, et un avertissement « Chut » me fut soufflé par le trou de la serrure, près de mon oreille. Au bout d'un moment, tous ces bruits cessèrent complètement. Le balayeur repassa devant ma porte et franchit de nouveau la porte au fond du passage. Cette fois, on la ferma d'un coup de serrure, puis le silence s'installa dans la maison. Je ne sais pas combien de temps je suis resté assis là sans entendre un son. Je pense que j'ai dû m'assoupir. Je sais que j'ai commencé à me sentir si raide et fatigué que la peur semblait être une considération secondaire, et je ne me souciais plus de ce qui se passait. Dieu sait combien de temps il m'a laissé là, somnolant et éveillé, peut-être pendant des heures, peut-être pendant des jours. Vous en savez plus que moi à ce sujet.

« C'est après ce qui a semblé être une semaine que la tempête a commencé. C'est ce qui m'a définitivement tiré de l'espèce de stupeur dans laquelle j'étais tombé et qui m'a incité à me creuser à nouveau la tête pour trouver un moyen de m'échapper. Il faisait terriblement chaud dans cette petite pièce ; l'atmosphère était étroite et étouffante au point qu'elle semblait peser sur une oppression insupportable, et s'il n'y avait pas eu le verre que j'avais brisé, à travers lequel un souffle d'air occasionnel pénétrait par une fissure dans le volet, je suppose cela aurait été encore pire qu'il ne l'était. De temps en temps, j'avais été conscient du grondement lointain du tonnerre et j'espérais vaguement qu'il clarifierait l'air, car avant que l'orage n'éclate réellement, ma tête était comme fendue ; et ce fut avec un certain soulagement que j'entendis tomber les premières grosses gouttes de pluie. Peu après, il y eut un énorme coup de tonnerre.

« J'avais terriblement faim et je me demandais si j'étais volontairement laissé mourir de faim. Avec la vague idée que je pourrais trouver quelque chose de comestible, j'ai recommencé à parcourir la pièce et à envisager la possibilité, si le pire devait arriver, de manger mes chaussures, comme j'avais entendu dire que des hommes affamés étaient forcés de le faire. Mais je n'avais pas encore assez faim pour cela, et d'ailleurs je ne savais pas si les semelles de mes pantoufles en satin étaient en cuir, ou seulement *en papier mâché* . Sur la table, mes doigts tombèrent sur un bout de crayon, ce qui détourna mes pensées pendant un moment. J'ai dû tout ressentir avant d'être sûr de ce que c'était ; c'est ce point qui m'a rendu presque sûr, et j'ai immédiatement commencé à me demander si je ne pourrais pas, d'une manière ou d'une autre, envoyer un message au monde extérieur. Cependant, je ne voyais aucun moyen de le faire, et même si j'avais pu, je n'avais rien sur quoi écrire. Puis l'idée m'est venue d'écrire sur le mur. Je me suis dit que si cet homme voulait me tromper, je pourrais au moins laisser un signe de ma présence, ce qui pourrait éventuellement conduire un jour à la punition de ces personnes. Je savais qu'il y avait des tableaux sur les murs, et en tâtonnant vers la cheminée, j'en soulevai un qui pendait au-dessus, afin qu'en insérant ma main sous le cadre, je puisse écrire sur la partie du papier peint qui, pour autant que je puisse le voir. je pouvais le dire, je restais derrière.

« Je n'avais écrit que quelques mots, lorsque la clé fut tournée et que la porte s'ouvrit. Un grondement de tonnerre m'avait empêché d'entendre le bruit des pas qui approchaient, et j'eus juste le temps de laisser le tableau retomber à sa place et de m'éloigner de quelques pas de la cheminée avant que l'homme à barbe noire n'entre dans la pièce. Heureusement, la chaise que j'avais poussée contre la porte retardait un instant son ouverture, sinon il aurait vu ce que je faisais. « Viens, dit-il en me prenant le bras, il est maintenant temps pour toi de t'enfuir vers un lieu sûr.

« Sans plus de mots, il m'a conduit dans le couloir et jusqu'à la porte d'entrée. Ici, nous nous arrêtâmes pendant qu'il l'ouvrait avec beaucoup de précautions et regardait dehors. Pour ma part, j'étais plus nerveux à l'égard des dangers qui pouvaient rôder dans la maison derrière nous ; mais son inspection du monde extérieur parut le satisfaire, car, ramassant, à mon grand étonnement, une grande bêche de jardin appuyée contre le mur, il ouvrit grand la porte et nous la franchissâmes ensemble. Je ne peux pas vous dire avec quels sentiments de joie et de reconnaissance je descendis les marches et sortis en toute hâte dans la rue, ni avec quelle joie je sentis mes pieds effrénés patauger dans les flaques d'eau et l'air libre de la nuit souffler fraîchement sur mon visage. Nous avions parcouru quelques centaines de mètres et tourné plus d'un coin avant que j'ose parler. « Qu'est-il arrivé à mon ami ? J'ai alors dit : "Est-ce qu'elle s'est échappée aussi?" « Elle est partie », répondit-il évasivement, et il accéléra encore le pas jusqu'à ce que je coure à moitié pour le suivre.

« Il faisait un temps fou pour être à l'étranger : l'orage était toujours à son comble et les éclairs et les coups de tonnerre se succédaient avec une fréquence croissante ; la pluie tombait à torrents, les routes et les trottoirs étaient comme des rivières bouillonnantes, et les gouttières coulaient jusqu'à un pied de profondeur au bord du trottoir, comme je l'ai découvert en entrant dans l'une d'entre elles lorsque nous traversions la rue. Il n'y avait personne en vue, à l'exception de la silhouette vêtue de noir d'un policier occasionnel, et chaque fois que nous nous approchions de l'un d'eux, mon compagnon me serrait le bras plus fort et s'éloignait dans une nouvelle direction. C'est ainsi, au gré de nombreux détours et par des détours, que nous progressâmes sur notre chemin. Et bien que j'aie demandé plus d'une fois où nous allions, je n'ai pas obtenu un autre mot de l'homme à la barbe noire ; et je tombai bientôt d'autant plus facilement dans un silence pareil, que le pas rapide avec lequel nous marchions ne me laissait que peu de souffle pour parler.

« De cette manière, et après avoir couru au moins une demi-heure, nous nous dirigeâmes vers une enceinte que je devinai être Regent's Park. La première exaltation provoquée par la sortie de la maison où j'avais été emprisonné s'estompait et j'eus le temps de me demander où on m'emmenait, sans recevoir en réponse d'assurances très réconfortantes. Est-ce que j'ai été emmené d'un lieu d'incarcération à un autre ? Je me suis demandé, et à cette pensée j'ai essayé de secouer la main qui reposait sur mon bras. « Si vous me laissez partir maintenant, dis-je timidement, je serai bien tout seul. Je n'oublierai jamais que vous m'avez aidé à m'échapper, mais maintenant, si cela ne vous dérange pas, je… je préfère être seul. Mais je n'ai reçu aucune réponse et la prise sur mon bras ne s'est pas relâchée. Dans une nouvelle panique, j'ai décidé que la prochaine fois que nous verrions un policier, je crierais à l'aide.

« Peu de minutes après que j'eus pris cette décision, mon compagnon s'arrêta dans sa marche rapide ; et après avoir regardé autour de lui, il parut douteux reconnaître quelque point de repère dans l'obscurité, et s'arrêta brusquement. « Pouvez -vous franchir ces grilles ? » il a dit. Nous avions suivi la ligne d'une clôture en fer qui bordait le chemin, et je pouvais sentir plutôt que voir qu'elle dépassait la hauteur de ma taille et qu'elle était ornée de pointes. «Je pense que ce n'est guère possible», répondis-je; "mais pourquoi devrais-je m'en remettre ?" Il ne répondit pas, mais parut réfléchir. «Je pense que je peux te soulever», dit-il enfin, et avant que je puisse objecter, il m'entoura de ses bras et, avec un effort énorme, me fit basculer dans les airs et par-dessus la balustrade. "Maintenant, tu dois m'aider", dit-il en me tenant fermement le bras alors que j'atterrissais en toute sécurité de l'autre côté. Et en partie grâce à mon aide, en partie en s'accrochant à un arbre appuyé contre la clôture à proximité, il a réussi à grimper.

«Maintenant, à la rugosité du sol sous mes pieds, je savais que nous étions sur l'herbe, avant même qu'un éclair ne me montre que nous nous étions éloignés de la clôture et que nous nous trouvions au sommet d'un talus, en bas. dont j'aperçus une haute palissade de bois. Avec une réticence instinctive, je restai en retrait tandis que mon compagnon commençait à descendre la berge, me tirant dans son sillage. Au bas de la colline, nous arrivâmes au haut mur, que nous suiviâmes pendant un peu de chemin, et nous arrêtâmes bientôt devant une ouverture par laquelle j'apercevais la lueur de l'eau. « Nous devons passer par ici », dit l'homme. "Il y a beaucoup de place là où ces deux planches ont été arrachées." Il y avait, comme il l'a dit, un espace où il manquait quelques planches et il ne restait que les pièces de bois transversales. « Pourquoi devrions-nous suivre cette voie ? » Ai-je demandé à nouveau, plein de doutes. 'Où m'emmenez-vous?' « Où vous serez en sécurité », dit-il. "Allez," et, passant devant moi à travers la brèche, il m'entraîna brutalement après lui.

« Puis, pour la première fois, il ôta brusquement la main qui, pendant tout ce temps, me tenait le bras ; et alors que j'étais là, abasourdi, ne sachant que faire de ma liberté, la scène fut éclairée par un énorme éclair, plus brillant que tout ce qui s'était produit auparavant, et je vis qu'il tâtonnait avec une corde qui était attachée au câble. manche de la pelle qu'il portait. Ses bras étaient tendus vers moi, et avant que la lumière ne disparaisse du ciel, je compris qu'il essayait de me passer le bout de la corde autour du cou, en la passant d'une main à l'autre.

« Peut-être ai-je tiré une conclusion trop brusquement, ou peut-être — ce qui est plus probable — ma compréhension a-t-elle été accélérée par la peur, mais à cet instant je suis devenu aussi sûr de son intention que s'il me l'avait expliqué dans les moindres détails. Il allait me noyer dans le canal, en m'attachant d'abord la lourde bêche pour être sûr que je coulerais et ne me relèverais plus jamais. J'ai crié à haute voix et je l'ai repoussé de toutes mes forces. Sur cette berge en forte pente, il était désavantagé, la pluie l'avait rendu glissant, et pendant une minute j'ai contrecarré son projet. Puis vint un autre éclair, et l'homme sembla apercevoir quelque chose derrière moi, ce qui à la fois l'horrifiait et le rendait furieux, car je vis son expression changer, et avec un grognement de rage effrayée, il souleva la bêche et frappa. à moi avec ça. D'une manière ou d'une autre, j'ai réussi à sauter de côté, mais je l'ai vu le lever pour un autre coup, et après cela, après cela, je ne m'en souviens plus.

L'histoire de Barbara était terminée. Cela avait été dit lentement et, par intervalles, la jeune fille s'allongeait, les yeux fermés, trop faible pour continuer. Mais à toute proposition de reporter son récit à un autre jour, elle s'était réveillée et avait résolument procédé jusqu'au bout.

Les ombres eurent le temps de s'allonger pendant le récit, de sorte que lorsqu'enfin, après avoir enfin pris congé du malade et sorti une fois de plus des portes de l'hôpital, les deux hommes se retrouvèrent de nouveau en plein air. c'était déjà l'heure du dîner.

"Revenez avec moi, Jennins, et mangez quelque chose", dit Gimblet alors qu'ils s'éloignaient. "Il y aura sûrement de la nourriture prête pour moi à l'appartement."

Mais Jennins était destiné ailleurs.

« Je vais essayer de retrouver ce cheval », dit-il. « Miss Turner pense qu'elle le saurait à nouveau et, comme elle le dit, le nombre de bêtes de couleur brune avec un plat prononcé et une étrange flamme blanche tordue sur le nez et un œil doit être plus ou moins limité. Ensuite, vous vous en souvenez, elle pense que le chauffeur n'était autre que notre ami West, et si, après avoir déposé les dames sur Scholefield Avenue, il lui fallut moins d'une demi-heure pour réapparaître, on pourrait soutenir que les écuries étaient pas à 800 mètres du numéro 13. Ne pensez-vous pas que j'ai raison ?

"Je pense que votre raisonnement est parfaitement valable", a déclaré Gimblet. « Vous devriez pouvoir découvrir quelque chose sur le cheval sans trop de peine ; et accessoirement, j'espère, du chauffeur. Préviens-moi dès que tu as des nouvelles. Pour ma part, je vais essayer de voir si je ne peux pas également obtenir des informations sur lui. En attendant, je n'ai rien mangé depuis le petit-déjeuner et les appels de la nature sont épuisés. Je pars dîner.

« Je suppose, » lui cria Jennins, « d'après ce que vous m'avez dit cet après-midi, que vous avez constaté que cette Madame Querterot est hors de notre portée pour le moment ?

"Oui", a déclaré Gimblet.

"Et pensez-vous que la jeune fille, sa fille, a la moindre idée de l'endroit où se trouve la femme ?"

"Non," dit doucement Gimblet, "je suis sûr que non."

Dans l'appartement, Gimblet trouva un télégramme qui l'attendait. Il venait de Boulogne et était ainsi rédigé :

« Femme assassinée, pas ma tante Mme Vanderstein ou toute personne que je connais, il n'y a aucun indice sur son identité.

" SIDNEY. »

Gimblet l'a froissé et l'a jeté dans une corbeille à papier.

«C'est dommage de gaspiller cinq shillings», murmura-t-il, «en me racontant ce que je savais déjà.»

Puis il se précipita avidement vers la salle à manger.

Après un repas copieux, il se sentit considérablement mieux, et lorsqu'il repoussa sa chaise et se dirigea vers la fenêtre ouverte, il était prêt et impatient de travailler davantage. Son esprit, qui avait été occupé pendant le repas à tenter d'élaborer un plan qui devrait le rapprocher de la personne qu'il désirait le plus rencontrer, qui devrait amener la figure fantôme de M. West à la barbe noire à se matérialiser et à devenir une forme solide, discernable à l'œil nu et capable de porter des menottes, ne lui avait pas encore fourni de méthode permettant d'atteindre ce but désirable.

« Sûrement, se dit-il, je dois pouvoir retracer les rencontres de Mme Querterot avec cet homme. Il est impossible qu'elle ait pu entretenir une telle intimité avec lui sans que quelqu'un le sache.

Il regarda sa montre, se servit d'une friandise dans une boîte posée sur l'étagère et décida de descendre à Pimlico pour voir s'il ne pourrait pas obtenir quelque chose de plus de Julie. Il était neuf heures et demie, mais elle n'était probablement pas encore couchée et il voulait un spécimen de l'écriture de sa mère.

Il sortit et prit un taxi jusqu'à Warwick Square, où il le laissa et poursuivit son chemin à pied.

Il faisait maintenant assez sombre, avec la douce obscurité bleue de l'été, car le temps était redevenu chaud et le soleil s'était couché dans un ciel clair. Il y avait beaucoup de monde, car c'était samedi soir ; On transportait bien des petites pièces de monnaie dans la poche de celui qui les gagnait, qui n'y resteraient plus dans quelques heures, et les caisses des publicains étaient déjà inondées par la montée de la marée hebdomadaire.

Comme il approchait de la petite boutique de la petite rue sombre et sordide, la porte s'ouvrit brusquement et un homme en sortit et s'éloigna rapidement. Après quelques pas, il s'arrêta ; et, se retournant, regarda un moment avec envie la fenêtre – d'où brillait une pâle lumière, de sorte que le trottoir en dessous était baigné d'une douce lueur – avant de se retourner une fois de plus et de remonter la rue. Il arriva que, tandis qu'il restait debout à cet instant, hésitant peut-être à revenir ou non et à lancer un dernier appel à la jeune fille qu'il adorait, la lumière du réverbère tomba en pleine sur son visage blanc et hagard ; et Gimblet, en sursaut, connut la surprise de sa vie, en réalisant que lui et Bert s'étaient déjà rencontrés.

Tout était clair pour lui maintenant et, avec un soupir entre soulagement et regret, il abandonna son projet de visite à Julie et se mit à régler des affaires plus importantes.

.   .   .   .   .

Une heure plus tard, Albert Tremmels, commis chez MM. Ennidge et Pring, agents de la maison, fut arrêté dans son logement pour les meurtres de Mme Vanderstein et de Mme Querterot, et pour la tentative de meurtre de Miss Turner.

CHAPITRE XXIV

BERT n'opposa aucune résistance aux officiers de justice. En effet, dès le premier instant, il montra une sorte de soulagement lors de son arrestation et partit presque volontiers avec ses ravisseurs.

« Je savais que tu m'attraperais tôt ou tard », dit-il, tout en étant averti que ses paroles seraient utilisées contre lui, « et il vaut mieux en finir. Julie ne me pardonnera jamais, et encore moins n'aura rien à voir avec moi, alors pourquoi dois-je vivre ? Je ne peux pas continuer comme ça ; personne ne pouvait. Mais attention, je ne suis pas aussi coupable que vous le pensez, et je crois que n'importe lequel d'entre vous aurait fait la même chose que moi, à ma place. »

Bert avait toujours été prêt à se justifier.

Il était assez disposé à se confesser à la police, à l'aumônier de la prison, à n'importe qui. Il montra, en effet, une satisfaction considérable, pour ne pas dire de la fierté, devant l'intérêt suscité par son histoire, et ne fut pas peu ennuyé contre Gimblet lorsqu'il découvrit qu'il n'y avait pratiquement rien qu'il pouvait dire au détective dont il n'était déjà au courant. Bert ne s'est pas tellement étendu sur son amour pour Julie, la seule chose réelle en lui et la motivation innocente de tous ses crimes.

Il est peut-être préférable de ne pas donner les mots exacts dans lesquels il a raconté l'histoire des sombres actions dans lesquelles il a été impliqué, mais de proposer au lecteur un *résumé* de son récit dans la mesure où il a été corroboré par les preuves.

Le père d'Albert Tremmel était un producteur laitier du West End qui a eu la malchance de se marier avec lui, comme on dit. Il possédait un petit magasin dans Hanover Street et exploitait une entreprise rentable, mais sa femme la méprisa dès le début et refusa de permettre à leur unique enfant d'aider son mari lorsqu'il fut en âge de le faire. Elle voulait qu'il soit commis, et comme elle avait moyen d'obtenir ce qu'elle voulait, le jeune Bert, âgé de dix-huit ans, était entré, à ce titre, dans le bureau de MM. Ennidge et Pring, agents immobiliers et immobiliers. Il était alors, comme plus tard, un jeune cadavérique, d'apparence désagréable, avec un caractère bourru et combatif et une forte tendance à considérer la plupart des gens comme ses ennemis naturels. Cela en soi ne lui a pas apporté d'amis, et il a aggravé les choses aussi souvent qu'il le pouvait en adoptant un langage dictatorial et en prenant l'habitude de faire remarquer à des inconnus son opinion selon laquelle ils avaient tort de croire qu'ils connaissaient leurs propres affaires. Il mentionnait également leur devoir comme une autre chose qu'ils ignoraient. Il modifia ce ton de conversation en leur assurant que s'il était vrai, comme ils voulaient le lui faire croire, qu'ils connaissaient de toute façon mieux les deux que lui, il serait encore plus regrettable qu'ils gèrent mal l'un et ne parviennent pas à le faire. faire l'autre.

Les garçons de son âge refusaient franchement d'avoir quoi que ce soit à faire avec lui, et il trouva son environnement le plus agréable dans un club socialiste, où tous les membres partageaient sa désapprobation du monde en général et descendaient autant qu'ils voulaient sur le honteux la conduite et le caractère de ceux qui n'étaient pas de leur propre façon de penser. Ici, tous les rangs et toutes les parties de la communauté étaient également dénoncés, et si l'on pouvait difficilement trouver des mots assez forts pour censurer l'attitude des riches qui souhaitaient garder le contrôle de leurs propres richesses, on ne pouvait pas non plus afficher suffisamment sa colère et son dégoût face à ce comportement. des pauvres qui se sont montrés indépendamment du mouvement socialiste au point de bénéficier des classes capitalistes. Si ces jeunes hommes étaient friands d'employer les mots « donner » et « prendre », le sens généralement véhiculé par leur usage commun leur répugnait particulièrement. De toute façon, prendre, selon eux, devrait toujours être la priorité, et une chose prise perdait à leurs yeux la moitié de sa valeur si elle était offerte en cadeau. Ils auraient aboli à la fois la générosité et la gratitude d'un monde qui ne peut guère se permettre la perte de ces vertus.

Bert s'abreuvait de chaque principe de ce credo et se délectait des discussions et des exécrations autant qu'il se réjouissait du sentimentalisme insensé. C'était un garçon malade, mécontent, misérable, la main contre tout le monde ; et son club était le seul endroit où il se sentait plus ou moins à l'aise.

Il y avait cependant un endroit où il préférait se trouver, c'était la maison des Querterots.

Il était allé à l'école avec Julie Querterot, car il se trouvait que le père de Bert était un homme du Lancashire et catholique romain. Il est vrai qu'à sa mort, comme ce fut le cas lorsque Bert n'avait que treize ans, la mère du garçon l'envoya immédiatement dans une autre école et veilla à ce qu'il s'imprègne de sa haine de Rome ; mais il n'aimait pas plus sa propre église, et quand elle mourut elle-même cinq ou six ans plus tard, il suivait à peu près sa propre voie, qui était une voie dénuée de toute croyance religieuse. Malgré cela, il n'a jamais perdu le contact avec son petit camarade d'école ; et comme les Querterots faisaient le commerce chez Tremmels et que les enfants étaient toujours ensemble, les deux familles firent connaissance, et une certaine amitié s'établit même entre Mme Querterot et Mme Tremmels. Ces dames buvaient du thé ensemble et souriaient du dévouement de Bert pour la petite Julie. C'était à l'époque où la prospérité régnait dans les deux chambres.

Il en fut autrement après la mort de Mme Tremmels, lorsque Bert découvrit que l'entreprise, dont il n'avait jamais eu accès aux détails, était au bord de la faillite, Mme Tremmels l'ayant dirigée depuis la mort de son mari avec un œil plus attentif. à son propre agrandissement plutôt qu'à en tirer profit. Elle avait ouvert deux grandes branches et fait démarrer des charrettes à lait tirées par des poneys Shetland ; et, n'ayant pas de capital, il avait emprunté de l'argent pour le faire. Sous sa direction, la coutume avait disparu ; les succursales ont dû être fermées ; les poneys intelligents vendus ; et, au moment de sa mort, elle ne trouvait plus les intérêts de l'argent emprunté et les créanciers hypothécaires étaient sur le point de saisir.

Bert, qui passait la moitié de ses soirées à prôner la redistribution des richesses, n'entrait pas du tout dans l'esprit de la chose lorsqu'il se retrouvait tranquillement mis de côté tandis que sa propre richesse, c'est-à-dire la compétence à laquelle il s'est toujours cru héritier, a été redistribué sans que personne ne le consulte. Il l'a vraiment pris très mal et a dit à propos de sa mère décédée des choses qui lui auraient valu d'être renvoyé de ses fonctions si elles étaient parvenues aux oreilles de M. Ennidge ou de M. Pring. Il travaillait pour eux depuis environ un an lorsqu'elle mourut, et il s'en était plutôt bien sorti, car il n'était pas un mauvais ouvrier, ni même dépourvu d'une sorte d'intelligence. Pourtant, il n'a conservé son poste que de justesse, car il était en poste depuis assez longtemps pour que M. Pring lui prenne une violente aversion pour lui, et sans le cœur extrêmement bon de M. Pring Ennidge, qui affirmait qu'il ne pouvait pas renvoyer le jeune à qui Fortune avait déjà porté un coup si dur, Bert aurait été limogé une douzaine de fois par semaine. Il n'en avait cependant aucune idée et se considérait comme indispensable et misérablement sous-payé.

Il n'était certes pas beaucoup payé, mais du moins plus qu'il ne valait pour M. Pring, et Mme Querterot cessa brusquement de l'inviter chez elle. Il continua cependant à le visiter de temps en temps, et quelques années s'écoulèrent encore sans autre événement. Puis vint l'échec soudain et tragique des Querterots. Eugène Querterot s'est suicidé ; et dans l'état déchu de leur fortune, les deux femmes pauvres qu'il laissait derrière lui étaient heureuses de voir un ami qui les soutenait. L'abandon soudain de leurs anciennes connaissances créa un nouveau lien de sympathie entre eux et le jeune homme, et lorsqu'ils s'installèrent à Pimlico et qu'il fut la seule personne à aller les voir, il reçut en tout cas un accueil beaucoup plus chaleureux. de la mère, ce à quoi il s'était récemment habitué.

Peu à peu, il y allait de plus en plus souvent, jusqu'à ce qu'il prenne l'habitude de venir au moins un soir sur deux. Il avait toujours aimé Julie, et peut-être personne d'autre au monde, puisqu'il avait montré peu d'affection pour ses parents ; maintenant, à mesure qu'il la voyait de plus en plus fréquemment, ses sentiments pour elle devenaient plus intenses, jusqu'à ce que chaque jour il semble voir en elle des perfections nouvelles et plus envoûtantes, et même son enthousiasme pour le socialisme s'estompait sous la protestation continuelle de son aversion pour lui. Il s'avouait avec une sorte de frisson de défi que Julie était si intelligente, si sensée, si merveilleusement raisonnable et si clairvoyante, que son opinion sur aucun sujet ne pouvait être méprisée, et elle lui devenait de plus en plus claire. que si elle avait une mauvaise opinion du socialisme, cette doctrine aurait du mal à conserver sa totale loyauté. Pour être bref, au moment où elle atteignit son dix-huitième anniversaire, Bert était éperdument amoureux de la jeune fille et n'avait pratiquement aucune pensée dans laquelle elle ne prédominait pas. Madame Querterot regardait tout cela sous ses lourdes paupières. Elle ne dit rien, mais l'idée qu'il y en avait quelqu'un qui, avec le temps, pourrait lui être utile s'insinua dans son cerveau et s'y enracina profondément au fil des semaines.

Julie était pieuse et dévote. C'est vers cette époque qu'elle commença à parler d'entrer dans une confrérie religieuse, mais la tempête de reproches et de reproches que ce désir provoqua chez sa mère la fit renoncer momentanément à cette idée et, surtout, à ne pas parler d'entrée dans une confrérie religieuse. ce n'est plus le cas. Le seul effet visible de cette suggestion était que Mme Querterot accueillait Bert avec plus d'effusion que d'habitude et l'invitait désormais souvent à rester souper.

On peut juger avec quelle facilité il acceptait, et ces soirées furent certainement les heures les plus heureuses de sa vie. Il venait tôt et aidait Julie à mettre la table, et parfois même à préparer le repas ; et si sa manche frôlait son épaule alors qu'elle se penchait sur le feu ou s'approchait d'une étagère, il serait réduit à un état d'extase muette, ce que Mme Querterot trouvait un agréable changement par rapport au torrent agressif habituel de son discours.

Malgré ses manières calmes et sages, Julie avait un penchant de jeune fille pour la toilette et la parure, et les offrandes que Bert déposait de temps en temps à ses pieds, des gants et des bibelots, étaient pour elle une grande source de plaisir innocent. Il fut un temps où il sortait de son logement armé des économies de plusieurs mois et avec l'intention d'acheter une bague qu'il lui présenterait accompagnée d'un discours qu'il avait préparé pour l'occasion, dans lequel le secret de son cœur était révélé. à communiquer, ainsi que la demande que la bague soit un gage de leurs fiançailles. Mais son courage lui manqua au comptoir du bijoutier ; il éprouva soudain la conviction, presque la certitude, que Julie refuserait ; et, plutôt que de risquer de connaître le pire, il abandonna son projet et dépensa ses trésors pour une broche que lui-même n'admirait pas beaucoup, et que Julie, lorsqu'elle la reçut, trouva hideuse. La seule personne qui était contente était le bijoutier, qui avait l'objet dans sa boutique depuis deux ans et qui détestait tout simplement sa vue.

Ce fut bientôt après que le grand projet, dont madame Querterot avait longtemps couvé les éléments dans son esprit, naquit et se présenta à elle sous une forme complète et matérielle. Elle savait dès le début qu'elle ne pourrait pas y parvenir seule ; et, cherchant dans ses pensées l'aide dont elle avait besoin, vit en Bert un outil prêt à sa main. Lorsqu'elle lui a présenté son idée, elle avait préparé son projet dans les moindres détails.

C'était le soir où il avait invité les deux femmes au théâtre, comme on l'a raconté dans une première page de ce récit. Madame Querterot commença par dire au jeune homme qu'elle ne permettrait jamais à sa fille d'épouser un homme aussi pauvre que lui, et ajouta aussitôt qu'elle connaissait un moyen par lequel il pourrait obtenir à la fois de l'argent et le secours de son influence exercée en sa faveur auprès de lui. Julie. Ayant excité sa curiosité et ses espoirs, elle l'obligea au secret et lui révéla son dessein.

« C'est vous qui m'avez donné la bonne idée », lui assura-t-elle. « C'est votre enseignement socialiste, n'est-ce pas, de prendre aux riches ? ils ont plus que ce qui est raisonnable, ces autres !

Ils se promenaient devant la petite maison de Pimlico où vivaient les Querterots en ces jours de pauvreté ; Julie les avait quittés et s'était couchée ; la lueur d'une bougie venait de derrière un store dans la pièce à l'étage.

"Bien sûr qu'ils l'ont fait", grogna Bert. « Mais cela ne sert à rien de penser que vous pouvez leur retirer leur argent sans autre législation. Quel prix la police ?

« Ah ! la police, soupira Mme Querterot, si seulement elle ne se mêleait pas de ce qui ne la concerne pas ! Mais, voyez-vous, il y a des cas qui sont exceptionnels. Il existe des cas qui méritent une attention immédiate et qui appellent un traitement des plus drastiques. Si la loi est lente — et je vous accorde qu'elle a grand besoin d'être modifiée — lorsqu'une affaire est exceptionnellement urgente, dis-je, le bon citoyen doit prendre en main la justice. Et si, tout en rendant service à l'humanité, nous le faisons avec profit pour nous-mêmes, il est clair que les fins de la justice sont doublement servies. »

Bert ne pouvait s'empêcher d'être d'accord avec ces excellents préceptes. En effet, l'air de sagesse surnaturelle de Madame Querterot aurait impressionné les plus sceptiques.

« Il ne suffit pas de parler, il faut démontrer sa foi en une théorie. Par les moyens que je vous proposerai, vous pourrez prouver à quel point le socialisme fonctionnera bien dans la pratique ; car ici les pauvres, tels que nous les représentons, deviendront plus riches, et pourtant le riche qui aura changé notre fortune n'aura guère besoin de ressentir aucune privation. Vous souvenez-vous que je vous ai parlé, à l'heure du dîner, d'une dame, une dame très riche, qui faisait partie de ma clientèle ?

"Oui", a déclaré Bert. « Une juive, n'est-ce pas ? »

"C'est vrai. Une juive ! Et les Juifs n'ont-ils pas broyé les os des pauvres pendant des siècles ? Qui est le plus apte à être le premier à apporter en retour une partie de ses gains mal acquis ? Ne devraient-ils pas être obligés de restituer une partie de cet argent qu'ils n'ont jamais gagné ?

«Je suppose», acquiesça Bert; "Mais j'aimerais que tu te dépêches et que tu voies où tu veux en venir, c'est tout."

« Eh bien ! Cette femme, cette juive, est extrêmement riche, comme je vous le dis. Et que fait-elle de son argent ? Mon amie, elle se couvre de diamants ! Ce sont ces diamants dont je me propose de la priver.

"Quoi, les voler ?" Le ton de Bert était troublé, même si, dans son cœur, il savait depuis le début où dérivait son discours.

"Voler! Quel mot. Impossible de traduire le mépris du ton de Madame Querterot. « Est-il donc juste qu'on lui permette d'avoir autant alors que d'autres meurent de faim ? Est-il juste qu'elle exhibe ses bijoux devant les pauvres affamés ?

Madame Querterot, qui avait une bonne mémoire, citait ensuite phrase après phrase qu'elle avait entendu à plusieurs reprises sortir des lèvres de Bert. Elle lui répétait ses mots d'ordre favoris et les renforçait avec ses propres arguments. Elle a peint le vol qu'elle a conçu avec des couleurs si éclatantes qu'on aurait pensé, à l'entendre, que c'était un sacrifice qu'elle allait faire pour le bien de l'humanité. Elle passa imperceptiblement à imaginer la joie de Julie lorsqu'on lui offrirait un des bijoux les plus difficiles à identifier, à la promptitude avec laquelle, sur les conseils et avec le consentement heureux de sa mère, elle accepterait le cœur et la main de l'enfant. Albert prospère et enrichi, pour le bonheur du jeune couple installé dans leur charmante maison, entouré de moteurs, de gramophones, de champagne ; enfin tout le luxe dû à une fille des perfections de Julie. Madame Querterot ne s'arrêta que lorsqu'elle parvint à ses propres joies futures, ses petits-enfants grimpant sur ses genoux. C'en était assez pour Bert, rougissant et ivre. Il s'est rendu, a accepté tout ce qu'elle proposait, s'est entièrement soumis à ses directives, et sa future belle-mère s'est mise à les lui donner volontiers.

Elle lui expliqua d'abord assez longuement le caractère de Mme Vanderstein et les moyens par lesquels elle espérait jouer sur sa faiblesse.

« Il y a, dit-elle, un jeune prince, le prince Felipe de Targona, maintenant à Londres et séjournant à l'hôtel Fianti de Grosvenor Street, qui est situé juste en face de la maison de cette juive. Il m'est arrivé aujourd'hui, alors que j'étais en train de me masser, qu'elle s'est levée d'un bond et a couru à la fenêtre pour voir passer ce jeune homme, et moi aussi j'ai regardé dehors. Or, par hasard, le prince, alors qu'il passait, leva la tête et regarda droit dans les yeux de Mme Vanderstein. C'était un événement des plus heureux, et je n'aurais pas pu espérer qu'il arrive quelque chose d'aussi providentiel. On dirait en effet que c'est un présage pour moi, un mandat pour réaliser mon projet. Mme Vanderstein était ravie de cette rencontre des regards et ne cachait pas son plaisir. Eh bien, voyez comme mon rôle est désormais simple. J'ai dans la boutique des peignes en écaille de tortue, achetés à un prix ridicule par ce pauvre Eugène lors de nos débuts en affaires ici à Londres. Ils sont très beaux, de la plus belle facture, sculptés de manière exquise et complexe, mais d'un motif archaïque et *démodé* . Nous n'avons jamais pu les vendre.

« Maintenant, vois, je vais prendre ces peignes et me présenter chez Fianti avec une pétition afin que je puisse voir la princesse de Targona, mère du prince Felipe. Pour elle, j'ai une histoire selon laquelle mon mari était de Targona et que les peignes viennent aussi de ce pays. Je les offrirai à Son Altesse en cadeau d'un sujet humble et expatrié, et dirai que feu mon mari refusa de s'en séparer par patriotisme, et, quand tout ce qu'il possédait devait être vendu, s'accrocha toujours aux seuls objets. il était parti pour lui rappeler sa bien-aimée Targona. Il est fort probable que la Princesse soit touchée par cette touchante histoire. Elle peut même me faire un cadeau ; mais c'est d'ailleurs. Ce qui importe vraiment, c'est que je sois laissé seul pendant quelques minutes dans un des appartements occupés par le parti royal. Si j'y parviens — et je pense que vous pouvez être sûr que je le ferai — j'obtiendrai quelques morceaux du papier à lettres du prince sur lesquels son emblème royal ou son monogramme est certainement gravé ; en tout cas, il portera quelque marque distinctive, et ce sera dur si quelques feuilles ne trouvent pas leur chemin dans mon sac.

« La prochaine étape sera facile. Je sortirai de l'hôtel au moment où j'aurai constaté, en regardant par la fenêtre, que Mme Vanderstein est sur son balcon, où à une certaine heure elle va très souvent arroser les fleurs qu'elle y a. Elle me verra passer ; et, comme elle est très curieuse de tout ce qui se passe chez Fianti, elle commentera l'incident. Je lui dirai que j'ai été appelé par le prince de Targona, qui est tombé follement amoureux d'elle au premier regard. Vous pensez peut-être qu'elle ne le croira pas, mais faites-moi confiance pour le rendre plausible ; et elle sera plus prête à croire à une telle idée que vous ne l'imaginez, car d'abord toutes les belles femmes sont prêtes à croire que leurs attraits sont irrésistibles - et elle est belle, cette juive, un peu comme j'étais moi-même quand j'étais plus jeune. — et en second lieu, Mme

Vanderstein est d'une nature romantique jusqu'au ridicule, et se fabrique toujours, j'en suis convaincu, des histoires de héros et de princes, se prenant elle-même pour héroïne de ces fables.

« Comment puis-je le savoir, me demandez-vous ? Je te dis que je sais. Je suis un juge de caractère ; J'ai une aptitude pour ça. Eh bien ! Je convaincrai la juive qu'elle est adorée par un prince régnant, avec frénésie, avec dévotion, avec passion ; qu'il ne pense qu'à elle ; qu'il mettrait la main au feu pour elle, qu'il est prêt à abdiquer son trône, à abandonner le gouvernement de son pays. Bref, qu'il souhaite l'épouser, et que si elle n'écoute pas ses adresses, il n'a plus aucune raison de vivre dans ce monde. Ce qui est peut-être le point faible de mon histoire, c'est l'idée que le prince Felipe aurait dû choisir de me faire un confident, mais, croyez-moi, mon cher Bert, je ferai en sorte que même cela ne paraisse pas anormal et, en fait, , des choses étranges se font chaque jour. Tout cela prendra du temps, je ne sais combien de temps, des jours, peut-être des semaines. Il faut que je sache combien de temps le prince reste à Londres, ajouta madame Querterot, plus pour elle-même que pour son compagnon.

C'était la seule chose qu'elle avait oubliée.

« J'écrirai ses lettres sur le papier à lettres royal, et comme elle enverra les réponses de ma main, j'en connaîtrai le contenu et pourrai y répondre sans éveiller aucun soupçon de sa part. Dans ses épîtres passionnées, le prince demandera un entretien ; il déplorera les obstacles qui l'empêchent de la voir soit à l'hôtel, soit dans sa propre résidence, et il finira, j'en suis sûr, par la persuader de le rencontrer pour faire sa connaissance, dans une maison qu'il lui indiquera.

– Elle consentira à tout ce qu'il propose, ou je me trompe beaucoup. C'est à ce stade, mon cher Bert, que votre aide devient si indispensable. Vous êtes commis d'agence immobilière. J'aurai besoin d'une maison ; et c'est vous qui devez le prendre pour moi, sous un nom d'emprunt, bien entendu, et à l'insu de vos employeurs.

"Je ne vois pas comment cela pourrait être fait", objecta Bert.

Ils arpentaient toujours lentement la rue sombre. Un policier au coin de la route les a regardés une ou deux fois, a décidé qu'ils étaient inoffensifs et a cessé ses attentions. La lumière dans la chambre de Julie était éteinte depuis longtemps.

Madame Querterot s'éclaircit la gorge et recommença.

« Il y aura, disons, un monsieur de l'Inde, reprit-elle, qui viendra au bureau à une heure où les deux associés seront absents. Personne ne le regrettera plus que vous, mais en leur absence, vous ferez de votre mieux pour répondre aux exigences de ce monsieur indien. Il voudra une maison, et il la voudra immédiatement. Il désirera le prendre à la semaine et il sera prêt à payer un loyer élevé. Il est un peu excentrique, ce monsieur, et n'aime pas rencontrer des inconnus. Il vous demandera de trouver une femme de ménage pour lui préparer la maison, et il réglera sur-le-champ les conditions, le jour où il en prendra possession et tous les détails nécessaires. Ensuite, après avoir signé le contrat, il vous paiera à l'avance la première semaine de loyer — pour laquelle je fournirai l'argent — et il quittera le bureau. Vous parlerez à M. Ennidge et à M. Pring, à leur retour, de l'excentrique gentleman indien, et ils ne se méfieront pas de lui puisqu'il y aura de l'argent pour le loyer.

« Vas-tu agir comme ce gentleman dont tu parles ? » demanda Bert.

"Non", répondit Mme Querterot. « Il n'existera pas du tout ; il n'est pas nécessaire qu'il apparaisse un jour. Mais il peut être très utile qu'on pense à son existence.

« Alors qui doit signer le bail ? »

« Vous ferez cela, dit la Française, il faudra tout de suite vous entraîner à écrire de la main gauche. Choisissez un nom court - nous l'appellerons M. West - et écrivez-le encore et encore plusieurs fois sur une feuille de papier cartonné, que vous brûlerez toujours lorsque vous l'aurez recouverte. N'oublie jamais de le brûler, Bert. Vous le trouverez tout à fait facile dans quelques jours, et cela ne ressemblera en rien à votre propre main.

"Je n'aime pas du tout ça", a commenté Bert.

« Je vous promets que ce sera tout ce qu'il y a de plus simple. Le gentleman indien vous demandera de le rencontrer personnellement à la maison le jour où il en prendra possession, et il vous dira de venir vous-même, car il n'aime pas les étrangers et préfère ne pas faire affaire avec plus d'une personne. Vous préparerez donc la maison pour lui, lui remettrez la clé et le laisserez dedans. C'est tout le problème qu'il y aura à propos de la maison. Pas grand-chose à prendre, pour gagner une fortune et une charmante épouse, il faut l'admettre ? Les Vanderstein viendront à la maison pour rencontrer le prince Felipe. Elle nous y retrouvera, masqués et à son insu. Nous la débarrasserons de ses bijoux, que je lui ferai porter ; Le prince Felipe aime tellement les bijoux, c'est une passion parfaite chez lui de voir des femmes ainsi parées ! Je le lui dirai donc, et elle ne manquera pas de s'en parer. Quand tout sera fait, elle pourra rentrer chez elle ; déçu, je le crains; mais la vie est pleine de désillusions, et la faute en reviendra à l'excentrique M. West d'Inde.

Tout cela était très plausible. Bert ne pouvait trouver aucune faille dans le plan. Il essaya de présenter une ou deux objections, mais fut rapidement rejeté, et finalement lui dit bonsoir et rentra se coucher, déterminé à aider et encourager Madame Querterot dans son projet au mieux de ses moyens.

Tout allait bien. Madame Querterot réussit même au-delà de ses espérances. Le Vanderstein, comme elle l'appelait, était tout un frisson d'excitation et de plaisir, et Mme Querterot raconta à Bert longuement et avec un immense plaisir la scène dans laquelle elle s'était lancée dans le canular et la crédulité facile de « la Juive ». »

« « Imaginez-vous, lui dis-je, que je reçois ce matin une convocation chez Fianti d'une dame d'honneur de la princesse de Targona ! Quel honneur ! Vous pouvez imaginer mon enthousiasme ! Cette dame séjournait autrefois beaucoup à la légation de son pays ici, à Londres, et elle avait l'habitude de se faire *coiffée* par ce pauvre Eugène. Il paraît donc qu'hier elle l'a fait chercher ; mais, lorsqu'on lui apprit que ce pauvre cher n'était plus sur cette terre, elle eut l'amabilité de me chercher, ayant appris tout notre cruel malheur, et me demanda de me présenter à sa place. Aujourd'hui donc, j'ai été à l'hôtel et j'ai eu le plaisir de faire la *coiffure* d'une charmante dame. Mais elle est charmante, cette dame-là ! Mais — et voici l'affaire qui vous intéresse, madame — alors que je quittais l'appartement de la dame d'honneur et que j'allais descendre l'escalier, une voix me rappela, et, regardant autour de moi, quelle ne fut pas ma surprise de n'apercevez pas moins une personne que Son Altesse le prince Felipe, qui semblait me faire signe de le rejoindre dans une partie sombre du couloir.

"Mme. Vanderstein m'a interrompu avec des yeux pétillants. « Dites-moi, s'écria-t-elle, les paroles que Son Altesse vous a dites ! Asseyez-vous, madame Justine, et dites-moi tout ce dont vous vous souvenez. J'ai rapproché une chaise du canapé où était assise Mme Vanderstein et j'ai continué mon récit sur un ton confidentiel. "Je ne pouvais pas imaginer ce que le prince Felipe avait à me dire, mais j'ai pensé un instant que peut-être sa mère avait besoin de mes services, et j'ai été enchanté à l'idée que peut-être j'allais aujourd'hui coiffer un Personnage royal. Mais dès que j'approchai, le prince commença à me poser des questions dont je ne pus d'abord comprendre le sens. Mais bientôt j'ai compris. « Vous habitez dans cette rue ? Il a demandé. «Non, monsieur», répondis-je; «J'habite loin d'ici.» « Mais je t'ai vu, s'écria-t-il, je suis convaincu que c'est toi que j'ai vu ! « Quand Votre Altesse m'a-t-elle vu ? J'ai demandé. J'étais en effet flatté qu'il daignât me reconnaître. "Je t'ai vu hier. Vous regardiez par la fenêtre d'une maison en face de cet hôtel, dit-il positivement. « Ah oui, monsieur, c'est vrai. J'étais chez Mme Vanderstein, une de mes clientes, et nous avons eu la chance de vous voir passer.

« Je commençais maintenant à comprendre pourquoi je recevais l'honneur de cette interview. "Mme. Vanderstein !" il s'est excalmé. « Est-ce donc son nom ? Mais, ajouta-t-il, il y avait deux dames. Quelle était Mme Vanderstein ? "L'aîné des deux, monsieur, celui dont les cheveux sont noirs." «C'est elle», dit-il. « Ah, comme elle est belle ! De toute ma vie, je n'ai jamais vu un visage qui hante autant ma mémoire. C'est le visage dont j'ai rêvé toutes ces années. Mais restez, s'écria-t-il sur un ton différent et avec un air désespéré. « Vous l'appelez Mme Vanderstein ! Dois-je alors comprendre qu'elle est mariée ? Peu importe, son mari doit périr ! Un de mes messieurs pourrait l'engager en duel. Ces choses peuvent s'arranger d'elles-mêmes. Telles étaient ses paroles. Ah, madame ! on voit que Son Altesse n'est pas habituée à l'opposition.

« Le Vanderstein a été transformé. Ses yeux brillaient d'un feu inhabituel. Ses joues étaient rouges, ses lèvres entrouvertes, sa respiration était un peu rapide. J'ai été étonné du changement. « Elle paraît dix ans plus jeune », me suis-je dit. "Est-ce que c'est le massage qui a eu un effet finalement ?" À voix haute, j'ai continué mon récit. «J'ai expliqué au prince que M. Vanderstein lui avait épargné la peine d'organiser un duel. « Alors, s'écria-t-il, il n'y a pas d'obstacle ! Sauf, ajouta-t-il d'un ton différent et déprimé, les vœux de ma mère et du gouvernement de Targona. Ils sont très décidés à ce que je doive me marier pour des raisons d'État, mais je leur ai répété à maintes reprises que je ne le ferai pas. J'abdiquerai s'ils le souhaitent, mais je ne me marierai jamais que conformément aux préceptes de mon cœur. Et mon cœur n'a jamais été touché auparavant ; de sorte que je suis sûr maintenant qu'il n'y a qu'une seule femme au monde pour moi. Mais comment la rencontrer ? Si quelqu'un soupçonne mes sentiments, des difficultés inimaginables se présenteront sur son chemin. Et comment puis-je un jour gagner l'affection de la belle et adorable Mme Vanderstein, si je ne peux même pas imaginer un moyen par lequel je pourrais faire sa connaissance ? Une chose est cependant sûre. Sans elle, je ne peux pas vivre.

« Ah ! madame, dis-je, si vous aviez vu ce pauvre monsieur, vous auriez eu mal au cœur pour lui. Sur son visage une expression si triste ! Il avait un air si misérable et inconsolable. On voit qu'il a un caractère tendre ! Désespéré, il arpentait le couloir, gesticulant avec ses mains et ébouriffant ses cheveux, fins comme de la soie, en les déchirant avec ses doigts ! À maintes reprises, il se frappait le front avec la main ou se frappait la poitrine, et s'il s'abstenait de fondre en larmes, vous pouvez être sûr que c'était parce que le code rigoureux qui interdit toute manifestation publique de sentiments chez les personnes de sang royal, ne lui permettrait pas de manifester son émotion même en présence d'une personne aussi insignifiante que moi. Ah, le pauvre jeune homme. Moi, madame, moi qu'il remarquait comme il regardait votre miroir ou votre lacet de botte, je me sentais prête à le prendre dans mes bras et à l'embrasser et à le réconforter comme une mère.

« J'ai repris mon souffle et Mme Vanderstein s'est écriée : « Oh, Madame Justine, est-il vraiment possible qu'il ressente cela après ne m'avoir vu qu'une seule fois, et cela à distance ? « Le coup de foudre, répondis-je, n'est pas une chose dont on n'a jamais entendu parler ; et assurément il est amoureux, ce pauvre prince Felipe, ou je ne sais pas ce que c'est que l'amour. Plusieurs fois encore, il s'arrêta devant moi et s'écria : « Comment, comment éveiller son intérêt, gagner son respect, et surtout comment gagner son cœur, quand je n'ai aucune chance de me faire connaître auprès d'elle ? Je ne peux pas espérer qu'elle soit attirée par mon apparence personnelle. Avec l'une de ses supériorités mentales et spirituelles – comme je peux le constater d'un coup d'œil – mon rang et ma position ne serviront guère ; ce n'est donc qu'en apprenant la profondeur et la sincérité de ma passion, seulement en réalisant la qualité affectueuse et tendre de mon amour pour elle, qu'elle pourra, avec le temps, être amenée à ne pas considérer mon costume d'un œil tout à fait défavorable. Et il a dit bien plus encore du même genre. Quant à moi, madame, je lui ai assuré que je vous ferai part avec tact de quelques indications sur l'état de ses sentiments. Il a insisté pour que ce ne soient que des allusions, craignant que vous ne soyez offensé par le fait qu'il ait fait de moi un messager ; ainsi, si, dans ma sympathie, j'ai outrepassé les bornes de la discrétion, vous devez juger la faute entièrement de ma faute et ne pas l'attribuer à un manque de manières de la part du prince. Ses intentions sont de la plus parfaite justesse.

« 'Il m'a interrogé attentivement sur votre façon de vivre, vos opinions et vos habitudes. « Ah, s'écria-t-il, je vois que nous sommes faits l'un pour l'autre, elle et moi. Vous dites qu'elle aime s'entourer de tableaux, de fleurs, de bijoux et des choses luxueuses de la vie. Elle aime la musique et les arts. Maintenant, remarquez ceci ! Je suis collectionneur de tableaux et *d'objets d'art* . Moi aussi, j'adore la musique et les roses. J'ai également une passion pour les pierres précieuses et la parure personnelle. En quoi sommes-nous différents ? *Hein! Il est évident que nous avons les mêmes goûts, que je* lui serai *sympathique* . Oh, nous devons nous rencontrer ! D'une manière ou d'une autre, je ferai en sorte que, si elle y consent, nous nous rencontrions. Pas ici. Impossible! Pas chez elle. Je devrais sentir le regard de ma mère sur moi. Je ne pourrais pas échapper à l'observation si je traversais simplement la route. Non, ni ici ni là-bas, mais dans un autre endroit auquel je réfléchirai. En attendant, avec la plus grande délicatesse, sondez ses sentiments à mon égard et préparez-la à exprimer ma propre expression. Je pense, madame, que c'est tout ce qui s'est passé entre nous, mais je dois retourner demain chez Fianti et lui dire si vous paraissez mécontente. Il semblait que Mme Vanderstein n'était pas mécontente. Elle ne parlait presque plus, mais je voyais, à l'air heureux et excité qu'elle avait sous son calme assumé, que mes paroles produisaient tout l'effet que je pouvais souhaiter.

Madame Querterot racontait tout cela avec beaucoup de détails à Bert, intéressé et étonné, et chaque jour elle avait de nouveaux récits à raconter sur son habileté et ses succès. Elle écrivit des lettres passionnées, mais éminemment « correctes » sur le papier à lettres royal qu'elle avait volé conformément à son plan, et les apporta à Mme Vanderstein avec un sourire caché et moqueur devant l'acceptation heureuse et confiante de cette dame de leur authenticité.

Le soir de la représentation de gala à l'Opéra était fixé pour l'événement, et à chaque rencontre Mme Querterot répétait à Bert ses instructions sur le rôle joué par le monsieur de l'Inde. Elle élabora et compléta sa première esquisse de son caractère et de son comportement, jusqu'à ce qu'enfin le jeune homme croie presque à l'existence réelle de M. West et en savait certainement beaucoup plus sur lui que sur la plupart des personnes avec qui il était réellement en relation. contact quotidien, car, en règle générale, il était inobservateur jusqu'au dernier degré. Elle veilla également à ce qu'il apprenne à écrire de la main gauche, et il fut capable en quelques jours de le faire à sa satisfaction. À présent, Bert était aussi passionnée par le projet qu'elle aurait pu le souhaiter. Une soirée passée dans son club avait renforcé et confirmé sa conviction qu'aucune femme n'avait droit à la jouissance exclusive d'une telle richesse ; et il était maintenant bien assuré qu'il ne mériterait que des éloges pour avoir tenté de réajuster la balance. Il y avait des moments où, pendant une fraction de seconde par ailleurs optimiste, il avait une vision de Julie telle qu'elle le regarderait si jamais elle entendait parler de ce qui était envisagé ; et ce fut une vision qui lui provoqua un souffle coupé. Mais l'idée ne restait pour l'essentiel qu'à l'arrière-plan de ses pensées, de sorte que, tout en étant toujours conscient de son voisinage, pour ainsi dire, il était capable, avec un effort, de détourner ses yeux mentaux et d'éviter de la regarder. dans le visage; et c'était alors qu'il paraissait à Mme Querterot le plus impatient, le plus impatient que la nuit arrive.

La maison de Scholefield Avenue fut prise, et MM. Ennidge et Pring ne se montrèrent que modérément intéressés par le mythique M. West, et cela principalement en raison de sa volonté de payer un loyer élevé. Alors une difficulté surgit ; et c'est Bert, à sa satisfaction et à sa fierté, qui a suggéré un moyen de s'en sortir.

Madame Querterot le rencontra un soir avec une expression de consternation qu'elle ne cherchait pas à dissimuler.

« Il y a après tout quelque chose que j'ai oublié », s'écria-t-elle. « *Nom d'un nom !* que j'ai pu être si bête, si idiot ! Écoute, c'est ça. La juive doit se rendre de l'opéra à l'avenue Scholefield. Mais en quoi ? Il est impossible qu'elle aille dans sa propre automobile, et si elle prend un taxi, nous sommes également trahis. *Aïe, aïe !* ce qu'il faut faire?"

CHAPITRE XXV

C'EST alors que Bert a eu sa brillante idée.

Pour l'expliquer, il faut se référer à nouveau à son histoire familiale. La sœur de son père avait épousé un épicier à Richmond, nommé Stodder, elle ayant été cuisinière dans une famille de Hampton Court avant cet événement.

Le couple eut cinq enfants, et Bert, lorsqu'il était enfant, était souvent emmené rendre visite à ses parents ; pendant les vacances par temps chaud, les Stodder le faisaient rester avec eux pendant la majeure partie de l'été. Les enfants le détestaient, car il était dès le début un petit garçon gâté et de mauvaise humeur, mais ils durent le supporter et il grandit dans des conditions familières, quoique plutôt querelleuses, avec toute la famille.

L'aîné des garçons, Ned, après avoir quitté l'école, était employé chaque jour à conduire la charrette de son père dans le quartier, afin de livrer les commandes reçues et d'en récupérer de nouvelles. C'était l'occupation préférée de Bert que de s'asseoir à l'arrière de la camionnette, les jambes pendantes ou donnant des coups de pied contre le panneau, tandis qu'il regardait les routes blanches glisser sous lui et le chien de l'épicier trotter la langue tendue sous ses talons tambourinants. Ned se rendait bien compte du plaisir que prenait son cousin à cet exercice peu pénible, et il trouva bientôt le moyen de le mettre à son profit. Il fit remarquer à Bert qu'il ne pouvait pas s'attendre à ce que quiconque supporte sa compagnie à moins qu'il ne fasse quelque chose pour que cela en vaille la peine, et que lui, pour sa part, ne souffrirait pas la compagnie de Bert dans la camionnette à moins qu'il ne justifie sa présence en la nettoyant lorsque ils rentraient à la maison, et en aidant à entretenir le harnais et le cheval. Bert n'aimait pas le travail, mais il détestait être coupé de ses pulsions et, comme Ned était assez ferme en plus d'être plus âgé et plus fort que lui, il se disait que les besoins devaient être nécessaires – et Ned qu'il était le diable – et il a pris le relais. devoirs de garçon d'écurie.

Sous la direction de son maître critique et impitoyable et accompagné de plusieurs coups de poing et de coups de pied lorsqu'il tentait de se soustraire à son travail, Bert devint plus compétent dans le soin du cheval de l'épicier que n'aurait pu l'obtenir un mélange moins bien ajusté de douleur et de plaisir. été susceptible d'entraîner.

En guise de récompense supplémentaire, le sévère Ned a cédé jusqu'à lui permettre de temps en temps de prendre les rênes. La combinaison de la discipline et de l'air frais a fait beaucoup de bien au garçon des Tremmel, et ce fut un été heureux pour lui. Malheureusement, lorsqu'il revint à Hanover Street, sa mère défait bientôt les bons effets des menottes de Ned ; et l'été suivant, lorsqu'il se retrouva de nouveau sous le toit hospitalier de son oncle, Ned l'avait quitté pour entrer au service privé des écuries, et son cousin le plus proche était sorti de l'école et avait réussi à devenir conducteur de la camionnette. Geoffrey était d'un caractère moins joyeux et moins décontracté que son frère Ned, et Bert, à cet âge, devenait de plus en plus répréhensible ; il était rare que Geoffroy puisse être amené à le laisser l'accompagner dans ses tournées, mais il suivit l'exemple de son frère en forçant son cousin à l'aider avec le cheval et la charrette lorsqu'il revenait avec eux. Cela n'a fait qu'irriter et aigrir Bert, et du bien fait l'année précédente, le dernier vestige était maintenant complètement détruit.

Entre-temps, au fil des années, Ned est devenu un honneur pour sa famille et un bon et privilégié serviteur. Ses progrès furent si rapides et sa chance si étonnante, comme le disaient les Tremmel, qu'à l'âge de vingt-trois ans, il avait accédé au poste de cocher d'une vieille dame nommée Mme Wilkinson, la tante de son fils. ancien maître. Cette dame n'avait qu'un cheval et un coupé, et elle partait avec eux tous les après-midi, en hiver de trois à cinq, en été de quatre à six. Il était impossible d'imaginer un endroit plus facile ou plus confortable, et Bert enviait souvent à son cousin la douceur dans laquelle il avait mis les pieds.

Ned était le seul de ses parents avec qui il s'approchait de nos jours, mais il avait l'habitude de faire souvent le tour de son écurie à l'heure du déjeuner et d'expliquer au jeune cocher combien il méritait peu sa chance.

Ce ne fut que lorsque, pour la première fois, il vit Mme Querterot perplexe, lorsqu'il apprit ce qu'elle avait oublié de prévoir dans leur grand projet, qu'il comprit soudain que la chance de Ned était peut-être aussi la sienne.

"Tu vois," dit-il à la Française agitée, "je peux gérer cette partie-là." Et il lui parla de son cousin le cocher.

"Mme. Wilkinson, la dame pour laquelle il travaille, a, par une chance rare, une maison dans la même rue que celle que j'ai prise. Elle habite au n°1 de l'avenue Scholefield, à quelques portes du n°13. De plus, il se trouve qu'elle a un grand jardin à l'arrière de la maison, et l'écurie est située au fond, tout à fait loin de tout autre bâtiment. Vous avez de la chance ! »

"Comment c'est?" s'écria madame Querterot, expliquez-vous vite. Elle était très nerveuse et excitée, et pour la seule fois de toute cette affaire, sa calme confiance l'abandonna. Il était si près de l'heure ! Elle avait déjà aplani tant de difficultés, réalisé l'impossible ; et si tous ses espoirs devaient être brisés maintenant, et par un si petit obstacle, ce serait, se disait-elle, le *comble* .

"Eh bien, par ici," la rassura Bert. « Ned a toujours envie de rentrer chez lui à Richmond, parce que la jeune femme avec qui il tient compagnie vit là-bas, même s'il me fait croire que c'est sa famille qu'il veut voir. Comme si quelqu'un voulait voir sa famille ! Mais sa vieille dame part en voiture jusqu'à six heures tous les jours, et au moment où Ned a nettoyé et frotté le cheval, l'a nourri et lavé le coupé et le reste, il est trop tard pour prendre un train décent jusqu'à Richmond. , car c'est un chemin bien rangé entre Scholefield Avenue et Gloucester Road, où les trains se connectent.

« Maintenant, supposons que j'aille voir Ned et que je lui dise que je sais qu'il veut une soirée libre et que s'il le souhaite, cela ne me dérange pas de faire son travail pour une fois, afin qu'il puisse l'avoir. Je lui proposerai d'être là lundi, quand il reviendra après avoir emmené la vieille Mme Wilkinson en promenade, de s'occuper du cheval et de lui dire au revoir. Je l'ai souvent fait pour lui quand j'étais petit, donc il sait que je peux me débrouiller, même si je ne dis pas qu'il ne sera pas un peu surpris de mon offre, pour ainsi dire. Je pense que je ferais peut-être mieux de dire que je le ferai contre rémunération ; il sera bon pour un bob en ce qui concerne sa jeune femme, je parie. De plus, je dirai que je nourrirai le cheval le matin, pour qu'il n'ait pas à prendre le dernier train du retour, mais qu'il puisse rester à la maison pour la nuit. Après l'avoir accompagné hors des lieux, j'entrerai dans sa livrée - c'est un homme plus grand que moi, mais pas si long en jambe - et je remettrai le cheval et je descendrai à Covent Garden chercher le madame. On peut dire que le prince lui envoie sa propre voiture.

Madame Querterot faillit pleurer sur le cou de Bert dans sa joie et son émotion.

« Vous nous sauverez, mon cher ami ! s'exclama-t-elle en lui serrant la main, démonstration qu'il ressentit en la lui arrachant sauvagement. « Quel esprit, quel génie, pour penser à un appareil si splendide, si divin ! Qu'il en soit comme tu dis. Je suis désormais bien assuré que tout ira bien.

Ces derniers jours furent une période chargée pour Mme Querterot, car il y avait certains détails personnels, essentiels à la réussite de son projet, à régler : il y avait des factures à recouvrer, des ventes à organiser et des achats à faire. Enfin, tout était terminé, tout était prêt, et elle se tenait dans le hall du 13 Scholefield Avenue, attendant, avec seulement le moindre tic de nerfs, le bruit des roues devant la porte.

CHAPITRE XXVI

DÈS LE DÉBUT de l'aventure, Bert se rendait déjà compte des difficultés du rôle qu'il avait à jouer. Il avait convaincu Ned, satisfait – bien que méfiant et ingrat – d'accepter ses services dans l'affaire du cheval ; et, l'ayant vu partir avec un petit paquet de papier brun, qui fournissait la preuve extérieure de son intention de passer la nuit avec ses gens, il avait de nouveau attelé l'animal à temps, s'était revêtu de la livrée appartenant à Ned et avait orné son menton avec la fausse barbe fournie par Madame Querterot, afin qu'on ne perde pas de temps à son retour. « J'ai vraiment l'air d'un mec », se dit-il en contemplant son reflet dans le miroir de la sellerie.

Il ne lui restait plus qu'à se rendre à Covent Garden et à prendre place parmi les véhicules en attente. Il fut surpris de constater que cela n'était pas aussi facile qu'il l'avait espéré. Il découvrit que tenter de contrôler le cheval brun de Mme Wilkinson, qui avait un esprit volontaire et une bouche dure, était une affaire très différente de conduire la vieille bête paresseuse qui serpentait entre les arbres de la camionnette de son oncle. Leur progression était extrêmement irrégulière et il évita de peu un accident à plusieurs reprises. La Providence qui s'occupe des mauvais conducteurs ne lui fit cependant pas défaut, et il se retrouva enfin, à sa grande surprise (car à un moment du voyage, l'espoir l'avait complètement abandonné) à former l'un des nombreux moteurs et des voitures déjà alignées à proximité de l'opéra.

Commence alors une période pendant laquelle la crainte que l'appel attendu ne lui parvienne jamais alterne avec quelque chose qui ressemble beaucoup à l'espoir que cela n'arrivera pas. Alors qu'il était assis sur la loge, alors que minute après minute s'écoulaient et qu'aucune voix ne criait pour la voiture de M. Targon, il était assailli d'inquiétudes toujours croissantes quant à l'apparence qu'il présentait, et sentait que sa livrée mal ajustée et sa fausse barbe , que le foulard qu'il avait enroulé autour de son cou et de son menton ne cachait que partiellement, devait attirer sur lui les yeux de tous les spectateurs ; de sorte que pas un regard ne fut jeté dans sa direction sans qu'il y lise de la méfiance et du soupçon.

Même le suspense le plus apparemment interminable prend enfin fin, et il n'avait pas enduré ces tourments plus d'une petite demi-heure avant que les paroles qu'il attendait lui tombaient à l'oreille et, sortant de la file, il réussit à guider le cheval brun sous le portique du théâtre.

Cependant l'accomplissement en toute sécurité de cette manœuvre occupait pleinement toutes ses facultés, et ce n'est que lorsque la voiture fut arrêtée devant les portes qu'il eut le temps de jeter un coup d'œil du côté de la dame qu'il devait emmener. Avec un choc de surprise et de consternation, il vit que non pas une mais deux femmes élégamment vêtues étaient sur le point de monter dans la voiture.

Il n'eut le courage que d'une faible remontrance ; en fait, il lui fallait tout le courage qu'il pouvait rassembler pour élever la voix en présence des serviteurs qui attendaient et sous l'éclat brillant des lampes. Après avoir parcouru un certain chemin dans une perplexité et une inrésolution croissantes, il s'arrêta et essaya de nouveau de convaincre Barbara de sortir ; mais l'attention que la discussion qui suivit suscitait chez les passants et la vue d'un policier qui s'approchait étaient trop pour ses nerfs, et il décida de poursuivre sa route en toute hâte et de laisser Mme Querterot s'occuper de cette complication inattendue. Un aperçu de son visage lorsqu'ils arrivèrent sur Scholefield Avenue, et elle vit ce qui s'était passé, n'ajouta pas à sa tranquillité d'esprit. Il se rendit en voiture aux écuries de Mme Wilkinson, éteignit les lampes de la voiture et détela le cheval brun à la lumière de sa lampe électrique de poche aussi doucement et rapidement qu'il le pouvait, son cœur se serrant à la perspective de ce qu'elle lui dirait quand il revenu. Heureusement que la porte de l'écurie donnait sur une rue aussi solitaire que celle qui longeait les jardins des maisons de Scholefield Avenue.

Un mur blanc lui faisait face, de l'autre côté de la route, parsemé de temps à autre des portes donnant sur les jardins à l'arrière des maisons de Westford Avenue, qui s'étendaient au-delà. Il y avait une autre écurie quelques centaines de mètres plus loin ; mais, à moins que quelqu'un ne soit éveillé dans cette direction, Bert savait qu'il y avait peu de chances que sa présence et ses mouvements soient découverts. Pourtant, il ne parvenait pas un instant à se sentir en sécurité, et ce n'est que lorsqu'il eut tout mis en ordre et fermé la porte du coffre derrière lui qu'il respira à nouveau. Il se précipita vers le numéro 13, apercevant les formes imaginaires de policiers tapis derrière chaque arbre et dans chaque ombre, et ce fut d'une main déjà tremblante d'agitation qu'il frappa à trois coups sur la porte, avec lesquels il avait été convenu que il devrait signaler son retour à Mme Querterot.

Elle le salua, comme il l'avait craint, par une tempête de reproches chuchotés. À quoi avait-il pensé pour amener cette fille à la maison ? Était-il fou ? Cependant, en le regardant, à la lueur du bec de gaz qui brûlait au pied de l'escalier, elle vit bien qu'il était dans un état de nervosité auquel elle ne s'attendait pas ; et que, s'il voulait lui être utile dans la crise qui les attendait, elle ferait mieux de s'employer à apaiser plutôt qu'à ajouter à sa détresse mentale.

« Eh bien, eh bien, interrompit-elle ses propres mots, cela n'a peut-être pas une grande conséquence. Un peu plus de peine, peut-être, pour vous ; mais nous en reparlerons plus tard. Pour le moment, il faut passer aux choses sérieuses. Ces nuits d'été sont courtes et nous avons beaucoup à faire avant le matin. Allez dans la salle à manger pendant que je persuade Miss Turner de quitter son amie. Je la mettrai dans la bibliothèque, où elle sera à l'écart pour le moment.

Après quelques minutes, pendant lesquelles Bert attendait, essoufflé, dans l'obscurité de la salle à manger, elle revint et annonça à voix basse que tout allait bien. Barbara avait été conduite dans l'arrière-boutique ; et à l'étage, Mme Vanderstein, seule et attendante, attendait l'arrivée du prince.

« Elle a mis tous ses bijoux », ricana la Française en enfilant ses gants. « Et elle ne pense pas qu'il y ait ici deux personnes qui les apprécient comme son prince ne pourrait jamais le faire. Ah ! Bah ! Y a-t-il des imbéciles dans le monde ? Maintenant, mon ami, tu sais ce qu'il te reste à faire. Nous nous précipitons dans la chambre, vous saisissez cette belle créature et la retenez, pendant que je lui administre une petite bouffée de chloroforme qui la calmera et empêchera tout cri, afin que nous puissions lui retirer les pierres précieuses à notre aise. Vous voyez, j'ai la bouteille prête. Allons donc; à la Besogne !

Ils montèrent doucement et rapidement les escaliers. Maintenant que le moment d'agir était arrivé, la confiance de Bert était dans une certaine mesure restaurée. La vue des diamants scintillant à la lumière de la lampe Brougham, lorsque Mme Vanderstein lui avait reproché sa mauvaise conduite, avait aiguisé son appétit pour ces diamants, et la perspective de toucher ces objets brillants était agréable. À l'intérieur des quatre murs de la maison, avec la porte verrouillée entre eux et le monde extérieur interférant, il semblait à nouveau assez sûr et souhaitable de prendre ses bijoux à ce membre choyé des riches oisifs, et ensuite de la conduire, les yeux bandés, dans un endroit isolé. , comme ils l'avaient prévu, et là, la relâcher pour qu'elle retrouve son propre chemin vers la maison. Même si elle savait où se trouvait la maison dans laquelle elle avait été attirée, elle serait vide et discrètement silencieuse le temps qu'elle puisse y amener les hôtes vengeurs de la police. Lui-même était si bien déguisé qu'elle ne put plus le reconnaître ; d'ailleurs, elle ne le verrait qu'un instant. Certes, Mme Querterot lui était bien connue, mais Mme Querterot avait ses propres plans pour éviter les conséquences désagréables de leur acte ; ainsi l'avait-elle informé, et la connaissant comme lui, il n'avait jamais douté de son intention et de sa capacité à prendre soin d'elle-même. Un mélange de ces pensées lui traversait l'esprit tandis qu'ils montaient l'escalier et s'arrêtaient un instant à la porte du salon. Aucun bruit ne sortait de derrière, et avec un murmure encourageant à sa compagne, Mme Querterot tourna la poignée et entra.

Du fond de la pièce, Mme Vanderstein se leva pour les saluer, avec un visage radieux et rougissant. Toujours une belle femme, elle n'avait jamais été aussi charmante qu'à cet instant. Le sourire s'effaça de ses lèvres lorsqu'elle réalisa que ce n'était pas là l'amant qu'elle cherchait à voir ; mais avant qu'elle ait eu le temps de parler, Bert était à côté d'elle, la serrait par la taille et la traînait vers le canapé, tandis que sur la bouche qu'elle ouvrait avec un cri de remontrance, battaient les mains potelées de Mme Querterot, tenant entre elles quelque chose qui l'étouffait. elle avec son odeur nauséabonde et envahissante.

« Voyez, dit madame Querterot après un court intervalle, voyez, elle dort ! Mais elle continuait néanmoins à tenir le goulot de la bouteille sur la bouche et le nez de Mme Vanderstein.

C'est à ce moment que la porte s'ouvrit brusquement et Barbara se précipita dans la pièce.

Bert se précipita à sa rencontre, pleinement conscient du caractère indésirable de sa présence. Il n'avait pas besoin du cri de madame Querterot : « Emmenez-la », pour qu'il la saisisse par les bras, et moitié la pousse, moitié l'entraîne sur le palier et dans l'escalier étroit qui mène à la bibliothèque, où il la laisse au bout d'une minute. ou deux enfermés en toute sécurité. Il écouta un moment devant la porte, car il imaginait que la jeune fille pourrait donner l'alarme ou faire quelque chose inimaginable et désespéré qui mettrait leur sécurité en péril. Elle avait déjà menacé de mettre le feu à la maison, et il s'est creusé la tête pour deviner quelle pourrait être sa prochaine action. Il n'était d'ailleurs pas pressé de retourner au salon, car son cœur battait désagréablement vite, et la vue de la dame impuissante qu'ils avaient si violemment traitée, s'affaissant silencieuse et immobile sur le canapé, l'avait rempli d'un vague sentiment. inconfort.

Après tout – cette pensée ne serait plus écartée – que penserait Julie de tout cela ? Pourrait-elle un jour être amenée à s'occuper d'un voleur ? Oui, c'était bien ça qu'il était : un voleur. Son baratin socialiste fortifiant a refusé, d'une manière ou d'une autre, de lui venir en aide en cette heure de besoin. Que dirait Julie ? Déjà, des appréhensions minaient ses résolutions instables. Il s'assit à mi-hauteur des escaliers et enfouit son visage dans ses mains.

Il lui fallut dix minutes avant de se décider à regagner le salon.

Madame Querterot releva vivement la tête à son entrée ; elle était à genoux à côté de la forme inconsciente de Mme Vanderstein, occupée à défaire le fermoir d'un bracelet. Un coussin recouvert de soie brillante gisait sur le sol à côté d'elle.

"Où étais-tu?" dit-elle. "Viens m'aider à enlever ces choses."

Bert s'approcha et se plaça en face d'elle. Alors que ses yeux se posaient sur la silhouette qui gisait si immobile sur le canapé, un horrible doute lui vint à l'esprit. Comme Mme Vanderstein était blanche et affreuse ! Comme elle était silencieuse, comme elle était immobile. Se pourrait-elle vraiment qu'elle dorme ? Aucun mouvement ne montrait qu'elle respirait.

Bert regarda Mme Querterot.

« Madame Querterot ! » C'était tout ce qu'il pouvait trouver à dire. Mais il y avait tout un monde d'accusation dans sa voix rauque, et la Française, levant les yeux en réponse à ses paroles, ne put supporter le regard fixe avec lequel il fixait son visage, comme s'il s'attendait à y lire la terrible vérité. Pauvre innocent, chercher la vérité sur ce visage !

Pourtant, pour une fois, elle ne pouvait pas croiser son regard, et son regard se tourna furtivement sur le côté.

Il le savait maintenant ; et dans l'horreur et la rage qui l'envahissaient, il l'aurait frappée, si le canapé sur lequel Mme Vanderstein était étendue n'avait été entre eux.

La mâchoire baissée et les yeux sortant de sa tête, il avança son visage vers elle.

"Vous l'avez tuée!" Il murmura.

Madame Querterot rit un peu nerveusement : « C'était un accident. Je lui ai donné un peu plus de chloroforme que je n'en avais l'intention.

"C'est un mensonge. Tu voulais la tuer depuis le début. Ce coussin ! Vous l'avez étouffée ! Je le vois maintenant. Oh! Je le vois sur ton visage ; meurtrière!"

"Bert, ne sois pas idiot!"

« Eh bien, nous verrons qui est un imbécile », dit-il. «Je vais chercher la police!»

- Mon bon Bert, vous êtes, comme je le dis, un imbécile, dit madame Querterot en reprenant avec effort son assurance habituelle. « Pourquoi allez-vous chercher la police ? Que vas-tu leur dire, hein ? Que vous avez amené cette femme ici dans la voiture de quelqu'un d'autre, que vous avez volée à cet effet ; et que je l'ai tuée, je suppose ? Une histoire probable ! Quand vous serez parti, je crierai et je courrai vers Miss Turner, qui me connaît bien ; et je lui dirai que tu as fait cela, et que maintenant tu vas me tuer, ainsi qu'elle. Pensez-vous que la police croirait que je l'ai fait ? Eh bien, je ne suis pas plus fort que Mme Vanderstein ; il est impossible que j'aurais pu le faire seul, et ils le verront facilement. Mais il est très possible que tu aurais pu le faire, et crois-moi, Bert, si tu n'es pas raisonnable et que tu fais tout ce que je te dis, c'est toi, et toi seul, qui sera suspendu dans les airs comme suite à cela. accident."

À cette prévision, dont il voyait trop clairement qu'elle avait un soupçon de probabilité, la résolution de Bert, qui n'avait jamais été un élément fiable dans sa composition, vacilla et lui fit défaut. Il se jeta dans un coin de la chambre, déplorant son sort et maudissant son compagnon avec une cordialité impartiale.

Madame Querterot attendit qu'il ait épuisé ses pouvoirs de récrimination et s'occupa de transférer les bijoux du corps de Mme Vanderstein dans le sac qu'elle avait prévu à cet effet.

Puis ce fut son tour.

« Comment, s'écria-t-elle, pensiez-vous vraiment que j'étais assez imbécile pour envisager de laisser vivre cette femme, alors que son premier acte aurait été de me faire arrêter ? Comment pensez-vous que l'un de nous ait pu s'échapper, alors que c'est moi qui ai pris toutes les dispositions avec elle pour qu'elle vienne dans cette maison, et qu'elle savait aussi bien que vous que c'était moi qui l'avais chloroformée ? Je n'aurais pas pu le faire sans votre aide, de sorte que vous êtes aussi responsable que moi ; et plus encore, car c'est toi qui l'as amenée à la maison. Tu as amené l'autre fille aussi, espèce de bébé génial, stupide et pleurnicheur, et elle devra mourir aussi avant que toi ou moi soyons en sécurité. Et ce sera entièrement votre faute, car si elle n'était pas venue, elle aurait pu vivre jusqu'à la fin du monde, pour autant que je m'en souciais. Maintenant, ce que vous devez faire, c'est récupérer la bêche que j'ai apportée cet après-midi de la remise à outils dans le jardin et creuser une tombe sous les arbres à l'arrière de la maison, où vous pourrez la cacher. Elle tapota le bras de Mme Vanderstein avec une horrible familiarité.

Mais Bert, malade et évanoui d'horreur, refusa catégoriquement de faire ce qu'on lui disait à ce sujet. Descendre dans le jardin étoilé, creuser pendant des heures interminables en plein air, avec chaque ombre pleine de terreurs inconnues, qui surgiraient sur lui du fond des ténèbres, se jetteraient sur lui par derrière, ramperaient et bafouilleraient sur lui à chaque instant. feuille qui remuait ou chaque pas fortuit dans une rue lointaine ! Non. Encore une fois, ce fut un long travail de creuser une tombe ; il le savait. Le terrain serait dur ; il voudrait une pioche. En tout cas, il ne le ferait pas.

Rien de ce que pouvait dire Mme Querterot ne l'ébranlait dans cette détermination. Elle devenait vraiment inquiète, car il ne restait que deux ou trois heures avant l'aube, et il semblait qu'il fallait laisser le corps là où il gisait, quand, par une heureuse inspiration, elle pensa au jardinière du balcon. Bert l'aiderait-il là-bas ? Ce serait plus rapide et moins dangereux s'il le faisait, mais si le besoin s'en faisait sentir, dit-elle, elle pourrait s'en sortir seule.

Avec une bouderie furieuse et frissonnante, Bert consentit à l'aider.

Il ouvrit une fenêtre et dégrafa les volets. Puis, après avoir éteint le gaz, ils sortirent prudemment sur le balcon, Mme Querterot portant la pelle, et, penchées derrière la balustrade, scrutèrent avec inquiétude la rue déserte. Il n'y avait personne en vue ni entendu et, avec une hâte frénétique, ils commencèrent à arracher les plantes qui ornaient le bac à fleurs. Sous la direction de Mme Querterot, Bert versa des pelletées de terre meuble jusqu'à ce que la caisse soit à moitié vide et que le balcon soit couvert de moisissure noire.

Ils retournèrent furtivement au salon et Mme Querterot prit dans un paquet qu'elle avait rangé dans un coin de la pièce un paquet de vêtements qu'elle dit à Bert de descendre et de donner à Miss Turner pour qu'elle l'enfile.

« Il ne serait jamais possible, a-t-elle déclaré, que l'un ou l'autre d'entre eux soit retrouvé avec des vêtements qui pourraient être identifiés comme étant les leurs. Il vaudrait mieux qu'on ne les retrouve jamais, mais il est bon d'être préparé à tout, et même si je crains que Mme Vanderstein ne se révèle tôt ou tard, je préfère prendre encore plus de précautions en ce qui concerne Miss Turner, car je serai obligé de laisser le soin d'en disposer à votre maigre esprit. Racontez donc à la jeune fille une histoire de coq et de taureau sur l'intention de l'aider à s'échapper, afin qu'elle puisse facilement s'habiller avec ces vêtements que j'avais destinés au Vanderstein. Ils sont tous achetés dans différents magasins de chiffons et il n'y a rien sur aucun d'eux pour les identifier. Dites-lui aussi de défaire ses cheveux et de les boucler clairement afin de les cacher le plus possible. Maintenant, va et fais ce que je dis.

« Mais il est impossible, s'écria Bert, que cette jeune fille soit tuée aussi. Je ne peux pas, je ne te laisserai pas faire !

- Loin de me laisser faire, mon cher Bert, répondit placidement madame Querterot, il est probable que vous devrez le faire vous-même. Mais nous en reparlerons.

Bert partit en mission à contrecœur et, à son retour, Madame Querterot s'était déshabillée et avait décemment enveloppé le corps dans la housse en chintz d'un des canapés. Les vêtements de Mme Vanderstein gisaient en tas sur une chaise voisine, et la Française essayait en vain, avec un jupon de soie, d'effacer quelques grosses taches qui apparaissaient sur le tapis, à côté du canapé. Lorsque Bert entra, elle se releva rapidement, abandonnant ses efforts.

"Qu'est-ce que c'est?" il a demandé, "qu'est-ce qu'il y a sur le sol ?"

"Rien. Seulement quelque chose que j'ai renversé. Une partie du chloroforme. Cela peut facilement être caché. Et elle poussa le canapé par-dessus la place.

Elle ne dit rien à Bert du vitriol qu'elle avait utilisé, et il ne s'en aperçut que le jeudi soir suivant, lorsqu'il fut obligé de subir l'horrible épreuve de voir le corps déterré par M. Gimblet.

Après une reconnaissance préalable du balcon pour s'assurer qu'aucun policier ne patrouillait dans la rue en contrebas, le jeune homme et la femme emportèrent le corps de leur victime, le déposèrent dans la tombe qu'ils avaient préparée, puis tombèrent en silence vers le tâche de remettre dans la boîte le monticule de terre qui était entassé sur le sol. Quand tout fut fini et que les fleurs furent plantées et fleuries à nouveau à leur ancienne place, il restait encore une quantité de terre pour laquelle il n'y avait pas de place dans le stand.

Madame Querterot alla chercher quelques seaux de bonne et elles emportèrent le surplus de moisissure par la porte de derrière jusqu'au jardin, où elles le répandirent largement sur les parterres de fleurs. C'était une affaire lente et nécessitait de nombreux voyages, mais Bert, dans un paroxysme de peur, en partie pour sa propre peau et presque autant à cause de la certitude qu'il perdrait irrémédiablement Julie si jamais on découvrait la moindre trace de Julie. Après le travail de cette nuit-là, il se montra plus docile et, au moment où ils eurent atteint l'endroit, Shipshape était prêt à prêter une oreille réceptive aux propositions de son ingénieux chef quant à leur conduite future. Sur son conseil, ils s'assirent l'un en face de l'autre, au fond du salon, pour discuter des meilleurs moyens de conjurer ne serait-ce qu'une ombre de soupçon.

« Nous sommes assez en sécurité », affirma positivement Mme Querterot ; « Comment ça tu dis ? sûr comme une église ! Une fois la fille éliminée, bien sûr. Ah, mon ami, vous avez commis une erreur en permettant l'inclusion de Miss Turner dans la *fête* , mais il n'est pas impossible de remédier à cette erreur. Voici le chloroforme. Que dites-vous? Devons-nous répéter la comédie que nous venons de jouer ? Pour moi, je suis prêt, pour vous, à faire ma part.

« Non, non, s'écria Bert en frissonnant, pas ça, pas ça ! En plus, ajouta-t-il faiblement, il n'y a qu'un seul bac à fleurs sur le balcon.

« Il est vrai, songea la Française, qu'il n'y a pas de place là-bas pour un autre enterrement. Et tu refuses toujours de creuser une tombe ? Peut-être que demain soir tu auras plus de courage ? » suggéra-t-elle avec espoir.

Mais Bert n'avait aucun espoir à ce sujet. "Cela prendrait trop de temps", a-t-il déclaré. « Je pourrais me tromper en commençant le travail, mais je ne pourrais tout simplement pas m'y tenir pendant une heure, pas plus que je ne pourrais voler. Je ferai ce que je pourrai, madame Querterot ; Je ne veux pas être pendu pour vos meurtres atroces, et si je ne peux pas garder mon cou hors d'un nœud coulant d'une autre manière, je suppose que je dois faire ce que vous dites – dans la limite du raisonnable, bien sûr. C'est la vie de la fille ou la mienne, je crois, et on ne peut pas me reprocher de penser à moi en premier dans un tel cas, dit Bert au bord des larmes ; « bien qu'en fait ce ne soit pas tant à moi que je pense, pour ainsi dire, mais à Joolie. Ce serait une bonne chose pour elle qu'on dise que sa mère a été pendue ! Ce serait un vrai régal ! »

"C'est très prévenant de votre part, j'en suis sûr, Bert, d'adopter ce point de vue", dit Mme Querterot avec un sarcasme amer, "mais cela ne sert à rien de parler ainsi si vous refusez de faire quoi que ce soit pour empêcher un tel scandale, ce que je pense." Je suis d'accord avec vous pour penser qu'il faut éviter si possible. Voici une autre idée, même si je crois que je suis trop patient avec vous et que je ne perdrai pas beaucoup plus de temps à essayer de vous secourir d'un danger que vous nous avez vous-même fait courir. Supposons que vous emmeniez la jeune fille dans un endroit où il y a de l'eau profonde (il y a un canal près du jardin zoologique, n'est-ce pas ?) et que vous la poussiez dedans lorsqu'elle marche à côté. Elle vous accompagnera volontiers, si vous lui laissez croire que vous l'aidez à s'échapper, et vous pourrez trouver un prétexte pour lui attacher d'abord quelque chose de lourd, afin qu'elle ne nous dérange pas en remontant à la surface. Cela devrait être facile à faire par une nuit sombre, et il n'y a plus de lune maintenant, comme vous le savez.

Bert avait bien des objections à soulever contre ce projet, et ils en discutèrent d'autres sans obtenir de meilleur résultat. Il fut finalement obligé d'admettre que la noyade était la solution la meilleure et la plus facile à la difficulté, et elle lui arracha la promesse qu'il se débarrasserait ainsi de la malheureuse demoiselle la nuit suivante.

En vain madame Querterot insistait sur le danger d'un retard et sur les périls qui entraîneraient le maintien de Barbara dans la maison pendant les prochaines vingt-quatre heures. Bert était obstinément déterminé à ne pas s'aventurer avec elle à cette heure, car il ne restait que peu de temps avant le lever du soleil et tout retard signifierait que l'acte culminant devait être accompli après que l'obscurité totale de la nuit ait été diluée par l'aube à venir. Même Mme Querterot fut obligée d'admettre qu'il y avait quelque chose dans son argument, et il fut finalement décidé qu'il attendrait un autre jour.

Entre-temps, comme cela avait été convenu auparavant, la Française quitterait sans tarder l'Angleterre, emportant avec elle les bijoux dont, assura-t-elle à Bert, il lui serait très facile de se défaire dans son propre pays sans se faire repérer, car elle il y avait de vieux amis là-bas qui travaillaient « dans ce métier ». Elle promit fidèlement de lui envoyer la moitié des bénéfices dès qu'elle recevrait l'argent.

« Et puis, mon cher, dit-elle, toi et Julie monterez votre petit *ménage* ... » Je pense que vous trouverez ma fille moins capricieuse quand je serai parti. Elle sera seule, la pauvre petite, sans sa mère. La voix de Mme Querterot tremblait d'émotion à cette pensée, et elle porta son mouchoir à son visage pour essuyer une larme, ou était-ce pour cacher un sourire ?

Malgré toutes les assurances, elle était incapable de faire part à Bert de sa confiance dans leur sécurité face aux soupçons.

« Vous verrez, quelque chose va trahir tout le spectacle », répétait-il, à moitié pour le confort de s'entendre contredire. « Le meurtre sera terminé ; c'est bien connu.

"C'est impossible." Madame Querterot parlait avec une conviction rafraîchissante. « Absolument impossible si l'on gère l'affaire du canal avec discrétion. Considérer. Vous marchez innocemment sur un chemin public au bord de l'eau, avec un compagnon qui, mon Dieu ! est si maladroit qu'il trébuche et tombe dedans. Si quelqu'un est attiré par l'éclaboussure, ou s'il crie et se fait entendre, ne faites-vous pas de votre mieux pour le sauver ? jusqu'à l'endroit où elle a fait preuve d'une si malheureuse maladresse, mais c'est un hasard peu probable, car avec des précautions appropriées vous parviendrez à ce que le contretemps se produise à un point d'où aucun bruit ne parviendra aux oreilles des étrangers.

"Je sais où il y a une brèche dans la clôture qui longe le parc du canal", l'interrompit involontairement Bert.

« Pleurant sa perte, poursuivit Mme Querterot, mais en silence, vous comprenez, vous continuez votre promenade, et le monde n'entend plus parler de Miss Barbara Turner. Même si son corps est finalement retrouvé, il ne restera rien sur lui qui puisse être reconnu comme appartenant à une personne en particulier ; et qui pourrait relier le porteur des vêtements que j'ai fournis avec la jeune femme à la mode, qui peut, par hasard, manquer à son domicile de Grosvenor Street ? Personne. Je le répète, personne. En ce qui concerne Mme Vanderstein, nous sommes encore plus au-dessus de tout soupçon. En premier lieu, personne n'entrera dans cette maison pendant au moins quelques semaines. Lorsqu'ils le font, il est peu probable que le support de fleurs soit touché. Même si les plantes seront renouvelées, il n'y aura aucune raison, autant que je sache, de remuer le sol à une profondeur regrettable. Mais même si la chance joue contre nous et que le corps soit découvert, il ne sera pas identifié. J'ai coupé les initiales qui étaient brodées sur sa chemise et le reste des vêtements que je vais emporter chez moi maintenant et que j'ai brûlé avant de commencer mon voyage. Et j'ai une idée encore meilleure pour détourner de nous tout soupçon. Écoute ça."

Et elle exposa à Bert un plan qui lui fit ouvrir les yeux avec une admiration involontaire pour le sang-froid et le courage de la femme. La conduite qu'elle se proposait d'adopter eût été entièrement au-dessus de ses forces, et il le savait bien ; en effet, à première vue, il semblait exiger une audace presque inhumaine pour le mener à bien. Son intention était d'aller dans un grand hôtel près d'une station d'eau française, Boulogne ou Dieppe au choix, et de s'y faire passer pour Mme Vanderstein pendant un jour ou deux, pas assez longtemps pour que les amis de la juive découvrent qu'elle était là, mais suffisamment longtemps pour qu'il n'y ait aucun doute sur sa présence réelle lorsque le fait serait connu par la suite.

«Je serai loin au moment où les demandes commenceront à arriver de l'autre côté de la Manche», dit-elle à Bert, «et le propriétaire de l'hôtel répondra à toutes les questions à notre satisfaction. Je ferai en sorte que ce ne soit pas moi qui inscrive mon nom dans le livre d'or. Le gérant aura la gentillesse de le faire pour moi lorsqu'il apprendra que je me suis légèrement blessé au doigt. Mais je ne me sentirai pas très bien, j'aurai besoin de repos après le voyage. Je pense, oui, je pense que je vais faire venir le médecin. Quand il sera parti, je dirai qu'il m'a dit de rester dans ma chambre pendant quelques jours, et je resterai donc à l'étage pendant toute ma visite. En partant, j'aurai établi sans aucun doute que la dame que j'incarne séjournait à l'hôtel lorsqu'elle était recherchée à Londres, et après cela, elle sera recherchée à l'étranger. Une fois que la police aura bien ancré dans leur tête stupide l'idée que Mme Vanderstein a quitté l'Angleterre, elle pourra déterrer son corps dès qu'elle le voudra, et pour ma part, je n'éprouverai pas un instant d'inquiétude.

"Mais", objecta Bert surpris, "les gens de l'hôtel vous décriront, et ce sera un révélateur."

«Ils me décriront», dit Mme Querterot avec légèreté, «ou ils décriront Mme Vanderstein. Ce sera la même chose. Nous nous ressemblons beaucoup, elle et moi. Autrement dit, ajouta-t-elle précipitamment, nous nous ressemblions beaucoup. En ce qui concerne la couleur de mes cheveux, c'est vrai, je dois faire un grand sacrifice. Mais j'ai résolu d'oublier la valeur que moi-même n'ai pas toujours attachée à la teinte dorée de ma *chevelure* , et de la teindre en noir ce matin même, avant de partir en voyage. Vous voyez que je ne recule devant rien ! Je vous promets qu'avec une robe comme celle que Vanderstein aurait portée et une légère altération de ma couleur, vous auriez vous-même des doutes sur qui je suis. Il n'y aura aucun risque à proprement parler, bien que cela vaille la peine de couvrir ma retraite par un stratagème si magistral.

Avec l'aide de Bert, les vêtements appartenant aux deux dames furent pliés et transformés en un paquet bien rangé, puis avec quelques conseils supplémentaires, et une recommandation spéciale de ne jamais entrer dans la maison sans la précaution de porter des gants - car elle était profondément impressionnée. avec les dangers liés aux empreintes digitales négligentes, Madame Querterot fit ses adieux en toute hâte, l'aube du début de l'été étant proche, et en un instant la porte arrière de la maison s'était refermée derrière sa silhouette disparue.

Bert, laissé seul, sans le soutien des ressources disponibles et de la calme confiance de la femme, serait bientôt retombé dans le désespoir si son temps n'avait pas été trop occupé pour se permettre de réfléchir. En outre, il était maintenant si fatigué et épuisé par les émotions qu'il avait subies qu'il était incapable de penser de manière cohérente, et il était plus que content de consacrer tout son esprit à exécuter les instructions qu'il avait reçues.

Sa première tâche était de prendre une brosse dans le placard sous l'escalier et de balayer et brosser le sol du hall, ainsi que les tapis de l'escalier et du salon. Il était maladroit dans ce travail, mais comblait par la minutie ce qui lui manquait par l'habileté. De petits morceaux de pâte brillante sur la robe de Mme Vanderstein étaient éparpillés partout ; il en balaya des quantités, mais quelques-uns, mieux cachés que d'autres, échappèrent à sa diligence.

Puis, après avoir remis en place les meubles déplacés ou dérangés, il ouvrit doucement les volets de la salle à manger et ceux du salon du fond, car il ne voulait pas que l'endroit paraisse inhabité. Il ne pouvait cependant se résoudre à toucher les volets du salon de devant, bien qu'il parût entendre les paroles de mépris que madame Querterot aurait prononcées si elle avait été encore présente. Il écouta quelque temps à la porte de la bibliothèque, mais aucun bruit ne sortit de l'intérieur ; enfin, ne voyant plus rien à faire, il sortit tranquillement de la maison et retourna à son logement, où, malgré les craintes qui le poursuivaient et le terrible souvenir du travail de la nuit, il dormit bientôt d'un sommeil d'épuisement.

Pas pour longtemps cependant. Au bout de quelques heures, son réveil le réveilla et il se leva pour affronter les nouvelles terreurs que la journée lui apporterait. Il devait nourrir le cheval brun, se souvenait-il ; cela ne servirait pas à ennuyer Ned.

Après cela vint le petit-déjeuner, pour lequel il fut surpris de constater qu'il avait un certain appétit, et bientôt il fut temps de commencer sa routine quotidienne dans le bureau d'Ennidge et Pring.

Chaque fois que la porte s'ouvrait ce jour-là, et les jours suivants, Bert s'attendait à voir entrer un policier. Mais la soirée s'est déroulée sans qu'un tel cauchemar ne se matérialise, et il a même réussi à s'endormir un peu plus pendant la soirée, avant de reprendre sa barbe de déguisement et de retourner furtivement à la maison de Scholefield Avenue, sachant que devant lui se trouvait de loin le pire. une partie de l'ensemble de l'entreprise. Mais il avait trop peur pour sa propre sécurité pour hésiter.

Madame Querterot avait compté là-dessus lorsqu'elle avait mentalement équilibré son estime pour son propre cou et ce qu'elle aurait appelé sa répugnance laiteuse. Il était difficile de rester seul et dans l'obscurité dans cette maison de mort, en attendant jusqu'au petit matin, moment où son projet pourrait être le mieux entrepris.

Bert était très, très désolé pour lui-même alors qu'il était assis, violemment tremblant, dans un fauteuil de la salle à manger. Sa pitié ne s'étendait pas jusqu'à l'autre côté de la cloison, où la jeune fille dont il était sur le point de prendre la vie était assise dans la même obscurité et la même solitude depuis vingt-quatre heures. Pour elle, Bert, profondément égoïste de nature et d'éducation – alors que, recroquevillé dans l'ombre en compagnie de ses peurs, il frémissait les heures – n'était ébranlé du début à la fin par aucun élan de sympathie paralysant. Même si parfois son cœur semblait éclater de compassion, il tenait à peine assez pour répondre au besoin urgent d'Albert Tremmels ; et quand, comme elle, il entendait les murmures lointains qui annonçaient l'approche de la tempête et le grondement colérique du tonnerre commençait à gronder de plus en plus près, bien qu'il sursautait à chaque coup comme s'il s'agissait bien de la voix courroucée du Vengeur qui s'approchait de lui. lui, tout son être criait dans une protestation pleine de ressentiment contre ce jugement qui était porté sur lui dans les cieux et contre la certitude qu'il serait endossé par l'humanité.

Son intention était d'attendre jusqu'à deux heures, mais il n'était pas encore une heure et demie lorsqu'il se releva, ne pouvant plus affronter sa veillée solitaire. Mieux vaut en finir, se dit-il, comme un patient dans la salle de dentiste qui doit se faire arracher une dent. Seulement, cette dent n'était pas la sienne. Il avait décidé depuis longtemps que la pelle serait la meilleure chose pour assurer le naufrage de sa victime, et il l'avait placée, avec un morceau de corde attachée dessus, prête près de la porte.

Lesté de ce lourd morceau de fer, se réconfortait-il, il y aurait une seule éclaboussure et tout serait fini. Il n'aurait pas la vue d'une silhouette en difficulté remontant à la surface, lui criant peut-être de l'aide ou de la pitié, ce qui était par-dessus tout ce qu'il redoutait le plus.

S'appuyant sur une vision mentale dans laquelle se mêlaient Julie, le bourreau et le corps dans le stand de fleurs à l'étage, il déverrouilla la porte de la bibliothèque et la poussa.

Il n'est pas nécessaire de reparler de sa promenade avec Barbara à travers la pluie torrentielle et les clameurs de la tempête, qui fut plus violente et plus prolongée que toutes celles qui éclatèrent sur Londres au cours d'une année remarquable par le nombre et la violence de ses perturbations atmosphériques. Il n'est pas nécessaire de décrire l'horreur avec laquelle, au dernier moment, alors qu'il essayait d'attacher la bêche à Barbara avant de la pousser à l'eau, il aperçut la silhouette courant du policier qui s'avançait. Dans une frénésie de déception, de rage et de peur, il souleva la bêche et frappa la jeune fille encore et encore, la manquant la première fois et, alors que le manche se tordait dans sa faible poigne, l'abattit à plat sur le dessus de sa tête. au deuxième coup, au lieu de trancher comme il essayait de le faire. Il n'est pas resté pour voir le résultat, mais, jetant la pelle, il s'est enfui pour sauver sa vie.

Ses jambes étaient longues et il pouvait courir vite sur une courte distance. En quelques minutes, il s'était perdu lui-même et son poursuivant dans l'obscurité, mais il courait toujours aveuglément, jusqu'à ce que tous ses efforts ne puissent l'entraîner plus loin, lorsqu'il se jeta de tout son long sur l'un des sièges du parc et s'efforça de calmer son corps. haletant, respiration difficile. Si le policier le surprenait maintenant, il pensait que sa seule chance résidait dans sa capacité à simuler un profond sommeil. Heureusement, les capacités opérationnelles de ce plan n'ont pas été mises à l'épreuve. Les minutes passèrent et personne ne s'approcha de lui. Il lui fallut un certain temps avant de pouvoir se convaincre qu'il avait échappé à toute poursuite pour le moment. Quand il en fut enfin sûr, cela le réconforta merveilleusement. S'il pouvait si facilement s'échapper lorsqu'il était pris en train de perpétrer une attaque violente, cela serait en effet gênant pour les autorités de le considérer comme l'un des acteurs impliqués dans un crime aussi bien caché que celui auquel il n'avait contribué qu'à contrecœur.

C'est lorsqu'il se rappela qu'il ignorait tout du mal qu'il avait infligé à Barbara que les doutes l'assaillirent à nouveau. Il lui semblait qu'il avait dû la tuer. Mais sinon... sinon ? Pourquoi donc, même si elle pouvait difficilement le dénoncer, elle n'oublierait pas Mme Querterot. Et la première ligne de défense de Madame Querterot serait de l'accuser, comme elle l'avait elle-même déclaré.

Maudite soit cette femme, comme il la détestait ! Du début à la fin, tout était son œuvre ; il aurait souhaité, oh, comme il aurait souhaité que ce soit elle qu'il ait tuée. S'il y avait pensé plus tôt, se dit-il sauvagement, tous ces ennuis auraient été évités. Dans l'état actuel des choses, il serait probablement arrêté ce jour-là.

Il ne perdit cependant pas la tête et retourna aussitôt vers Scholefield Avenue, où il débarrassa les vitres brisées de la bibliothèque et remit tout en ordre dans cette pièce, comme il l'avait déjà fait à l'étage. Alors, vaincu sa répugnance, il sortit avec sa brosse sur le balcon et ramassa une poignée de terre qu'on n'avait pas pu enlever avec la bêche.

Il ne savait pas comment se débarrasser du verre brisé, car il faisait déjà jour et il n'osait pas sortir pour l'enterrer dans le jardin ; il le laissa donc dans la pelle à poussière et balaya les grains de terre dans un vieux journal qu'il froissa et fourra au fond du placard de la cave. Puis il referma les volets, car il ne supportait pas de rester un instant dans la chambre sans le paravent amical qui s'interposait entre lui et le jardinière. Ne trouvant cependant plus rien à faire à l'étage, il descendit et fit tomber les morceaux de la vitre de la bibliothèque qui restaient encore coincés dans le cadre ; il pensait que l'espace vide pourrait bien passer inaperçu pendant un temps considérable. Ce faisant, il se coupa la main, à travers le gant qu'il portait pour obéir aux ordres réitérés de Mme Querterot, et quelques gouttes de sang tombèrent sur le fer brillant de la pelle, mais il les essuya soigneusement et polit la poêle avec sa manche. car il n'avait certainement jamais été poli depuis qu'il avait quitté l'atelier et était entré dans le service domestique.

Finalement, son esprit inquiet ne put rien suggérer de plus, et il examina les résultats de ses efforts avec une certaine complaisance.

« Cela me dérangerait », se dit Bert, « si le détective le plus intelligent de cette terre pourrie pouvait mettre le doigt sur un indice maintenant. »

CHAPITRE XXVII

IL n'a pas pu dormir ce matin-là et il s'est senti misérablement malade et épuisé lorsque le moment est venu d'aller au bureau. M. Ennidge, toujours bon, remarqua avec sympathie son apparence et répondit qu'il avait été tenu éveillé toute la nuit à cause de la tempête. La journée s'est déroulée sans l'apparition attendue du policier, bien qu'il ait vu dans les journaux la première allusion à la disparition de Mme Vanderstein et de Miss Turner, et qu'il ait eu un serrement de cœur horrifié lorsqu'il a lu que des recherches étaient en cours, même si il savait bien sûr depuis le début qu'il devait y avoir un tollé.

Il ne trouvait aucune référence à son exploit à Regent's Park, et il craignait que cela signifie que la jeune fille avait survécu, car s'il l'avait tuée, il en aurait sûrement été fait mention. Pourtant, si elle était en vie, il était étrange que Miss Turner soit toujours portée disparue. Peut-être s'agissait-il d'une esquive de la police pour lui donner une fausse confiance. De toute façon, il ne pouvait pas deviner ce que cela signifiait, et en tout cas il était reconnaissant pour une chose : d'avoir nettoyé et terminé l'avenue Scholefield. S'ils pensaient pouvoir le retrouver là-bas, ils se trompaient complètement. Il ne remettrait plus jamais les pieds ici, alors aidez-le !

Il supposa que son complice s'était enfui et, une fois son travail terminé, il alla voir Julie pour s'assurer que tout s'était bien passé.

Il la trouva désespérée du départ de sa mère, ou plutôt de la manière dont il s'était passé ; et ce fut avec la plus grande horreur et indignation qu'il apprit que Julie — comme elle l'avoua plus tard à Gimblet — était restée absolument sans le sou. Toutes ses économies avaient été volontairement données à Mme Querterot pour l'aider à fuir, mais il avait des objets qui pouvaient être mis en gage, et il pressa Julie d'accepter son aide. Cela, elle ne le ferait pas.

Puis elle lui montra le collier de perles, et il le reconnut immédiatement comme étant le collier que portait Mme Vanderstein. Il avait vu depuis dans les journaux que ces énormes perles étaient bien connues de tous les bijoutiers d'Europe, et l'on ne manquait pas de pronostics selon lesquels, si elles avaient été volées, une tentative de les revendre entraînerait l'arrestation. des voleurs. Il s'était demandé si Mme Querterot le savait, et se rassurait en pensant que, si elle ne le savait pas, les amis qu'elle devait consulter le sauraient certainement. Mais maintenant, avec un ressentiment passionné, il se rendait compte qu'elle le savait très bien et qu'elle avait laissé le collier à Julie, sans se soucier des soupçons qui pourraient peser sur sa fille si elle était tentée de tenter de le vendre. Bien plus, il semblait même possible qu'elle ait délibérément voulu jeter des soupçons sur Julie ; son acte était autrement inexplicable. Mais était-il possible qu'elle risque non seulement sa sécurité mais aussi la sienne, afin d'assouvir sa rancune contre sa fille ?

Avant qu'il ait bien compris le sens de cette dernière manœuvre de celle qu'il espérait appeler sa belle-mère, Julie lui parlait des vêtements que sa mère lui avait offerts et qu'elle avait déjà vendus à un second. -revendeur manuel. D'une voix rauque, il demanda une description des vêtements, et, lorsqu'il l'eut reçue, il se lança dans des commentaires si rageurs sur la folie de la jeune fille de les vendre, et des imprécations si furieuses contre la méchanceté et la stupidité de sa mère, que Julie s'en offusqua. , et dans un accès de colère aussi brûlant que le sien, quoique moins justement provoqué, lui dit de quitter la maison.

Il fut tout à fait pénitent en un instant, et elle finit par accepter ses excuses rampantes. Néanmoins, le feu de sa colère n'était pas éteint, mais couvait d'une chaleur rouge et sourde dans son cœur, prêt à tout moment à sauter dans une flamme féroce, brûlant pour consumer et dévorer.

La nuit venue, il ne pouvait pas dormir, malgré, ou peut-être à cause, de son extrême fatigue et de ses nerfs épuisés. Ce n'est qu'au jour qu'il tomba enfin dans un sommeil inquiet, d'où un cauchemar le fit bondir sur son lit, troublant la maison de ses cris. Sa logeuse en colère est apparue dans sa chambre, extrêmement déshabillée, et ses références cinglantes au Delirium Tremens lui ont donné l'idée de la bouteille de cognac. Il en acheta un au cabaret le plus proche dès qu'il fut habillé, et but un bon verre de vin avant d'ouvrir le quotidien qu'il se procurait en même temps.

Il n'y avait pourtant rien de nouveau là-dedans. Même s'il contenait de nombreuses allusions aux dames disparues, il n'y avait rien sur une jeune fille frappée à la tête à Regent's Park ; et aux yeux de Bert, ce silence paraissait inquiétant comme une dénonciation. Il trouva le cognac très réconfortant et l'emporta avec lui au bureau. Là, son apparence — rendue encore plus horrible par le manque de sommeil que les jours précédents — poussa M. Ennidge à une telle inquiétude sincère que, M. Pring étant absent et ne revenant que lundi, il dit à Bert qu'il ferait mieux de prendre un verre. jour férié le lendemain, qui serait vendredi.

Dans l'après-midi, il commençait à se sentir un peu mieux et à espérer qu'après tout tout allait bien pour lui, quand à la onzième heure M. Gimblet fit son apparition sur les lieux. A partir du moment où Bert a compris qui il était et quelles étaient ses affaires, il s'est livré pour perdu. Cependant, une lueur de courage insoupçonnée vint maintenant à son secours — une sorte de fantôme de la chose réelle, trouvée, on peut l'imaginer, dans la bouteille de cognac – et il décida que, s'il devait être emmené, il faudrait qu'il le fasse. ne soit dû, en tout cas, à aucune révélation de sa part.

L'agonie mentale endurée pendant les heures qui ont suivi ne peut pas être décrite avec de simples mots. L'effroi, le suspense, le sentiment de faiblesse physique qui l'envahit presque lorsqu'il assista aux recherches du détective, et le dernier moment horrible où il vit le corps de la pauvre dame tiré de la tombe où il le croyait caché pour toujours à son propre, si ce n'était de tout autre œil, aurait mis à rude épreuve les nerfs de n'importe quel homme. C'était en effet une accumulation d'horreur sur horreur.

Quelle clairvoyance impensable, quelle omniscience surnaturelle avait conduit Gimblet à choisir cette maison, parmi toutes les habitations de la grande ville et de ses banlieues, pour ses investigations, dépassait autant l'imagination de Bert que les moyens par lesquels il avait lui-même réussi à s'abstenir de révéler , ici et là, le rôle qu'il avait pris dans cette horrible affaire.

A son grand étonnement presque incrédule, personne ne semblait le soupçonner, et au lieu d'être mis aux fers, comme il s'y attendait, il se retrouva libre de regagner son logement, là pour récupérer des chocs qu'il avait subis, dans une profonde émotion provoquée par l'eau-de-vie. dormir.

Le lendemain matin, il sortit tôt et la première affiche lui annonça que Mme Vanderstein avait été retrouvée et restait à Boulogne. Il acheta le journal, et, tout en lisant le paragraphe où était racontée la nouvelle, se résolut à passer les vacances que lui avait données M. Ennidge à courir à Boulogne chez Mme Querterot. Il n'en avait aucune idée précise. Mais sa rage face au traitement qu'elle avait réservé à sa fille était toujours brûlante, et maintenant s'y ajoutait un ressentiment furieux face à son écart par rapport à la conduite qu'ils avaient convenu qu'elle devrait observer. Qu'est-ce qui lui a pris de ne pas rester tranquillement dans sa chambre ? C'était une folie d'être sorti ; oui, en fait, d'être allée au Casino, l'endroit entre tous où elle était le plus susceptible d'être vue par certaines connaissances de Mme Vanderstein. Voulait-elle tous les perdre à cause de sa folie et de son imprudence ?

Et de toute façon, il ne pouvait se reposer avant de lui avoir dit ce qu'il pensait d'elle.

Il se rendit chez un prêteur sur gages et, en mettant en gage sa montre et quelques bibelots ayant appartenu à sa mère, il récolta suffisamment d'argent pour le voyage de retour. Puis il prit un taxi pour la première fois de sa vie et se rendit à Whitehall. Il avait vu l'adresse de Gimblet sur la carte qu'il avait envoyée à M. Ennidge.

Higgs lui répondit, en réponse à ses questions, que l'enquête n'aurait lieu que le lendemain, de sorte que rien ne l'empêchait de prendre le train de dix heures en provenance de Charing Cross. Il fut le temps avant qu'il ne commence à mettre sa fausse barbe, dans une salle d'attente vide, et à avaler une forte dose d'eau-de-vie au bar de la buvette. Il se sentait plus en sécurité après avoir pris ces précautions, car il avait été hanté par le sentiment inquiet que Higgs aurait pu le suivre depuis l'appartement.

Le voyage s'est déroulé sans incident, la mer douce comme un étang. Il savait à peine comment le temps s'écoulait avant d'arriver à la jetée de Boulogne.

Il fit le tour du port, demandant son chemin par la simple répétition des mots « Hôtel de Douvres », et suivant la direction dans laquelle étaient pointés les doigts de ceux qui lui répondaient.

Bientôt, il découvre l'hôtel de la Digue, face à la mer. Le nom en lettres d'or dansa longtemps devant ses yeux, mais avec un grand effort de volonté, il se redressa et franchit la porte du hall.

Par chance, il n'y avait personne et la seule personne qui s'avançait à son entrée était un petit page ou un garçon d'ascenseur.

Oui, Madame Vanderstein était dans sa chambre. Monsieur monterait-il ?

Certainement, Monsieur le ferait ; et il fut introduit dans l'ascenseur et transporté en haut.

Il entendit la voix de Madame Querterot dire « Entrez » en réponse au coup du garçon, et une minute plus tard, il était dans la pièce, la porte se refermant derrière lui.

Pendant un instant, il pensa qu'il devait y avoir une erreur et, si elle n'avait pas parlé, il se serait retourné et s'enfuirait. Il n'avait sûrement jamais vu auparavant la dame aux cheveux noirs, joliment habillée, penchée sur une boîte au fond de la pièce.

Mais au son de sa voix, il la reconnut à nouveau, même si la différence dans son apparence causée par ses cheveux teints et son teint peint était vraiment merveilleuse. Elle portait sa robe élaborée avec une assurance tranquille, et des bijoux scintillaient à son cou, à ses oreilles, à ses doigts, à ses poignets.

"Qu'est-ce que tu fais ici?" dit-elle sur le ton de la plus profonde désapprobation.

La voix de Bert trembla tandis qu'il sortait le papier de sa poche et le lui tendait.

"Avez-vous vu cette?" Il a demandé. « Tout le monde à Londres sait que vous êtes ici. C'est de la folie de rester.

"Bien sûr que je l'ai vu", répondit-elle froidement. « Et bien sûr, je ne resterai pas. Je le fais mais je finis mes bagages. Dans dix minutes, je sonnerai pour faire descendre mes bagages. Il y a un train dans une demi-heure.

"Vous ne pourrez plus vous échapper maintenant", dit-il sombrement. « Savez-vous aussi qu'ils ont retrouvé le corps de Mme Vanderstein ?

Cette fois, elle fut surprise.

"Que dites-vous?" elle a pleuré. "Qu'est-ce que c'est que cette *bêtise* ?"

«C'est vrai», dit-il. « Ils l'ont trouvé hier soir. J'étais là."

"Tu étais là? La nuit dernière?" répéta-t-elle. « Et vous n'avez pas été arrêté, ni soupçonné ? Eh bien, alors, notre étoile nous garde effectivement.

"Non, je n'ai pas été arrêté", dit-il en la regardant, "et Joolie n'a pas encore été arrêtée non plus."

Elle sursauta, et pendant un instant ses yeux brillèrent de la haine et du dépit qu'elle nourrissait pour sa fille. Puis ils tombèrent devant le sien. « Julie », dit-elle ; "Pourquoi Julie devrait-elle être arrêtée?"

"Tu ne sais pas?" Il a demandé. "Comment doit-elle rendre compte des perles, des robes et des manteaux d'opéra ?"

« Oh, les robes. Ne les a-t-elle pas brûlés ? Je le lui ai dit. Si ce n'est pas le cas, elle doit le faire immédiatement.

« Et les perles… devait-elle les brûler aussi ? » dit doucement Bert.

« Ils lui allaient si bien autour du cou, la chère enfant. Je les ai laissés comme cadeau de mariage pour vous deux.

« Vous les avez laissés parce que vous saviez que vous ne pourriez pas vous en débarrasser. Mon Dieu! Je crois que tu voulais tout garder pour toi. Mais les perles étaient trop dangereuses, alors tu les as données à Joolie ! Vous avez dû vouloir que les soupçons s'abattent sur elle ! »

« Mon cher Bert, vous êtes absurde. Viens m'aider à attacher ce portemanteau. J'enregistrerai les bagages pour Paris et je descendrai moi-même du train à Amiens. De là, je peux partir dans une autre direction et vous n'entendrez plus jamais parler de moi.

— Ni des bijoux non plus, sans doute.

"Oh, n'aie pas peur, tu auras l'argent pour les bijoux !"

Madame Querterot commença à faire ses bagages, qu'elle avait momentanément abandonnés. Tandis qu'elle se penchait sur la malle, remplissant les coins de journaux froissés, elle fredonnait un petit air joyeux, et le mépris implicite de ses reproches exaspérait Bert au-delà de toute endurance. Il restait immobile, faisant un violent effort de maîtrise de lui-même et regardant autour de lui dans une tentative inconsciente de retrouver son équilibre en concentrant son attention sur un objet quotidien.

La brise fraîche de l'eau faisait flotter les stores de mousseline blanche près de la fenêtre ouverte et, tandis que Bert passait sa langue sur ses lèvres desséchées, il goûtait le goût salé de la mer. La marée était haute et la pièce pleine du bruit des vagues déferlantes, de sorte que le crépitement d'une charrette passant sur la route en contrebas se confondait et se perdait dans le volume continu du son.

Sur la table se trouvaient plusieurs morceaux de papier bleu étalés, et il lut les messages tapés là où il se tenait. C'étaient les télégrammes que Sir Gregory, Gimblet et Sidney avaient envoyés ce matin-là à Mme Vanderstein.

« Avez-vous répondu à ces questions ? dit-il en les désignant.

«J'ai répondu à celle de M. Sidney et j'en ai envoyé une aux domestiques de Grosvenor Street», Madame Querterot interrompit son discours pour répondre.

« Je ne sais pas qui est Aberhyn Jones », a-t-elle ajouté, « ni où il habite, donc je ne peux pas lui répondre ; et je n'ai pas vraiment décidé quoi dire au détective.

Elle reprit ses bagages et se remit à fredonner. Bert ne parla pas une minute, puis il dit très doucement :

« J'ai emmené la fille à Regent's Park, jusqu'au bord de l'eau ; puis un policier est arrivé et m'a empêché de faire ce que nous avions convenu.

"Quoi!" Madame Querterot faillit crier.

Elle se tenait debout et regardait Bert avec une consternation incrédule.

"Je l'ai frappée et j'ai couru", a-t-il poursuivi. "Je ne pense pas que je lui ai fait beaucoup de dégâts, sinon j'aurais dû en voir mention dans les journaux, et il n'y a rien eu à ce sujet."

« Si elle est en vie, je ne comprends pas pourquoi ils croient toujours que Mme Vanderstein est ici. Mais peu importe maintenant. Le fait est que la fille, si elle survit, les mettra sur ma piste. Je ne pourrai plus m'échapper maintenant aussi facilement. La meilleure chose à faire est peut-être de revenir en arrière et d'y faire face. Mieux vaut raconter mon histoire avant qu'ils aient le temps de découvrir la vérité.

Elle parlait d'un air rêveur, plus à elle-même qu'à son compagnon.

"Ton histoire!" répéta Bert, parlant à peine au-dessus d'un murmure. Sa voix ne sortait pas d'une manière ou d'une autre ; il avait l'impression de s'étouffer. « Tu veux dire que tu diras que je l'ai fait ! Pourquoi ne pas dire que vous vous êtes caché de moi, craignant pour votre propre vie, tous ces jours ? Cela compléterait bien le tout !

"Ce n'est pas une mauvaise suggestion, Bert," dit-elle. « Je dois prendre soin de moi, tu sais. Ce serait dommage, n'est-ce pas, qu'on dise que la mère de Julie a été pendue ?

» Elle parla avec un ricanement. Elle n'avait pas oublié que Bert lui avait dit ces mots, ni lui avait pardonné. Elle n'avait pas peur de lui laisser voir que ses intentions étaient bonnes ; elle éprouvait pour lui un mépris trop complet et trop profond pour redouter ce qu'il pourrait dire ou faire.

C'est un défaut courant parmi les coquins intelligents de mépriser leurs dupes, mais ils apprennent souvent à leurs dépens que le danger peut venir du côté le plus improbable.

La note moqueuse dans sa voix fut la goutte d'eau qui fit déborder le vase sur les nerfs à vif de Bert. Sa rage s'emparait de lui au point qu'il ne savait plus de quoi il s'agissait ; il devint un outil entre d'autres mains que celles de Mme Querterot.

"Oh, espèce de démon, espèce de démon !" » cria-t-il, et sa voix était haute et cassée, « se pendre serait trop beau pour un diable comme toi ! N'ayez pas peur, on ne dira jamais cela de la mère de Joolie. Tu l'aurais laissé pendre, diable ! Elle et moi, nous deux. Oh—oh———»

L'air était plein du murmure de la mer. Cela se mêlait à un bruit exaspérant qui bourdonnait dans ses oreilles et rendait toute pensée impossible. Une brume s'amassait devant ses yeux, une terrible brume rouge dans laquelle tout nageait et dansait.

Il bondit sur la femme, tendant les mains devant son visage comme pour repousser quelque chose d'indiciblement hideux et terrifiant. Puis on lui serra le cou et, avec un sanglot, il la secoua d'avant en arrière comme un chien secoue un rat qui l'a bien mordu.

Finalement, sa colère s'apaisa. Au passage, il prit conscience de ce qu'il faisait et, avec une exclamation de dégoût, desserra son étreinte.

Elle tomba à la renverse, avec fracas, sur le couvercle ouvert de la boîte qu'elle était en train d'emballer. Les charnières se sont cassées sous l'impact et le couvercle s'est brisé et est tombé au sol avec elle. Elle gisait là, la tête en bas, en désordre, un bras tordu sous son corps selon un angle curieux.

Bert n'a jamais douté qu'elle était morte, et il sentit une lueur de satisfaction l'envahir à cette nouvelle. Il y avait de grandes marques livides sur son cou, là où ses doigts convulsifs s'y étaient agrippés, et il se pencha sur elle et les regarda avec un sourire satisfait. Ils devenaient déjà noirs.

Un léger bruit dans la pièce voisine le fit reprendre ses esprits.

Il se glissa sur la pointe des pieds jusqu'à la porte et écouta attentivement, l'oreille tournée vers elle. Les bruits continuaient dans la pièce voisine, quelqu'un semblait ouvrir et fermer des tiroirs ; mais il n'y eut aucun mouvement dans le couloir, et au bout d'un moment il ouvrit la porte avec précaution et sortit.

Personne n'était en vue, et après coup, il revint et, ôtant la clé, ferma la porte à l'extérieur, aussi silencieusement qu'il l'avait ouverte. Puis, mettant la clé dans sa poche, il descendit les escaliers en courant. Le page qui l'avait amené traînait dans le couloir, mais il n'y avait personne d'autre, même s'il aperçut une silhouette assise dans le bureau en passant. Se forçant à s'arrêter en passant devant la page, il lui dit :

"Mme. Vanderstein m'a chargé de vous dire qu'elle a mal à la tête et qu'elle ne souhaite plus être dérangée aujourd'hui. Est-ce que tu comprends?"

"Oui Monsieur. Je donnerai le message au bureau. Ils le diront au serveur et à la femme de chambre.

Le page parlait parfaitement anglais et Bert était assuré qu'il ferait sa course. Pour s'en assurer, il réitéra son injonction et donna un shilling au garçon pour l'imprimer dans sa mémoire. Puis il descendit les marches avec toutes les apparences extérieures de calme.

Son impulsion fut de repartir vers le port, mais par précaution il partit en sens inverse et ne s'approcha des quais qu'après plusieurs détours le séparant du front de mer. Cependant, il n'y eut aucun bateau pour rentrer en Angleterre avant sept heures passées, et il resta dans le port pendant trois heures entières qui lui parurent trois siècles. Dans un coin tranquille, derrière des camions vides, il se débarrassa de sa barbe noire et, en y appliquant une allumette, la vit frissonner et disparaître en deux ou trois secondes. Il broyait les cendres en terre avec son talon, et, avec une insouciance qui s'étonnait lui-même, repassait devant la porte de l'hôtel de Douvres, pour voir s'il serait connu. Le page était toujours pendu dans l'embrasure de la porte et, à la grande satisfaction de Bert, le regardait passer avec un œil vide. Il eut la certitude de ne pas avoir été reconnu et rentra au port le cœur plus léger.

Là, il regarda le paquebot de Folkestone arriver et débarquer ses passagers, parmi lesquels, bien qu'il ne le sache pas, se trouvait l'homme envoyé par la police de Londres pour interroger Mme Vanderstein ; et quelques minutes plus tard, il était temps de monter à bord du bateau qui le ramenait en Angleterre.

Le lendemain matin, il retrouva sa place au bureau des agents immobiliers et, alors que la journée se passait sans incident, il commença à ressentir un sentiment de sécurité auquel il était étranger ces derniers temps. Après tout, il avait passé des heures en compagnie du plus grand détective de Londres sans éveiller aucun soupçon ; et chaque heure, croyait-il, ajoutait à sa sécurité.

Il était relativement joyeux lorsqu'il descendit à Pimlico ce soir-là pour voir Julie.

Mais il la trouva d'humeur plus dure que d'habitude ; et quand, avec un manque extrême de discrétion, il choisit le moment le plus peu propice pour insister sur sa demande, elle lui dit très clairement qu'elle ne consentirait jamais à être sa femme.

Elle n'avait pas l'intention de se marier, dit-elle ; elle allait entrer au couvent comme elle l'avait toujours souhaité. Mais, ajouta-t-elle avec une cruauté inutile – car elle était encore en colère contre lui pour son comportement un jour ou deux auparavant – elle ne l'aurait en aucun cas épousé. Elle ne partageait pas ses sentiments et considérait qu'il et elle n'étaient absolument pas adaptés l'un à l'autre ; il ferait bien de ne plus jamais penser à elle.

C'est ainsi qu'il s'en alla dans les profondeurs les plus sombres de la misère et du désespoir, de sorte que lorsque la police frappa à sa porte une heure plus tard, elle trouva un homme brisé et dérangé au point qu'il accueillit son arrivée avec une sorte de soulagement.

Tel était l'essentiel de l'histoire d'Albert Tremmels ; et comme elle n'a jamais varié dans le moindre détail au cours de ses nombreuses répétitions, on peut imaginer qu'elle était vraie en substance.

On ne sait pas maintenant si telle aurait été l'opinion exprimée par un jury, car Bert est mort en prison en attendant son procès. Sa constitution, toujours fragile, n'avait pas su résister aux fatigues corporelles, et plus particulièrement aux tourments de l'esprit qu'il avait endurés durant cette semaine de stress, et une tendance latente à la maladie n'a pas tardé à profiter de son état de faiblesse. . Son développement rapide était peut-être dû, en partie, au fait qu'il faisait peu d'efforts pour se rétablir et ne semblait avoir aucune envie de vivre. En effet, disait-il, pourquoi devait-il vivre ?

Il ne montra aucun repentir pour son attaque contre Miss Turner, se contentant de dire que cela aurait été inutile s'il avait eu le bon sens de tuer d'abord Madame Querterot, mais il affirma jusqu'à son dernier souffle que l'idée n'était pas la sienne, pas plus que la pensée. du meurtre de Mme Vanderstein, ce qu'il persistait à affirmer ne lui avait jamais traversé l'esprit. Cependant, il se glorifiait de la mort de son complice, et tous les efforts de l'aumônier de la prison ne pouvaient pas non plus le mettre dans un meilleur état d'esprit à l'égard de son acte. Au contraire, il ne cessait de se réjouir de ce souvenir. Même lorsqu'il apprenait que Julie lui refusait pieusement son pardon, malgré les desseins de sa mère sur elle-même, Bert n'admettrait pas qu'il regrettait ce qu'il avait fait. C'est un hasard cynique que son amour pour la jeune fille, qui était pur et désintéressé et la seule partie honorable de toute sa nature, ait dû, du début à la fin, être la source d'inspiration d'où provenaient ses crimes.

CHAPITRE XXVIII

IL fallut quelques jours avant que Joe Sidney ne soit autorisé à voir Barbara. La nouvelle de la mort de son amie lui avait été annoncée par le médecin et, bien que son chagrin soit profond, elle supporta le choc mieux qu'ils ne l'avaient craint et continua de faire de bons progrès vers sa guérison.

C'est le lendemain de celui où elle apprit la vérité, ou plutôt une version tronquée de celle-ci, que Sidney refusa d'être niée plus longtemps et pénétra pratiquement de force dans la chambre privée de l'hôpital où elle avait été transférée.

A la vue de son visage triste, couvert de larmes, encadré de bandages et revêtant un aspect si différent de la dernière fois qu'il l'avait vu, le petit discours qu'il avait préparé pour la saluer mourut sur ses lèvres, et il ne put que prendre sa main en silence et la regarda sans un mot jusqu'à ce que la porte se soit refermée derrière l'infirmière qui, si chère qu'elle aurait voulu rester, en fut heureusement empêchée par une convocation urgente pour s'occuper ailleurs du chirurgien de la maison.

"Oh, ma chérie, je pensais que tu étais mort", balbutia-t-il.

Elle était encore très faible, et tandis que la tendresse de sa voix, plus encore que les mots eux-mêmes, faisaient jouer un moment un faible petit sourire du plus pur contenu aux commissures de sa bouche, ils faisaient aussi affluer le sang vers elle. visage dans une vague chaude et embarrassante, de sorte qu'elle détourna la tête et s'allongea face au mur sans aucun désir conscient sauf celui de se cacher de lui.

Puis la rougeur disparut, la laissant très blanche, immobile et silencieuse, les yeux bien fermés. Elle savait que si elle les ouvrait ou essayait de parler, elle ne pourrait s'empêcher de pleurer.

Sidney ne comprenait pas son immobilité. Une peur terrible l'envahit : elle s'était évanouie, et il chercha la cloche du regard. C'était tout simplement hors de portée ; mais, lorsqu'il voulut retirer la main qui tenait encore la sienne, son étreinte se resserra doucement et ne voulut pas le lâcher.

Avec une exclamation étouffée, il tomba à genoux près de l'oreiller.

« Barbara, Barbara, cria-t-il, me suivras-tu toujours main dans la main ?

Et, le visage toujours détourné, elle murmura : « Toujours, toujours !

C'est une demi-heure plus tard qu'il l'interrogea sur le télégramme non signé qu'elle lui avait envoyé. Qu'avait-elle voulu dire en disant que la chance allait lui arriver ?

Elle a avoué à contrecœur sa détermination à lui fournir l'argent dont il avait besoin.

"Bien sûr, j'ai toujours su que tu étais assez intelligent et assez cher pour gérer même ça", a-t-il déclaré. "C'est pourquoi je ne me suis pas préoccupé inutilement du désordre dans lequel je m'étais retrouvé."

« Oh », s'écria Barbara, « comment oses-tu dire ça ! Eh bien, vous étiez désespéré ; J'ai été terrifié par les choses auxquelles vous avez fait allusion.

«C'était honteux de ma part de parler de cette façon», a-t-il admis, honteux. « Mais vous ne m'avez pas dit comment vous comptiez me fournir de l'argent. Comme si je te l'avais pris ! Je ne savais pas que tu étais millionnaire.

« Vous savez que M. Vanderstein m'a laissé 30 000 £, que je devais avoir si la pauvre Mme Vanderstein mourait ? Je vais l'avoir maintenant, je suppose », a déclaré Barbara, les yeux remplis de larmes.

Joe lui caressa la main avec une sympathie silencieuse et, avec une voix tremblante, elle continua.

« Eh bien, j'avais l'intention d'emprunter 10 000 £ sur la base de mes perspectives et de les placer anonymement à votre crédit chez Cox. Alors tu vois, tu aurais dû le prendre ! conclut-elle triomphalement. "Vous n'auriez pas su de qui cela venait."

"J'aurais dû le savoir parfaitement", a-t-il déclaré. « De qui d'autre la chance pourrait-elle me venir si ce n'est de vous ? Je savais que tu avais envoyé le télégramme, tu vois.

"Vous n'auriez pas pu le prouver et vous auriez dû prendre l'argent, car il n'y aurait personne à qui le renvoyer."

« C'était comme si vous y pensiez, » dit Joe, « mais je ne crois pas que vous auriez pu réunir l'argent de toute façon. La vie de tante Ruth était presque aussi belle que la tienne à l'époque, et tu n'avais pas vraiment de sécurité à offrir, espèce d'idiot chéri.

Le visage de Barbara tomba. « Je n'y avais pas pensé, mais j'aurais sûrement pu obtenir 10 000 £ alors que j'aurais proposé 30 000 £ en échange », dit-elle tristement. "Mais ça n'a plus d'importance maintenant, n'est-ce pas ?"

Il s'empressa de la rassurer et de la réconforter.

« Et tu ne parieras plus jamais ? » demanda-t-elle à présent.

"J'ai juré que je ne le ferai jamais", répondit Joe. "J'ai eu une leçon plus sévère que ce dont j'avais besoin, je pense."

"Si jamais tu veux faire un tout petit pari," sourit-elle, "je peux peut-être le faire pour toi, si tu es bon."

« Non, non, dit-il sérieusement, tu dois aussi y renoncer. J'aurai besoin que vous m'aidiez à tenir mes résolutions. Promesse!"

« Très bien, dit-elle en voyant à quel point il avait l'air grave ; «Je promets fidèlement de ne plus jamais jouer, de quelque manière que ce soit, aussi longtemps que je vivrai.»

« Maintenant, nous sommes en sécurité ! » il pleure. « En effet, j'ai utilisé toute la chance qu'un homme peut rassembler dans sa vie pour vous gagner, et j'y penserai si jamais je suis encore tenté de miser quoi que ce soit sur l'occasion d'une nouvelle bonté de la part de la Fortune. »

« Ne soyez pas stupide », a insisté Barbara ; "Il y a encore beaucoup et beaucoup de chance qui vous attendent."

Ainsi, dans leur sereine confiance dans l'heureux avenir qui les attend, nous laisserons ces deux jeunes gens qui, si d'autres dangers insoupçonnés se trouvent sur le chemin qu'ils doivent parcourir au cours des années, ne les braveront plus dans isolement solitaire, mais renforcé et renforcé par un amour durable.

LA FIN